# 企业纳税实务

刘晓峰 编著

金盾出版社

## 内容提要

本书是集税款计算、纳税核算、纳税申报、税款缴纳和纳税筹划为一体的企业纳税实务操作用书。主要内容包括:企业纳税基础,增值税纳税实务,消费税纳税实务,营业税纳税实务,企业所得税纳税实务,个人所得税纳税实务,其他税种纳税实务,涉税争议处理与企业涉税文书等。本书结合企业纳税实务操作的全过程对我国税收法律新变化进行了很好的诠释,将税法应用与典型案例相结合,突出了时效性、实用性、通俗性。可基本满足企业经营者和财税人员解决企业实际纳税问题的需要,也可作为相关院校或从业人员的教材和培训用书。

**图书在版编目(CIP)数据**

企业纳税实务/刘晓峰编著. -- 北京:金盾出版社,2011.7
ISBN 978-7-5082-6858-3

Ⅰ.①企… Ⅱ.①刘… Ⅲ.①企业管理:税收管理—中国 Ⅳ.①F812.423

中国版本图书馆 CIP 数据核字(2011)第 028129 号

---

金盾出版社出版、总发行
北京太平路5号(地铁万寿路站往南)
邮政编码:100036 电话:68214039 83219215
传真:68276683 网址:www.jdcbs.cn
封面印刷:北京凌奇印刷有限责任公司
正文印刷:北京军迪印刷有限责任公司
装订:北京军迪印刷有限责任公司
各地新华书店经销
开本:705×1000 1/16 印张:17.75 字数:357千字
2011年7月第1版第1次印刷
印数:1~6 000册 定价:39.00元

(凡购买金盾出版社的图书,如有缺页、
倒页、脱页者,本社发行部负责调换)

# 前言

进入 21 世纪以来,随着我国经济的快速发展,税收在社会经济生活中的地位越来越高,各种经济组织和个人,特别是各类企业对纳税工作都越来越重视,很多企业都设置了专门的办税工作机构或岗位。在企业的各项经营决策中更多地考虑了税收的因素,关注税收、理解税收、运用税收、规范纳税、获取最大税收利益、降低涉税风险,已成为企业的一种自觉行为。这就要求企业的管理者、财务会计人员、特别是办税人员必须要熟悉税法,把握税收政策的导向与细节,熟悉税款的计算、核算、申报与缴纳,掌握税务筹划的基本方法。

我国税法分四大类,20 多个税种,涉及税收的中央级法律、法规、规章和规范性文件就有 5000 多个,再加之地方的税收法规和规章,庞大的法律法规群体令纳税人眼花缭乱,难以把握。为帮助企业经营者,特别是财务会计人员、办税人员更好的理解税法,运用税法解决企业纳税的实际问题,作者编写了这本《企业纳税实务》。

本书按照企业办税实际工作流程安排内容,是一本集税务登记、涉税账簿设置、涉税凭证管理、税款计算、纳税核算、纳税申报、税款缴纳、税务筹划、涉税争议处理和涉税文书制作为一体的企业纳税实务操作用书。全书共分为企业纳税基础,增值税的纳税实务,消费税的纳税实务,营业税的纳税实务,企业所得税的纳税实务,个人所得税的纳税实务,其他税种的纳税实务,企业涉税争议处理与企业涉税文书八个部分。

本书具有以下主要特点:

第一,紧跟最新税收法律法规变化,具有时效性。本书融入了我国税制改革的最新成果。2008 年 1 月 1 日实施的新的《企业所得税法》;2009 年 1 月 1 日实施的新修订的增值税暂行条例、消费税暂行条例、营业税暂行条例;2007 年 1 月 1 日开始实施新修订的房产税、车船税和城镇土地使用税等都在本书的相关内容中得到了充分的反映,可有效地帮助企业经营者和办税人员理解、运用新税法,解决企业实际纳税问题。

第二,紧密结合企业纳税实际工作,具有实用性。本书从企业办税人员实际工作需求出发,结合案例,按照实际纳税工作流程,从税务登记,到涉税争议处理和涉税文书制作等企业纳税实务操作都做了系统的介绍,能够有效地满足企业税务实际工作者学习办理企业纳税业务相关知识的需求。

第三,语言流畅通俗,案例解析翔实清晰,易学易懂。本书使用通俗的语言,案例丰富且来自企业纳税工作实际,基于操作层面,解析思路清晰,步骤翔实,易于理解和掌握。

在本书的编写过程中,杨海涛、席庆荣、陈士萍、张艳玲、蔡立梅、王力、焦红岩等做了大量的工作。

限于时间和作者的水平,书中疏漏之处在所难免,欢迎读者批评指正,不吝赐教。

作 者

# 目 录

**第一章 企业纳税基础** …………………………………………………… (1)
  第一节 税务登记 …………………………………………………… (1)
  第二节 凭证账簿管理 ……………………………………………… (14)
  第三节 纳税申报和税款缴纳 ……………………………………… (20)
  第四节 税务筹划基础 ……………………………………………… (23)
  回顾、思考、回答:检验一下你弄清下列问题了吗? ……………… (28)

**第二章 增值税纳税实务** ………………………………………………… (29)
  第一节 增值税基本规定 …………………………………………… (29)
  第二节 增值税的税款计算 ………………………………………… (35)
  第三节 增值税的会计核算 ………………………………………… (46)
  第四节 增值税的纳税申报与缴纳 ………………………………… (62)
  第五节 增值税专用发票 …………………………………………… (73)
  第六节 增值税的出口退税 ………………………………………… (78)
  第七节 增值税的税务筹划 ………………………………………… (92)
  回顾、思考、回答:检验一下你弄清下列问题了吗? ……………… (96)

**第三章 消费税纳税实务** ………………………………………………… (97)
  第一节 消费税基本规定 …………………………………………… (97)
  第二节 消费税的税款计算 ………………………………………… (104)
  第三节 消费税的会计核算 ………………………………………… (112)
  第四节 消费税的纳税申报与缴纳 ………………………………… (119)
  第五节 消费税的出口退税 ………………………………………… (126)
  第六节 消费税的税务筹划 ………………………………………… (128)
  回顾、思考、回答:检验一下你弄清下列问题了吗? ……………… (131)

**第四章 营业税纳税实务** ………………………………………………… (132)
  第一节 营业税基本规定 …………………………………………… (132)
  第二节 营业税的税款计算 ………………………………………… (137)
  第三节 营业税的会计核算 ………………………………………… (144)
  第四节 营业税的纳税申报与缴纳 ………………………………… (146)
  第五节 营业税的税务筹划 ………………………………………… (150)
  回顾、思考、回答:检验一下你弄清下列问题了吗? ……………… (150)

# 目 录

**第五章　企业所得税纳税实务** …………………………………………………… (152)
　第一节　企业所得税基本规定 …………………………………………………… (152)
　第二节　企业所得税的税款计算 ………………………………………………… (157)
　第三节　企业所得税的会计处理 ………………………………………………… (169)
　第四节　企业所得税的征收管理与纳税申报 …………………………………… (181)
　第五节　企业所得税的税务筹划 ………………………………………………… (187)
　回顾、思考、回答：检验一下你弄清下列问题了吗？ ………………………… (190)

**第六章　个人所得税纳税实务** …………………………………………………… (192)
　第一节　个人所得税基本规定 …………………………………………………… (192)
　第二节　个人所得税的计算 ……………………………………………………… (197)
　第三节　个人所得税的会计核算 ………………………………………………… (204)
　第四节　个人所得税的申报与缴纳 ……………………………………………… (206)
　第五节　个人所得税的税务筹划 ………………………………………………… (213)
　第六节　个人所得税的修正案（草案） ………………………………………… (216)
　回顾、思考、回答：检验一下你弄清下列问题了吗？ ………………………… (218)

**第七章　其他税种纳税实务** ……………………………………………………… (219)
　第一节　房产税的纳税实务 ……………………………………………………… (219)
　第二节　车船税的纳税实务 ……………………………………………………… (224)
　第三节　城镇土地使用税的纳税实务 …………………………………………… (229)
　第四节　资源税的纳税实务 ……………………………………………………… (232)
　第五节　印花税的纳税实务 ……………………………………………………… (238)
　第六节　城市维护建设税的纳税实务 …………………………………………… (242)
　第七节　教育费附加的纳税实务 ………………………………………………… (244)
　第八节　其他税种的税务筹划 …………………………………………………… (246)
　回顾、思考、回答：检验一下你弄清下列问题了吗？ ………………………… (249)

**第八章　涉税争议处理与企业涉税文书** ………………………………………… (250)
　第一节　涉税争议处理 …………………………………………………………… (250)
　第二节　涉税文书写作 …………………………………………………………… (260)
　回顾、思考、回答：检验一下你弄清下列问题了吗？ ………………………… (276)

**主要参考文献** ……………………………………………………………………… (278)

# 第一章 企业纳税基础

**读者导航**

企业纳税的基础工作是非常复杂细致的，需要具备扎实的税收基础理论知识和实践经验。本章主要介绍企业各种情况的税务登记、涉税账簿的设置、涉税凭证的管理、纳税申报与缴纳、税务筹划基本方法与技巧。通过本章学习，您应对企业纳税基础工作有一个完整了解，掌握企业税务登记、纳税申报与缴纳、涉税凭证与账簿管理基本知识，熟悉税务筹划的基本方法。

## 第一节 税务登记

办理税务登记是企业必须履行的第一道法律程序。税务登记是税务机关根据税法规定对纳税人开业、变动、停业及复业、注销以及生产经营范围变化等实施的法定登记管理制度；是纳税人接受税务机关监督、依法履行纳税义务的必要程序。履行税务登记制度，是确立征纳双方的权利和义务关系的依据和证明，税务登记证件可以作为抽象性的征税通知、税务许可证和权利证明书。

税务登记的基本程序为纳税人申报办理纳税登记；税务机关审核企业申报材料；税务机关填发税务登记证件。

税务登记的主要工作内容包括开业登记、变更登记、停业复业登记、注销登记、外出经营活动登记、扣缴税款登记、税务登记证的发放和使用等。

### 一、开业登记

开业登记是指纳税人在新成立时或在外地设立分支机构和从事生产、经营的场所时，向税务机关申请办理的税务登记。

#### （一）办理开业登记的时间

从事生产、经营的纳税人应当自领取营业执照之日起 30 日内主动依法到税务机关申报办理登记。

按照规定不需要领取营业执照的纳税人，应当自有关部门批准 30 日内或发生

# 第一章

纳税义务起30日内,主动依法向税务机关申报办理税务登记。

**(二)办理开业登记的地点**

若为新成立的纳税企业向当地主管税务机关申报办理纳税登记。若纳税企业跨县(市)区设立的分支机构和从事生产经营的场所,除总机构向当地主管税务机关申报办理税务登记外,分支机构还应当向其所在地主管税务机关申报办理纳税登记。

有固定经营场所的个体工商户向经营地主管税务机关申报办理税务登记;流动经营的个体工商户,向户籍所在地主管税务机关申报办理税务登记;未领取营业执照从事承包、租赁经营的纳税人,向经营地主管税务机关申报办理税务登记。

**(三)办理开业登记的程序**

**(1)纳税人提交书面申请** 纳税人应在规定的期限内,持营业执照或其他核准执业证件,以书面形式向主管税务机关申报办理开业税务登记。领取并填写《税务登记表》;符合一般纳税人条件的,领取并填写《增值税一般纳税人认定申请表》。

**(2)税务机关受理** 税务机关受理、审阅纳税人所填写的表格及提供的相关资料,符合条件的,制发《税务文件领取通知单》,交纳税人。

**(3)税务机关审核** 税务机关对纳税人送来的表格和相关资料依法进行审核。

**(4)纳税人领证** 纳税人凭《税务文件领取通知单》领取税务登记证(正、副本)。

**(四)开业登记需提交的材料**

纳税人在申报办理税务登记时,应当根据具体情况向税务机关提供以下证件和资料:

①营业执照副本或其他核准执业证件原件及其复印件。

②注册地址及生产、经营地址证明(产权证、租赁协议)原件及其复印件。

③公司章程复印件、有关合同、协议。

④法定代表人(负责人)居民身份证、护照或其他证明身份的合法证件原件及其复印件。

⑤组织机构统一代码证书副本原件及其复印件。

⑥设立登记书面申请书。

⑦有权机关出具的验资报告或评估报告原件及其复印件。

⑧纳税人跨县(市)设立的分支机构办理税务登记时,还须提供总机构的税务登记证(国、地税)副本复印件。

⑨税务机关要求提供的其他证件资料。

**(五)开业税务登记表的填写**

纳税人在申报设立登记时,应如实填写税务登记表。基本要求如下:

①使用碳素或蓝黑墨水的钢笔填写本表。

②文字项目:须用标准用语填写全称,无内容的用对角斜线"/"划注,不得留有空白。

③编码项目:(有实线"□"者)应按税务机关的要求,依照标准的项目和分类填

写相应的代码,无内容的可空。

④税务登记表格式见表 1-1。本表一式三份,税务机关存查两份,退纳税人留存一份。

表 1-1  税务登记表(适用单位纳税人)

填表日期:

| 纳税人名称 | | | 纳税人识别号 | | | |
|---|---|---|---|---|---|---|
| 登记注册类型 | | | 批准设立机关 | | | |
| 组织机构代码 | | | 批准设立证明或文件号 | | | |
| 开业(设立)日期 | | 生产经营期限 | 证照名称 | | 证照号码 | |
| 注册地址 | | | 邮政编码 | | 联系电话 | |
| 生产经营地址 | | | 邮政编码 | | 联系电话 | |
| 核算方式 | 请选择对应项目打"√"□独立核算□非独立核算 | | | 从业人数 ____ 其中外籍人数 ____ | | |
| 单位性质 | 请选择对应项目打"√"□企业 □事业单位 □社会团体 □民办非企业单位 □其他 | | | | | |
| 网站网址 | | | 国标行业 | □□ □□ □□ | | |
| 适用会计制度 | 请选择对应项目打"√"<br>□企业会计制度 □小企业会计制度 □金融企业会计制度 □行政事业单位会计制度 | | | | | |
| 经营范围 | | | | | | |
| | 请将法定代表人(负责人)身份证件复印件粘贴在此处。 | | | | | |
| 联系人\内容\项目 | 姓名 | 身份证件 | | 固定电话 | 移动电话 | 电子邮箱 |
| | | 种类 | 号码 | | | |
| 法定代表人(负责人) | | | | | | |
| 财务负责人 | | | | | | |
| 办税人 | | | | | | |
| 税务代理人名称 | | 纳税人识别号 | | 联系电话 | | 电子邮箱 |
| | | | | | | |

## 第一章

**续表 1-1**

| 注册资本或投资总额 | | 币种 | 金额 | 币种 | 金额 | 币种 | 金额 |
|---|---|---|---|---|---|---|---|
| | | | | | | | |
| | | | | | | | |

| 投资方名称 | 投资方经济性质 | 投资比例 | 证件种类 | 证件号码 | 国籍或地址 |
|---|---|---|---|---|---|
| | | | | | |
| | | | | | |
| | | | | | |
| | | | | | |
| | | | | | |

| 自然人投资比例 | | 外资投资比例 | | 国有投资比例 | |
|---|---|---|---|---|---|
| 分支机构名称 | | 注册地址 | | 纳税人识别号 | |
| | | | | | |
| | | | | | |
| | | | | | |
| | | | | | |

| 总机构名称 | | 纳税人识别号 | |
|---|---|---|---|
| 注册地址 | | 经营范围 | |
| 法定代表人姓名 | | 联系电话 | | 注册地址邮政编码 | |

| 代扣代缴代收代缴税款业务情况 | 代扣代缴、代收代缴税款业务内容 | 代扣代缴、代收代缴税种 |
|---|---|---|
| | | |
| | | |
| | | |

附报资料：

续表 1-1

| 经办人签章： | 法定代表人(负责人)签章： | 纳税人公章： |
|---|---|---|
| ____年____月____日 | ____年____月____日 | ____年____月____日 |

以下由税务机关填写：

| 纳税人所处街乡 | | 隶属关系 | |
|---|---|---|---|
| 国税主管税务局 | 国税主管税务所(科) | 是否属于国税、 | |
| 地税主管税务局 | 地税主管税务所(科) | 地税共管户 | |
| 经办人(签章)：<br>国税经办人：_____<br>地税经办人：_____<br>受理日期：<br>____年____月____日 | 国家税务登记机关<br>(税务登记专用章)：<br><br>核准日期：<br>____年____月____日<br>国税主管税务机关： | 地方税务登记机关<br>(税务登记专用章)：<br><br>核准日期：<br>____年____月____日<br>地税主管税务机关： | |
| 国税核发《税务登记证副本》数量： | 本发证日期： | ____年____月____日 | |
| 地税核发《税务登记证副本》数量： | 本发证日期： | ____年____月____日 | |

中华人民共和国国家税务总局监制

税务登记表各栏目填写说明：

①纳税人名称：应按照工商行政管理部门注册登记的全称填写；按照《营业执照》或有关职业证书上的名称填写。

②身份证件名称：一般填写居民身份证或其他有效证件；其他有关证件包括"军官证"、"士兵证"、护照等有效身份证件。

③注册地址：按工商营业执照或其他有关核准开业证照上的地址。

④生产经营地址：填写办理税务登记机构的生产经营地地址。

⑤国籍或地址栏：外国投资者填写国籍,中国投资者填经营地址。

⑥登记注册类型：填写经济类型,按营业执照的类型填写。不需要领取营业执照的,选择"非企业单位"或"港、澳、台商企业常驻代表机构及其他"、"外国企业"。如分支机构,按总机构经济类型填写(分类标准略)。

⑦投资方的经济性质：单位投资的,按登记注册类型填写；个人投资的,填写自然人。

⑧证件种类：单位投资的,填写组织机构代码证；个人投资的,填写身份证名号。

⑨国标行业：按纳税人从事生产经营行业的主次顺序填写,其中第一行业填写纳税人主行业(国民经济行业分类标准略)。

## 二、变更登记

变更税务登记是指纳税人办理开业税务登记后，因为生产经营情况发生变化，需要变更开业登记的内容而办理的税务登记。

（一）办理变更税务登记的范围

纳税人在办理税务登记之后，发生下列情形之一，应办理变更税务登记：改变纳税人名称、法定代表人；改变经济性质；增设或撤销分支机构；改变住所或经营地点（涉及主管税务机关变动的办理注销登记）；改变生产、经营范围或经营方式；增减注册资本；改变隶属关系；改变生产经营期限；改变开户银行和账号；改变生产经营权属以及改变其他税务登记内容。

（二）办理变更税务登记的时限及应提供的证件材料

**(1)变更税务登记内容所提供的资料及时限** 由于税务登记的内容发生变化需要变更税务登记，并且税务登记变更内容与工商登记变更内容是一致的，应当自工商行政管理机关办理变更登记之日起30日内，持有关证件向原税务登记机关填报《税务登记变更表》申报办理变更税务登记，并同时提交以下资料：

①工商变更登记表及工商营业执照（注册登记执照）复印件。

②纳税人变更登记内容的有关证明文件。

③税务登记机关发放的原税务登记证件。

④税务登记机关要求提供的其他有关资料。

**(2)变更税务登记内容与工商登记内容无关的，应提供的资料及时限** 纳税人变更税务登记与工商登记内容无关的，应当自有关机关批准或者宣布变更之日起30日内，向原税务登记机关填报《税务登记变更表》，办理变更税务登记申报手续，并同时提交以下资料：

①纳税人提交变更内容的决议及有关证明资料。

②税务机关发放的原税务登记证件。

③税务登记机关要求提供的其他有关资料。

（三）办理变更税务登记的程序

**(1)纳税人申请** 纳税人向主管税务机关提出变更税务登记申请，提交营业执照或其他核准营业的证明，领取并填写《税务登记变更申请表》。

**(2)税务机关受理审核** 税务机关对纳税人报送的已填写完毕的税务变更登记及相关资料，进行分类审核。符合条件的，制发《税务文书领取通知单》交纳税人。

**(3)税务机关发证** 纳税人凭《税务文书领取通知单》，领取税务机关重新制发的《税务登记证》（正本、副本），同时交回原税务登记证（证、副本），并收取工本费。

（四）《变更税务登记表》的填写

纳税人办理税务变更登记，需要如实填写《税务变更登记表》（见表1-2）。

### 表1-2 变更税务登记表

| 纳税人名称 | | | 纳税人识别号 | | |
|---|---|---|---|---|---|
| 变更登记事项 ||||||
| 序号 | 变更项目 | 变更前内容 | | 变更后内容 | 批准机关名称及文件 |
|  |  |  |  |  |  |
|  |  |  |  |  |  |
|  |  |  |  |  |  |
|  |  |  |  |  |  |
|  |  |  |  |  |  |
|  |  |  |  |  |  |
|  |  |  |  |  |  |

送缴证件情况：

纳税人

经办人：　　　　　　　法定代表人(负责人)：　　　　　　　纳税人(签章)
　年　月　日　　　　　　　　年　月　日　　　　　　　　　年　月　日

经办税务机关审核意见：

经办人：　　　　　　　负责人：　　　　　　　　　　税务机关(盖章)
　年　月　日　　　　　　年　月　日　　　　　　　　　年　月　日

填写方法如下：
①变更项目：填写需要变更的税务登记项目。
②变更前的内容：填写变更税务登记前的登记内容。
③变更后的内容：填写变更的登记内容。
④批准机关名称和文件：所有需要批准才能变更的项目需填写此项。

纳税人填写完相关内容后，在相关位置盖上单位公章、法人代表章、经办人章，以及税务登记专用章，然后将税务登记变更表交至税务登记窗口。如果涉及税种变更，同时领取并填写《纳税人税种登记表》，纳税人根据填表要求填写表格，经负责人签章并加盖公章后将表格交至税务登记窗口。

### 三、注销登记

纳税人发生解散、破产、撤销以及其他情形,依法终止纳税义务的,应当在向工商行政管理机关或者其他机关办理注销登记前,持有关证件和资料向原税务登记机关申报办理注销税务登记。

#### (一)办理注销登记的范围

发生破产、解散、撤销以及其他依法应当终止履行纳税义务的;因变动经营地点、住所或产权关系涉及改变主管机关的;被工商行政管理机关吊销营业执照的;纳税人依法终止履行纳税义务的其他情形。

#### (二)办理注销税务登记的时限

①按照规定不需要在工商行政管理机关或者其他机关办理注销登记的,应当在有关部门批准或宣告注销之日起 15 日内,持有关证件向原税务登记机关申报办理注销税务登记。

②纳税人被工商行政管理机关吊销营业执照或者被其他机关予以撤销登记的,应当自营业执照被吊销或者被撤销登记之日起 15 日内,持有关证件向原税务登记机关申报办理注销税务登记。

③纳税人因变动经营地点、住所而涉及改变主管税务机关的,应当在向工商行政机关申报办理变更或者注销工商登记前,或者在经营地点、住所变动之前,持有关证件和资料向原税务登记机关申报办理注销税务登记,并在注销税务登记之日起 30 日内向迁入地主管税务机关申请办理税务登记。

#### (三)办理注销登记的程序

**(1)纳税人申请** 纳税人应在办理工商注销登记前或被工商行政机关吊销营业执照和批准、宣告终止之日起的 15 日内,持下列证件到主管税务机关办理注销手续。包括:

①主管部门或董事会(职代会)的决议,以及其他有关证明文件。
②营业执照被吊销的应提交工商行政管理部门发放的吊销决定。
③税务机关发放的原税务登记证件(《税务登记证》正、副本及《税务登记表》等)。
④分支机构的注销税务登记通知书(涉外企业提供)。
⑤发票、发票购领证。
⑥税务机关要求提供的其他有关证件和资料。

如属增值税一般纳税人,还需提供以下资料及设施:增值税一般纳税人资格证书、企业用金税卡、IC 卡(指已纳入防伪税控的纳税人)。

**(2)税务机关受理** 对符合注销条件的发放并辅导其填写《注销税务登记表》。纳税人填写完相应内容后,在相应位置盖上单位公章、法人代表章、经办人章,然后将注销税务登记申请审批表交至税务登记窗口。

**(3)税务机关核准** 经审核无误后在其《注销税务登记表》上加盖税务登记专用章,并将注销税务登记信息输入电脑,同时向纳税人开具《注销税务登记通知书》。

**(4) 办理注销**　纳税人持《注销税务登记通知书》到工商行政管理机关办理工商注销手续。

**(四)《注销税务登记表》填写**

纳税人办理注销税务登记时,应如实填写《注销税务登记表》(见表1-3)。

表1-3　注销税务登记表

| 纳税人名称 | | 纳税人识别号 | |
|---|---|---|---|
| 注销原因 | | | |
| 附送资料 | | | |
| 纳税人 | 经办人：<br>　　年　月　日 | 法定代表人(负责人)：<br>　　年　月　日 | 纳税人(签章)<br>　　年　月　日 |
| 以下由税务机关填写 | | | |
| 受理时间 | 经办人：<br>　　年　月　日 | 负责人：<br>　　年　月　日 | |
| 清缴税款、滞纳金、罚款情况 | 经办人：<br>　　年　月　日 | 负责人：<br>　　年　月　日 | |
| 缴销发票情况 | 经办人：<br>　　年　月　日 | 负责人：<br>　　年　月　日 | |
| 税务检查意见 | 经办人：<br>　　年　月　日 | 负责人：<br>　　年　月　日 | |
| 收缴税务证件情况 | 种类 | 税务登记证正本 | 税务登记证副本 | 临时税务登记证正本 | 临时税务登记证副本 |
| | 收缴数量 | | | | |
| | 经办人：<br>　　年　月　日 | 负责人：<br>　　年　月　日 | | | |
| 批准意见 | 部人负责人：<br>　　年　月　日 | 税务机关(签章)：<br>　　年　月　日 | | | |

纳税人未按照规定期限申报办理税务变更或注销税务登记的,税务机关应当自发现之日起 3 日内责令其限期改正,可处以 2 000 元以下的罚款;情节严重的,处以 2 000 元以上 1 万元以下的罚款。

### 四、停业复业登记

**(一)纳税人提出申请,并提交资料**

纳税人在营业执照核准经营期限内停业 15 天以上时(或停业后复业),应向主管税务机关的税务登记窗口提交停业(或复业)登记申请报告,连同如下资料交税务登记窗口:工商行政管理部门要求停业的,提交工商行政管理部门的停业文件;主管税务机关原发放的《税务登记证》正、副本;《发票购领证》及未使用的发票。

**(二)领取并填写停业登记表(或复业单证领取表)**

纳税人在申报办理停业登记时,应如实填写《停业申请登记表》(见表 1-4),说明停业理由、停业期限、停业前的纳税情况和发票的领、用、存情况,并结清应纳税款、滞纳金、罚款。税务机关应收存其税务登记证件及副本、发票领购簿、未使用完的发票和其他税务证件。

表 1-4　停业登记表

| 纳税人识别号: | | | | | | |
|---|---|---|---|---|---|---|
| 纳税人名称: | | | | | | |

| 停业原因: | | | | |
|---|---|---|---|---|
| 批准机关 | 名称 | | | |
| | 批准文号及日期 | | | |
| 申请停业期限 | | 　年　月　日至　　　年　月　日 | | |
| | | | | 纳税人(签章) |
| 法定代表人(负责人): | | 办税人员: | | 　年　月　日 |
| 以下由税务机关填写 | | | | |
| 发票管理环节缴销发票及封存发票领购簿情况 | 发票名称 | | | |
| | 结存发票数量 | | | |
| | 起止号码 | | | |
| | 发票领购簿 | | | |
| | 负责人: | 经办人: | | 　年　月　日 |

续表 1-4

| 稽查环节清算情况 | 负责人： | 经办人： | 年 月 日 | | |
|---|---|---|---|---|---|
| 征收环节结算清缴税款情况 | 负责人： | 经办人： | 年 月 日 | | |
| 登记管理环节审核意见 | 封存税务机关发放证件情况 | 税务登记证正本 | 税务登记证副本 | 其他有关证件 | |
| | | | | | |
| | 核准停业期限 | 年 月 日至 年 月 日 | | | |
| | 负责人： | 经办人： | 年 月 日 | | |
| 批准意见 | 主管税务机关：<br><br>（公章）<br><br>负责人签字：　　　　　　　　　年 月 日 | | | | |

纳税人应按税务机关要求如实填写《停业登记表》（或《复业单证领取表》）后，交税务登记窗口。

（三）税务机关核准

主管税务机关税务登记窗口确认申请停业的纳税人税款已结清，已清缴发票并收缴税务登记证件等涉税证件后，核准其停业申请，制发《核准停业通知书》和《复业单证领取表》给纳税人。

纳税人按期或提前复业的，应当在停业期满前持《复业单证领取表》到主管税务机关办理复业手续，领回或启用税务登记证件和《发票领购证》等，纳入正常营业纳税人管理。

特别提示：对需延长停业时间的，纳税人应在停业期满5天前提出申请，报税务机关重新核批停业期限；对停业期满未申请延期复业的，税务机关视为已恢复营业，实施正常的税收管理；纳税人提前复业的，按提前复业的日期作为复业日期。

**五、外出经营报验登记**

纳税人到外县市临时从事生产经营活动的，应当在外出生产经营活动前，持税务登记证到主管税务机关申请开具《外出经营活动税收管理证明》。

（一）纳税人领取并填写《外出经营活动税收管理证明申请审批表》

纳税人持税务登记证（副本）及书面证明到主管税务机关领取并填写《外出经营

活动税收管理证明申请审批表》。

（二）税务机关核发《外出经营活动税收管理证明》

纳税人向主管税务机关登记窗口提交《外出经营活动税收管理证明申请审批表》及相关资料，税务机关审核后，符合要求的制发《外出经营活动税收管理证明》，加盖公章后交给纳税人。

税务机关按照一地一证的原则，核发《外出经营活动税收管理证明》，有效期限一般为30天，最长不得超过180天。到外地从事建筑安装工程的，有效期一般为一年。

（三）纳税人向经营地提交《外出经营活动税收管理证明》

纳税人应当在进行经营活动前，向《外出经营活动税收管理证明》注明地的税务机关报验登记，并提交税务登记证副本和《外出经营活动税收管理证明》。

（四）期满《外出经营活动税收管理证明》核销

纳税人应当在《外出经营活动税收管理证明》有效期满后10天内，向所在主管税务机关办理核销手续。需要延长期限的，必须到主管税务机关办理核销手续后重新申请。

纳税人应当向经营地主管税务机关结清税款、清缴未使用发票，在证明上加盖经营地税务机关印章。

（五）违法责任及处罚

纳税人到外地进行生产经营的，必须向主管税务机关申请开具《外出经营活动税收管理证明》，未持有该证明的，经营地税务机关一律按6%的征收率征收税款，并处以1万元以下的罚款。

## 六、扣缴税款登记

对负有代扣代缴、代收代缴税款义务的单位和个人，应当于履行扣缴义务之日起30日内，向所在地税务机关申报办理扣缴税款登记。

## 七、税务登记证的发放和使用

（一）税务登记证件种类及适用范围

新税务登记证分为：税务登记证（正、副本）、临时税务登记证（正、副本）和扣缴税款登记证（正本）三类。

从事生产、经营并领取工商营业执照的纳税人和从事生产、经营虽未办理工商营业执照但经有关部门批准有固定经营场所且正常从事生产经营的个体工商户核发税务登记证正、副本。

从事生产经营并领取临时工商营业执照的纳税人和有独立的生产经营权、在财务上独立核算并定期向发包人或者出租人上交承包费或租金的承包、承租人，以及境外企业在中国境内承包建筑、安装、装配、勘探工程和提供劳务的纳税人，核发临时税务登记证正、副本。

未办理税务登记证的法定扣缴义务人(临时发生扣缴义务的除外)核发扣缴税款登记证。

(二)税务登记证使用的一般规定

《税务登记证》是纳税人在税务机关登记注册的身份证明。纳税人持有《税务登记证》,表明他是已登记的纳税人,因而可以享受与登记纳税人相应的权利。

①纳税人领取税务登记证或者注册税务登记证后,应当在其生产、经营场所内明显易见的地方张挂,亮出经营。出县(市)经营的纳税人必须持有所在地国家税务机关填发的《外出经营活动税收管理证明》、税务登记证或者注册税务登记证的副本,向所在地国家税务机关报验登记,接受税务管理。

②纳税人办理下列事项时,必须持《税务登记证副本》或者《注册税务登记证副本》:在银行或者其他金融机构开立基本存款账户或其他存款账户;申请减税、免税、退税、先征税后返还;申请领购发票;申请办理《外出经营活动税收管理证明》;申请办理增值税一般纳税人认定手续;其他有关税务事项。

③《征管法》规定,纳税人按照国务院税务主管部门的规定使用税务登记证件。税务登记证件不得转借、涂改、损毁、买卖或者伪造。

④纳税人的税务登记证要妥善保管,如有遗失,应当在登报声明作废的同时,及时书面报告主管税务机关,经税务机关审查处理后,可申请补发新证,并按规定缴付工本管理费。

## 八、税务登记证的管理

(一)税务登记证的验证与更换

为了加强纳税人户籍管理,防止征管漏洞,根据《税务登记管理办法》的规定,税务机关对已核发的税务登记证件实行定期验证和换证制度。

**(1)税务登记证的定期验证**　税务机关对税务登记证件实行定期验证制度,验证时间一般为1年1次。纳税人应当在当地主管税务机关(通常由省级税务机关统一部署)规定的期限内持《税务登记证》(正、副本)及主管税务机关要求提供的其他有关证件、资料向主管税务机关提出验证申请,填制《税务登记验(换)证登记表》,办理验证手续。

**(2)税务登记证的更换**　税务登记证件定期由税务机关统一更换。换证工作一般每3年进行1次,具体时间由国家税务总局统一规定。

纳税人应当在规定的期限内到税务机关办理验证或者换证手续。税务机关审查核对税务登记证件和税务登记表的内容与纳税人的实际生产经营情况是否一致。未按规定办理验证或换证手续的,由县级以上税务机关宣布其税务登记证件失效,并收回有关税务证件及发票。

(二)税务登记的核查方式

根据《税务登记管理办法》的规定,税务机关日常的税务登记稽核可以采取以下方式:

①按月与国家税务局相互稽核税务登记户数。

②按季度和年度与工商行政管理机关、技术监督部门和民政部门核对注册和注销的各类企业、个体工商户、社团法人以及他们的组织机构统一代码,以发现应当登记或应当注销登记的纳税人。

③利用纳税人报验的购买货物(或接受劳务服务)取得的发票和销售货物(或提供劳务服务)开出的发票,核查其供应商或客户中未办理税务登记者。

④对特定地区的从事应纳税活动的所有单位和个人逐一进行实地核查,清理漏管户。

⑤其他有效的核查方式。

(三)非正常户税务登记的处理

**(1)非正常户的认定**　凡已办理税务登记的纳税人,无正当理由连续3个月未向税务机关进行纳税申报的,税务机关应当派员实地检查,查无下落并且无法强制其履行纳税义务的,应由县(市)级以上税务机关发出公告,责令限期改正;逾期不改正的,可以暂停其税务登记证件、发票领购簿和发票的使用,同时制作非正常户认定书,存入纳税人档案。

**(2)非正常户税务登记的处理**　对已认定为非正常户后找到的纳税人,主管税务机关按规定处罚,纳税人履行纳税义务和接受各种处罚后,恢复为正常户。非正常户认定后期满1年的,注销其税务登记,有欠税的列入"死欠"管理,其应纳税款的追征按《征管法》及《征管法实施细则》的规定执行。

## 第二节　凭证账簿管理

### 一、涉税业务账簿设置

账簿、凭证是税务机关对纳税人计征税款以及确认其是否正确履行纳税义务的重要依据。纳税人应当按照有关法律、行政法规和国务院财政、税务主管部门的规定设置账簿,根据合法、有效的凭证记账进行核算。

根据《征管法》及其实施细则的规定,下列企业或个体工商户应设置账簿。

①凡从事生产经营的纳税人、扣缴义务人,应自领取营业执照之日起15日内按照有关法律、行政法规和国务院财政、税务主管部门的规定设置账簿,根据合法、有效凭证记账进行核算。

②生产经营规模小、确无建账能力的个体工商户,可以聘请注册会计师或者经税务机关认可的财会人员代为建账和办理账务;如果聘请注册会计师或者经税务机关认可的财会人员有实际困难的,经县以上税务机关批准,可按税务机关的规定,建立收支凭证粘贴簿、进货销货登记簿。

③扣缴义务人应当在法定扣缴义务发生之日起10日内,按照所代扣、代收的税

种,分别设置代扣代缴、代收代缴税款账簿。

④对于有固定经营场所的个体私营经济业户,也必须按照国家统一会计制度的规定设置会计账簿,凭合法有效的凭证,如实记载经济业务事项,正确核算盈亏。具体建账可分为两种情况:

第一,达到一定经营规模的个体工商户和按定期定额征收的私营企业、个人租赁承包经营企业应建立复式账,其他业户建立简易账。业户可以自行建账,也可聘请社会中介机构代理建账。

第二,经营规模小、确无建账能力的业户,经县以上税务机关批准,可暂不建账或不设置账簿,但该类业户必须按照税务机关的规定建立收支凭证粘贴簿、进货销货登记簿,并完整保存有关纳税资料。

这里所说的不设置账簿,是指不按会计核算的要求设置系统的核算账簿。

⑤纳税人、扣缴义务人会计制度健全,能够通过计算机正确、完整计算其收入或者所得的,其计算机储存和输出的会计记录,可以视同会计账簿,但是应当打印成书面记录并完整保存;会计制度不健全,不能通过计算机正确、完整计算其收入或者所得的,应当建立总账和与纳税或者代扣代缴、代收代缴税款有关的其他账簿。

## 二、发票的管理

发票是财务收支的法定凭证,是会计核算的原始凭证,是税务稽查的重要依据。根据国家的有关法规规定,税务机关是发票的主管机关,负责发票的印制、领购、开具、取得、保管、缴销的管理和监督。

### (一)发票的领购和印制管理

增值税专用发票由国务院税务主管部门指定的企业印制;其他发票按照国务院税务主管部门的规定,分别由省、自治区、直辖市国家税务局、地方税务局指定企业印制。

依法办理税务登记的单位和个人,在领取税务登记证后,向主管税务机关申请领购发票。对无固定经营场地或者财务制度不健全的纳税人申请领购发票,主管税务机关有权要求其提供担保人,不能提供担保人的,可以视其情况,要求其提供保证金,并限期缴销发票。对发票保证金应设专户储存,不得挪作他用。纳税人可以根据自己的需要申请领购普通发票。增值税专用发票只限于增值税一般纳税人领购使用。

**(1)普通发票的领购**

①发票领购簿的申请、核发。纳税人凭《税务登记证》副本到主管税务机关领取并填写发票领购申请审批表(如表1-5),同时提交如下材料:经办人身份证明(居民身份证或护照)、财务专用章或发票专用章,以及主管税务机关要求报送的其他材料。

## 表1-5 普通发票领购簿申请审批表

纳税人识别号: □□□□□□□□□□□□□□□

注册地址:

| 纳税人名称 | | | |
|---|---|---|---|
| 法定代表人 | | 身份证号码 | |
| 登记注册类型 | | 联系电话 | |
| 申请理由: <br><br> 单位公章 <br> 申请人签字:　法人签章:　年　月　日 | | | 申请人财务专用章或发票专用章印模 |

| 发票名称 | 联次 | 持票最高数量 | 每月最高购票数量 | 每次购票最高数量 |
|---|---|---|---|---|
| | | | | |
| | | | | |
| | | | | |
| | | | | |

| 发票经办人 | | 身份证件名称 | | 证件号码 | |
|---|---|---|---|---|---|
| | | | | | |

| 以下由税务机关填写 ||||||
|---|---|---|---|---|---|
| 发票名称 | 联次 | 持票最高数量 | 每月最高购票数量 | 每次购票最高数量 | 购票方式 |
| | | | | | |
| | | | | | |
| | | | | | |
| | | | | | |

续表 1-5

| 税务所(管理所)<br>审批意见 | |
|---|---|
| (盖章) | 审批岗人员：　　　　所长：　　　　　　年　月　日 |
| 经审批合格后审批岗录入人员签字： | 录入日期：　　　　年　月　日 |
| 如对审批意见有争议可于收到本审批意见之日起60日内向上一级税务机关申请复议,也可在3个月之内直接向人民法院起诉。 | |

注：本表是纳税人初次购票前及因经营范围变化等原因,需增减发票种类数量时填写的,经审批同意后,有关发票内容填写在《普通发票领购簿》中,此表不作为日常领购发票的凭证;此表一式两份,一份纳税人留存,一份税务机关留存。

主管税务机关发票管理部门对上述资料审核无误后,将核批的发票名称、种类、购票数量、购票方式(包括批量供应、验旧供新、交旧供新)等填写在发票领购簿上,同时对发票领购簿号码进行登记。

②领购普通发票。领购普通发票时,纳税人须报送《税务登记证》副本、发票领购簿及经办人身份证明,一般纳税人领购增值税普通发票还需提供税控IC卡,供主管税务机关发票管理部门在审批发售普通发票时查验,对验旧供新和交旧供新方式售票的,还需提供前次领购的发票存根联。

审验合格后,纳税人按规定支付工本费,领购发票,并审核领购发票的种类、版别和数量。

**(2)增值税专用发票的领购**

①增值税专用发票领购簿的申请、核发。已经认定的增值税一般纳税人,凭增值税一般纳税人申请认定表,到主管税务机关发票管理部门领取并填写增值税专用发票领购簿申请书,并需提交下列资料：领取增值税专用发票领购簿申请书(见表1-6);盖有增值税一般纳税人确认专用章的《税务登记证》副本;办税员的身份证明;财务专用章或发票专用章印模;领取的最高开票限额申请表(见表1-7)。

## 第一章

### 表1-6　领取增值税专用发票领购簿申请书

_____国家税务局：

　　我单位已于_____年_____月_____日被认定为增值税一般纳税人。

　　纳税人识别号：□□□□□□□□□□□□□□□

| 发票名称 | 发票代码 | 联次 | 每次领购最大数量 |
|---|---|---|---|
| | | | 本/份 |
| | | | 本/份 |
| | | | 本/份 |

　　为做好专用发票的领购工作，我单位特指定_____（身份证号：　　　　　　　　）

和_____（身份证号：　　　　　　　　）_____位同志为购票员。

　　我单位将建立健全专用发票管理制度。严格遵守有关专用发票领购、使用、保管的法律和法规。

　　法定代表人(负责人)(签章)：

　　申请单位(签章)：

　　　　　　　　　　　　　　　　　　　　　　　　　　年　　月　　日

　　主管税务机关审核意见：

　　　　　　　　　　　　　　　　　　　　　　　　　（公章）
　　　　　　　　　　　　　　　　　　　　　　　　　年　　月　　日

### 表1-7　领取最高开票限额申请表

| | 企业名称 | | 税务登记代码 | |
|---|---|---|---|---|
| | 地址 | | 联系电话 | |
| 申请事项<br>(由企业填写) | 申请最高<br>开票限额 | □一亿元　□一千万元　□一百万元<br>□十万元　□一万元　□一千元 | | |
| | 经办人(签字)：<br>　　年　月　日 | | 企业(印章)：<br>　　年　月　日 | |
| 区县级税务<br>机关意见 | 批准最高开票限额：<br>经办人(签字)：<br>　　年　月　日 | 批准人(签字)：<br>　　年　月　日 | 税务机关(印章)：<br>　　年　月　日 | |
| 地市级税务<br>机关意见 | 批准最高开票限额：<br>经办人(签字)：<br>　　年　月　日 | 批准人(签字)：<br>　　年　月　日 | 税务机关(印章)：<br>　　年　月　日 | |
| 省级税务<br>机关意见 | 批准最高开票限额：<br>经办人(签字)：<br>　　年　月　日 | 批准人(签字)：<br>　　年　月　日 | 税务机关(印章)：<br>　　年　月　日 | |

注：本申请表一式两联。第一联，申请企业留存；第二联，区县级税务机关留存。

主管税务机关发票管理部门对上述资料审核无误后,填发增值税专用发票领购簿,署准购发票名称、种类、数量、面额、购票方式、保管方式等审核意见。

②增值税专用发票的初始发行。一般纳税人领购专用设备后,凭《最高开票限额申请表》、《发票领购簿》到主管税务机关办理初始发行,即主管税务机关将一般纳税人的下列信息写入空白金税卡和 IC 卡中:企业名称;税务登记代码;开票限额;购票限量;购票人员姓名、密码;开票机数量;国家税务总局规定的其他信息。

一般纳税人发生上列信息变化,应向主管税务机关申请变更发行;发生税务登记代码信息变化应向主管税务机关申请注销发行。

③增值税专用发票的领购。增值税专用发票一般由县级主管税务机关发票管理部门发售,发售增值税专用发票实行验旧供新制度。

审批后,领购增值税专用发票,需要提供以下资料:《发票领购簿》,IC 卡,经办人身份证明,上一次发票的使用清单,税务部门规定的其他材料。

对资料齐备、手续齐全、符合条件而又无违反增值税专用发票管理规定的,主税务机关发票管理部门予以发售增值税专用发票,并按规定价格收取发票工本费,同时开具收据交纳税人。

(二)发票的开具

纳税人在对外销售商品、提供服务,以及发生其他经营活动收取款项时,必须向付款方开具发票。在特殊情况下,由付款方向收款方开具发票(收款单位和扣缴义务人付给个人款项时开具的发票),未发生经营业务一律不准开具发票。

**(1)普通发票的开具要求**

①发票开具应该按规定的时限、顺序、逐栏、全联、全部栏次一次性如实开具,并加盖单位财务印章或发票专用章。

②发票限于领购单位在本省、自治区、直辖市内开具,未经批准不得跨越规定的使用区域携带、邮寄或者运输空白发票。

③任何单位和个人都不得转借、转让、代开发票;未经税务机关批准,不得拆本使用发票;不得自行扩大专用发票使用范围。

④开具发票后,如果发生销货退回需要开红字发票,必须收回原发票并注明"作废"字样,或者取得对方有效证明;发生折让的,在收回原发票并注明"作废"字样后重新开具发票。

**(2)专用发票的开具要求** 开具增值税专用发票,除按照普通发票的要求外,还要遵守以下规定:项目齐全,与实际交易相符;字迹清楚,不得压线、错格;发票联和抵扣联加盖财务专用章或者发票专用章;按照增值税纳税义务的发生时间开具。

(三)发票的检查

税务机关有权对纳税人的发票以及与发票有关的凭证、资料进行查阅和复制。税务机关进行检查时,应出示税务检查证。纳税人必须接受检查,如实反映情况,提供有关资料,不得拒绝或隐瞒。

### 三、完税凭证的管理

单位和个人领购使用发票,应建立发票使用登记制度,设置发票登记簿,定期向主管税务机关报告发票的使用情况。增值税专用发票要专人保管,并设立发票分类登记簿以记录增值税专用发票的购、领、存情况,每月进行检查统计并向税务机关汇报。发票在启用前要检查有无缺号、串号、缺联,以及有无防伪标志等情况,如发现问题应整本退回税务机关。

已开具的发票存根和发票登记簿要妥善保管,保存期为五年,保存期满需要经税务机关查验后销毁。

纳税人、扣缴义务人必须按有关规定保管会计档案、会计凭证、账簿、报表,以及完税凭证和其他有关纳税资料,应当保管十年,不得伪造、变造或者擅自销毁。

## 第三节 纳税申报和税款缴纳

### 一、纳税申报

纳税人在发生纳税义务后,按税务机关规定的内容和期限,向主管税务机关以书面报表的形式,申明有关纳税事项及应纳税款所履行的法定手续。纳税申报不仅是征纳双方核定应纳税额、开具纳税凭证的主要依据,也是税务机关研究经济信息,加强税源管理的重要手段。

(一)纳税申报的对象

纳税申报的对象是指谁应当办理纳税申报。

**(1)应当正常履行纳税义务的纳税人** 在正常情况下,纳税人必须在税收法律和行政法规规定的或者税务机关依照税收法律和行政法规规定的申报期限内,向主管税务机关办理纳税申报手续,填报纳税申报表。

**(2)应当履行扣缴税款义务的扣缴义务人** 扣缴义务人必须在税收法律和行政法规规定的申报期限内,向主管税务机关办理代扣代缴、代收代缴申报手续,报送代扣代缴、代收代缴税款报告表。

**(3)享受减税、免税待遇的纳税人** 纳税人享受减税、免税待遇的,在减税、免税期间也应当按照规定办理纳税申报手续,以便税务部门进行减免税的统计与管理。

(二)纳税申报的内容

纳税人应在规定的申报期限内办理纳税申报。报送的内容主要有:纳税申报表、财务会计报表、税务机关要求报送的其他纳税资料。

扣缴义务人应在规定的申报期限内报送如下资料:代扣代缴、代收代缴人税款报告表;代扣代缴、代收代缴税款的合法凭证;税务机关要求扣缴义务人报送的其他有关资料。

（三）纳税申报方式

纳税申报方式是指纳税人和扣缴义务人在发生纳税义务和代扣代缴、代收代缴义务后，在其申报期限内，依照税收法律、行政法规的规定到指定税务机关进行申报纳税的形式。具有以下几种申报方式：

**(1)直接申报** 纳税人、扣缴义务人按照规定的期限，直接到税务机关办理纳税申报手续，是一种传统的申报方式。

**(2)邮寄申报** 经税务机关批准，纳税人、扣缴义务人使用统一规定的纳税申报特快专递信封，通过邮政部门办理交寄手续，并向邮政部门索取收据作为申报凭证。以邮出地的邮戳日期为实际申报日期。办理邮寄申报具体步骤如下：

①申请。纳税人向主管机关提出申请，领取并填写《邮寄（数据电文）申报审批表》。

②受理。主管税务机关审核纳税人填报的申请表，符合条件的，制发《税务文书领取通知单》交纳税人。

③主管税务机关核准受理部门，填制《税务文书传递卡》和《税务文书附送资料清单》连同纳税人送检的资料转送管理部门。核准后，由管理部门制发《核准邮寄（数据电文）申报纳税通知书》。

**(3)数据电文申报** 是指纳税人、扣缴义务人、代征人采用电子数据交换、电子邮件、电报、电传或者传真等办法向税务机关办理纳税申报或报送代扣代缴、代收代缴报告表的申报方式。目前纳税人网上申报就是数据电文方式的一种形式。

数据电文申报形式纳税申报的具体日期是以纳税人将申报数据发送到税务机关特定系统，该数据电文进入特定系统的时间视为申报时间。办理数据电文申报的具体步骤同邮寄申报。

**(4)代理申报** 纳税人、扣缴义务人可以委托注册税务师代理机构进行纳税申报。

## 二、税款缴纳

税款缴纳是纳税人在纳税申报以后，按照法定的方式、期限，把应税款解缴入库的税务行为。税款缴纳是纳税人完成纳税义务的标志。

（一）税款缴纳方式

**(1)自核自缴** 生产经营规模较大，财务制度健全，会计核算准确，一贯依法纳税的企业，经主管国家税务机关批准，企业依照税法规定，自行计算应纳税款，自行填写、审核纳税申报表，自行填写税收缴款书，到开户银行解缴应纳税款，并按规定向主管国家税务机关办理纳税申报并报送纳税资料和财务会计报表。

**(2)申报核实缴纳** 生产经营正常，财务制度基本健全，账册、凭证完整，会计核算较准确的企业，依照税法规定计算应纳税款，自行填写纳税申报表，按照规定向主管国家税务机关办理纳税申报,并报送纳税资料和财务会计报表。经主管国家税务机关审核,并填开税收缴款书,纳税人按规定期限到开户银行缴纳税款。

**(3)申报查定缴纳** 财务制度不够健全、账簿凭证不完备的固定业户,应当如实向主管国家税务机关办理纳税申报并提供其生产能力、原材料、能源消耗情况及生产经营情况等,经主管国家税务机关审查测定或实地查验后,填开税收缴款书或者完税证明,纳税人按规定期限到开户银行或者税务机关缴纳税款。

**(4)定额申报缴纳** 生产经营规模较小,确无建账能力或者账证不健全,不能提供准确纳税资料的固定业户,按照国家税务机关核定的营业(销售)额和征收率,按规定期限向主管国家税务机关申报缴纳税款。纳税人实际营业(销售)额与核定额相比升降幅度在20%以内的,仍按核定营业(销售)额计算申报缴纳税款;对当期实际营业(销售)额上升幅度超过20%的,按当期实际营业(销售)额计算申报缴纳税款;当期实际营业(销售)额下降幅度超过20%的,当期仍按核定营业(销售)额计算申报缴纳税款,经主管国家税务机关调查核实后,其多缴税款可在下期应纳税款中予以抵扣。需要调整定额的,向主管国家税务机关申请调升或调降定额。但是对定额的调整规定不适用实行起点定额或保本定额缴纳税款的个体工商户。

(二)纳税期限与延期纳税

税法中明确规定了纳税期限的,纳税人应按税法的规定执行。如增值税、所得税等。税法中没有明确规定纳税期限的,按主管税务机关规定的期限缴纳。

纳税人因特殊困难不能按期缴纳税款的,必须在规定的纳税期限之内向主管国家税务机关提出书面申请,填写延期纳税审批表,经主管税务机关报县以上税务局核准后,在批准延期纳税期限内缴纳税款,但最长不得超过3个月。

(三)税款补缴和退还

①由于纳税人、扣缴义务人计算错误等失误,未缴或者少缴税款,数额在10万元以内的,自税款所属期起3年内发现的,应当立即向主管税务机关补缴税款及滞纳金;数额在10万元以上的,自税款所属期起在10年内发现的,应当立即向主管税务机关补缴税款及滞纳金。

②由于税务机关责任致使纳税人、扣缴义务人未缴或者少缴税款,自税款所属期起3年内发现的,应当立即向主管税务机关补缴税款,但不缴滞纳金。

③纳税人超过应纳税额向税务机关缴纳的税款,自结算缴纳税款之日起3年内发现的,可以向主管税务机关提出退还税款书面申请报告,经税务机关核实后,予以退还。

④纳税人享受出口退税及其他退税优惠政策的,应当按照规定向主管税务机关申请办理退税。

# 第四节 税务筹划基础

## 一、税务筹划的含义与特点

（一）税务筹划的含义

税务筹划是指纳税人为达到减轻税收负担和实现税收零风险的目的，在税法所允许的范围内，对企业的经营、投资、理财、组织、交易等各项活动进行事先安排的过程。上述定义有两个含义：

**(1)明确了税务筹划目的** 税务筹划是为了同时达到两个目的：减轻税收负担和实现税收零风险。如果企业开展税务筹划活动后，没有减轻税收负担，那么其税务筹划是失败的；但是，如果企业在减轻税收负担的同时，税收风险却大幅度提升，其税务筹划活动同样不能成功。

①减轻税收负担。减轻税收负担包括了绝对减少税负、相对减少税负和延期纳税三层意思：

绝对减少税负表现为税收负担额的直接减少。例如，企业去年交税1000万元，今年税务筹划以后交税800万元，其直接减少税负就是200万元。

相对减少税负需要把纳税额与企业的各项经营业绩挂钩。例如，某企业今年的销售额比去年有了相当大的提高，在这种情况下，绝对数的减少并不能完全反映税务筹划的效果，所以，通常以税收负担率来衡量是否相对减少了税负。

【案例】

如果2002年某一家企业纳税是1000万元，其销售额是1亿元；2003年它的销售额增长到2亿元，经过税务筹划以后，企业的各项税收共1500万元，那么该税务筹划有没有效果呢？

如果从绝对数上理解，企业2002年上交1000万元，2003年上交1500万元，税收绝对值增加，但这其中存在相对负担减轻的客观事实。如果2002年企业销售额为1亿元，上缴税收1000万元，那么企业的税收负担率是10%；2003年销售额1亿元，上缴税收750万元，企业的税收负担率是7.5%。这样，税收负担率从10%下降到7.5%，属于税收负担相对减轻，证明企业所进行的税务筹划是有效果的。

企业延缓纳税可以把年初的税款合法地推迟到年末交，这样企业就取得了这笔税款一年的使用价值，增加企业的现金流，减少借款费用支出。从这个意义上来说，税务筹划也取得了很好的效果。

②实现税收零风险。税收零风险指税务稽查无任何问题。我国企业对税法的理解不到位，普遍存在着税收风险问题，税务筹划需要把规避税收风险、实现税收零风险纳入进来。目前我国的税收征管体制是征、管、查相分离的，企业在接受税务稽

查时,会面临着三种不同性质的稽查:

日常稽查是指稽查部门主要负责的对管辖区域内企业日常情况进行的检查,要求被检查的公司数量一般不得低于一定比例。

专项稽查是指根据上级税务部门的部署,对某个行业、某个地区、某个产品、某项减免税政策进行全面的清理检查。

举报稽查是指税务机关在接到举报以后,采取一些措施对纳税人进行检查,任何单位和个人根据征管法的规定,都可以举报纳税人偷税漏税的行为。

涉税零风险是指企业受到稽查以后,税务机关做出无任何问题的结论书。税收风险为零也是税务筹划的目的之一。

(2)规定了税务筹划的手段  税务筹划需要企业在税法所允许的范围内,通过对经营、投资、理财、组织、交易等各项活动进行事先的合理安排。很显然,税务筹划是企业的一个最基本的经济行为。从税务筹划的概念中可以看出:短期内,企业进行税务筹划的目的是通过对经营活动的安排,减少交税,节约成本支出,以提高企业的经济效益;从长期来看,企业自觉地把税法的各种要求贯彻到其各项经营活动之中,使得企业的纳税观念、守法意识都得到强化。

(二)税务筹划的特点

(1)合法性  是指税务筹划不仅符合税法的规定,还应符合政府的政策导向。合法性是税务筹划区别于其他税务行为的一个最典型的特点,几种减少税收支付手段的比较见表1-8。具体表现在企业采用的各种税务筹划方法以及税务筹划实施的效果和采用的手段都应当符合税法的规定,应当符合税收政策调控的目标。有些方法可能跟税收政策调控的目标不一致,但企业可以从自身的行为出发,在不违反税法的情况下,采用一些避税行为。

表1-8  几种减少税收支付手段的比较

| 减少税收支付的手段 | 含　　义 | 合法与否 |
| --- | --- | --- |
| 偷税 | 纳税人采取伪造、变造、隐匿、擅自销毁账簿和记账凭证的手段,在账簿上多列支出或者不列、少列收入,造成少交或不交税款的行为。 | 非法 |
| 漏税 | 纳税人在无意识的情况下发生的少交或漏缴税款的行为。 | 非法,往往会认定为偷税 |
| 抗税 | 以暴力、威胁方法拒不缴纳税款的极端错误的违法行为。 | 非法 |

续表 1-8

| 减少税收支付的手段 | 含　义 | 合法与否 |
|---|---|---|
| 骗税 | 采取弄虚作假和欺骗手段,将本来没有发生的应税行为虚构成发生了应税行为,将小额的应税行为伪造成大额的应税行为,从而从国库中骗取出口退税款的违法行为。 | 非法 |
| 欠税 | 纳税人超过税务机关核定的纳税期限而发生的拖欠税款的行为,分为主观欠税和客观欠税两种。 | 非法 |
| 避税 | 利用税法的漏洞或空白,采取必要的手段少交税款的行为。 | 钻法律的空子 |
| 税务筹划 | 纳税人为达到减轻税收负担和实现税收零风险目的而在税法所允许的范围内,通过对经营、投资、理财、组织、交易等活动进行事先安排的过程。 | 合法 |

**(2)超前性**　是指经营或投资者在从事经营活动或投资活动之前,把税收作为影响最终成果的一个重要因素来设计和安排。也就是说,企业对各项经营和投资等活动的安排事先有一个符合税法的准确计划,把税收因素提前放在企业的各项经营、决策活动中去考虑,实际上,也是把税收观念自觉地落实到企业的各项经营决策活动中去。

**(3)目的性**　税务筹划的目的,就是要减轻税收负担,同时也要使企业的各项税收风险降为零,追求税收利益的最大化。

**(4)专业性**　税务筹划的开展,并不是某一家企业、某一人员凭借自己的主观愿望就可以实施的一项计划,而是一门集会计、税法、财务管理、企业管理等各方面知识于一体的综合性学科,专业性很强。一般来讲,在国外,税务筹划都是由会计师、律师或税务师来完成的;在我国,随着中介机构的建立和完善,它们将承担大量税务筹划的业务。

## 二、税务筹划的条件

**(1)企业规模较大**　规模较大的企业适合进行税务筹划。例如,企业集团下面有很多子公司、分公司,企业通过各分公司、子公司之间以及分公司、子公司与母公司之间的交易,更有利于开展税务筹划;其分公司、子公司、母公司之间进行资产流动,分摊费用,而且一些合同订单的转让都可以起到很好的税务筹划效果。

对于一些规模比较小的企业,由于其税务筹划的空间相应比较小,所以,他们的重点一般应放在日常成本的管理、日常的采购和销售活动中。

**(2)企业资产流动性强**　企业运营中,首先要对各种投资和经营等活动进行事先安排,这就必然要对资产、车间、设备进行安排,这些资产的安排既包括将资本从企业内部分离出去,也包括从外部购买进来。因此,资产流动性越强,企业对适应税务筹划方案的要求就越灵活机变;反之,如果企业的资产流动性差,则不能很好地进行税务筹划。例如,某公司想在某地区设立一家子公司,却无法流动公司的设备,那么这就势必会阻碍了税务筹划的开展。

**(3)企业行为决策程序简化**　行为决策程序较简单的企业有利于进行税务筹划,如果企业的行为决策程序比较复杂,即使企业在税务筹划方面提出了很好的方案,但最后的落实可能会在比较复杂的行为决策程序中出现这样或那样料想不到的问题。

我国的税收政策基本上是随着经济环境的变化而适时地进行调整的。企业如果不能及时、迅速地抓住这些因税收政策调整而带来的机遇,就很可能会丧失税务筹划的空间。因此,企业行为的决策层越简化,税务筹划的效果就会越好。

**【案例】**

前一段时间,我国对烟酒企业进行了消费政策的调整,调整的方向基本上是加大消费者税负。通过分析政策,发现政府加大烟酒企业的消费税负已成定局,因为中央已经在多种场合提出过加大对烟酒企业税收的征收力度并提高其税负水平。根据这些政策,在国有和民营的企业中提出同样的税务筹划方案,实施效果截然不同。民营企业在得到该信息后,很快地及时采取相应的措施,例如,清仓、减少库存(这是基于税收可能按量征收的原因),结果民营企业因得知信息后所采取的相应措施非常迅速及时,因此而得到了一笔额外的税收收益;但是在国有企业中的情况却恰好相反,由于需要很多部门审批清仓,使得决策时间变长,而没有取得税收收益。

**(4)与企业长远发展目标一致**　该条件具体指企业采用的各种税务筹划方案以及实施的过程,应尽量与企业的长远发展目标相一致。企业的发展是由各种因素来合力共同推动的,税收只是其中的一个因素,企业的发展更取决于企业产品的知名度、产品的质量、市场营销、人力资源、企业管理等各个方面。所以企业采用的各种税务筹划方案和实施的具体过程,必须最大限度地与促进企业发展的其他因素共同发挥力量,才能及早地实现其长远发展目标。

**【案例】**

前段时间,针对一些大的国有企业长期亏欠国家银行的债务问题,我国提出了债转股的方法。一些国有企业从税务筹划的角度来讲,并不欢迎这样的政策,因为企业欠银行的债务会产生利息,利息是可以在所得税税前列支的。当债转股以后,就要税后列支这部分分红。

表1-9 税务筹划条件比较

| 税务筹划条件 | | 税务筹划效果 |
| --- | --- | --- |
| 企业规模 | 大 | 好 |
| | 小 | 纳税空间小 |
| 资产流动性 | 好 | 好 |
| | 差 | 阻碍实施税务筹划 |
| 行为决策程序 | 简化 | 好 |
| | 复杂 | 复杂延缓税务筹划实施 |
| 与企业长远发展目标 | 相符合 | 好 |
| | 不符合 | 不好 |

## 三、税务筹划的基本技术

(1)**免税技术** 是指在法律允许的范围内,使纳税人成为免税人,或使征税对象成为免税对象,从而免于纳税的技术。运用免税技术是要尽量使免税期最长化,在合理合法的情况下,免税期越长,节减的税就越多,同时应尽量争取更多的免税待遇,在合法合理的情况下,尽量争取免税待遇,将争取的免税项目与交纳的税务相比,免税越多,企业可以支配的税后利润也就越大。

(2)**减税技术** 是指在法律允许的范围内,使纳税人减少应纳税务而直接节税的技术。使用减税技术时应把握两点:一是尽量使减税期最长化,因为减税时间越长,节减的税收越多,企业的税后利润也就越多;二是尽量使减税项目最多化,减税项目越多,企业的收益越大。

(3)**税率差异技术** 是指在合理合法的前提下,利用税率的差异而直接节税的筹划技术。企业可以利用不同地区、不同行业之间的税率差异,来节减税负,实现企业利润的最大化。运用税率差异技术时要注意两点:一是尽可能寻找税率最低的地区、产业,使适用的税率最低化;二是尽量寻求税率差异的稳定性和长期性,使企业税率差异的时间最长化和稳定化。

(4)**分离技术** 是指企业所得和财产在两个或更多纳税人之间,进行分割而使节减税款达到最大化的税务筹划技术。在应用分离技术时:一是分离要合理化,尽量使分离出去的部分往低税率上靠;二是节税最大化,通过合理的分离,使分离后的企业达到节税最大化。

(5)**扣除技术** 是指在计算缴纳税款时,准予从计税依据中扣除部分项目,从而减少税务的技术。在运用扣除技术时一般应注意以下三点:一是扣除金额最大化,在税法允许的条件下,用足用活扣除政策;二是扣除项目最多化,尽量按照税法允许的扣除项目扣除;三是扣除最早化,尽可能使各种允许的扣除项目尽早扣除,相对节减更多的税负。

**(6)抵免技术** 是指在法律允许的范围内,使税务抵免额增加而绝对节税的技术。运用抵免技术时应注意以下两点:一是抵免项目要最多化,尽可能把可抵免的项目全部抵免;二是抵免金额要最大化,将参加抵免项目的金额最大化以扩大企业的税后利润。

**(7)延期纳税技术** 是指在法律允许的范围内,使纳税人延期缴纳税款而相对节税的技术。尽管采用延期纳税技术不能使应交纳的税款减少,但时间的滞延相当于企业从政府手中拿到了一笔无息贷款,获取了相对税务收益。运用该技术应注意两点:一是使延期时间最长化,尽量争取延期缴纳的时间最长,相对节减更多的税负;二是延期纳税的项目最多化,争取在税法允许的范围内,获得更大的节税收益。

**(8)退税技术** 是指在法律允许的范围内,使税务机关部分或全部退还纳税人已纳税款而直接节税的技术,这是一种特殊的免税和减税方式。实施退税技术要尽量争取退税项目最多化,即在税法规定的范围内,尽量争取更多的退税待遇;同时实施退税技术还要尽量使应退税额最大化,因为退还的税越多,企业的税后利润就越大。

  **回顾、思考、回答:检验一下你弄清下列问题了吗?**

1. 企业税务登记包括哪些种类?各种登记适用范围和基本流程是什么?
2. 企业纳税核算通常涉及哪些账户?
3. 如何获取发票,如何开具发票,如何保管发票?
4. 企业纳税申报与税款缴纳包括哪些内容?
5. 你清楚什么是税务筹划吗?为什么要进行税务筹划?
6. 税务筹划的主要内容和方法有哪些?

# 第二章 增值税纳税实务

**读者导航**

增值税是一种涉及范围广泛的以增值额为计税依据的重要流转税。本章主要介绍增值税法的基本规定,增值税的进项税额、销项税额和应纳税额的计算和账务处理,增值税出口退税和减免税的计算与核算,增值税的纳税申报和税务筹划方法等内容。通过本章学习,您应熟知增值税法律基本规定,能够正确计算增值税的应纳税额,了解会计处理方法;掌握增值税务筹划方法与运用。

## 第一节 增值税基本规定

增值税是目前国际上大多数国家都征收的一种流转税,是我国流转税中最大税种。增值税只对增值额征税,对于同税率的商品,只要最终售价相同,不管经过多少个流转环节,其总的税负一定相等,这就是增值税的合理性。

### 一、增值税的含义和特点

(一)增值税的含义

增值税是对在我国境内销售货物和提供加工、修理修配劳务,以及进口货物的单位和个人,就其货物的销售额或提供应税劳务的增值额及进口货物金额为计税依据计算税款,并实行税款抵扣制的一种流转税。

增值税按其法定增值额的计算方法不同(即是否扣除固定资产价值),可分为生产型增值税、消费型增值税和收入型增值税。我国现行的是消费型增值税。

(二)增值税的特点

**(1)征税范围广** 增值税依据普遍征税原则,征税对象广泛涉及商品生产、批发、零售和各种服务业,甚至农业。

**(2)根据增值税专用发票抵扣税款** 即根据购进货物或接受应税劳务支付款项所取得的增值税专用发票上注明的税款,在计算本环节销售货物或提供应税劳务应纳税款时,予以抵扣,以避免出现重复征税。

**(3) 实行多环节征税**　从纳税环节看,增值税实行多环节征税,即一种货物或劳务从生产到最终进入消费,每经过一道生产经营环节就征收一道税,而不是只在某一环节征税,也不是只征一道税。

**(4) 价外计税**　即以不含增值税税额的价格为计税依据,销售商品时,增值税专用发票上分别注明增值税税款和不含增值税的销售额。

我国现行的增值税采用专用凭证(增值税专用发票)、专用明细账(一般纳税人应交增值税明细账)和专用报表(应交增值税明细表、增值税纳税申报表)。

## 二、增值税的纳税人

《增值税暂行条例》规定,在中华人民共和国境内销售货物或提供加工、修理修配劳务以及进口货物的单位和个人为增值税的纳税人。单位是指企业、行政单位、事业单位、军事单位、社会团体及其他单位;个人是指个体工商户及其他个人;单位租赁或承包给其他单位或者个人经营的,承租人或承包人为纳税人。

按照增值税纳税人的生产经营规模及财务核算健全程度,增值税的纳税人可分为一般纳税人和小规模纳税人。

**(一)小规模纳税人**

小规模纳税人是指年应税销售额在规定标准以下、会计核算不健全、不能按规定报送有关税务资料的增值税纳税人。小规模纳税人的认定标准为:

① 从事货物生产或提供增值税应税劳务的工业企业,以及以从事货物生产或提供增值税应税劳务为主,并兼营货物批发或零售(工业销售额占 50% 以上)的纳税人,年应征增值税销售额在 50 万元(含 50 万元)以下的。

② 从事货物批发或零售的纳税人,年应税销售额在 80 万元以下的。

③ 年应税销售额超过小规模纳税人标准的其他个人按小规模纳税人纳税;非企业性单位、不经常发生应税行为的企业可选择按小规模纳税人纳税。

小规模纳税人不能领购和使用增值税专用发票,按简易办法计算缴纳增值税。凡能够认真履行纳税义务的小规模企业,经县(市)税务局批准,其销售货物或提供应税劳务可由税务机关代开增值税专用发票。

**(二)一般纳税人**

一般纳税人是指年应税销售额超过小规模纳税人标准的企业和企业性单位。具体是指企业规模大、会计核算健全、能够提供完整的核算资料的纳税人。

下列纳税人不属于一般纳税人:年应税销售额未超过小规模纳税人标准的企业;个人;非企业性单位;不经常发生增值税应税行为的企业。

经税务机关审核认定的一般纳税人,可按规定领购和使用增值税专用发票,按增值税条例规定,计算缴纳增值税。

**(三)特殊规定**

① 凡增值税一般纳税人,均应按规定向其所在地主管税务机关申请办理一般纳税人认定手续,经主管税务机关审核批准后,才能成为增值税一般纳税人。

②新开业的符合一般纳税人条件的企业,可在办理税务登记的同时申请办理一般纳税人认定手续。

③小规模纳税人会计核算健全,能够设置会计岗位,建立账册,正确计算进项税额、销项税额和应纳税额,并按规定报送有关资料,年应税销售额不低于30万元的,可以向主管税务机关申请一般纳税人资格认定,依照一般纳税人有关规定计算应纳税额。

### 三、增值税的征税范围

根据现行增值税税法规定,增值税的征税范围为在我国境内销售的货物或提供的加工、修理修配劳务以及进口的货物,按条例规定包括以下几项:

(一)境内销售或者进口的货物

货物是指有形动产,包括电力、热力、气体在内。除免征的以外,无论在哪个环节销售,均应纳入增值税的征税范围。一般来说,销售货物是指有偿转让货物的所有权,能从购买方取得货款、货物及其他经济利益的行为。境内销售货物,是指所销售货物的起运地或所在地在我国境内。由于实际情况较复杂,因此税法又对某些特殊情况作了明确的界定。

(二)提供加工、修理修配劳务

加工是指受托加工货物,即委托方提供原材料及辅助材料,受托方按照委托方的要求加工制造货物并收取加工费的业务。修理修配是指受托方对损伤或丧失功能的货物进行修复,使其恢复原状和功能的业务。

(三)视同销售行为

视同销售行为是指企业发生特定的提供商品或劳务的行为后,会计对此不一定作为销售业务核算,不一定确认收入,而税法规定视同销售实现,要求计算销售额或营业额,并计算应交税费。

单位和个体工商户的下列行为视同销售,应征收增值税。

①将货物交付其他单位或者个人代销。

②销售代销货物。

③设有两个以上机构并实行统一核算的纳税人,将货物从一个机构移送至其他机构用于销售,但相关机构设在同一县(市)的除外。

④将自产、委托加工的货物用于非应税项目。

⑤将自产、委托加工的货物用于集体福利或个人消费。

⑥将自产、委托加工或购进的货物作为投资,提供给其他单位或个体工商户。

⑦将自产、委托加工或购进的货物分配给股东或投资者。

⑧将自产、委托加工或购进的货物无偿赠送其他单位或者个人。

(四)混合销售行为

纳税人的一项销售行为既涉及增值税应税货物又涉及营业税应税劳务为混合

销售行为。提供营业税应税劳务是指交通运输业、建筑业、金融保险业、邮电通信业、文化体育业、娱乐业、服务业等税目征税范围内的劳务。现行增值税条例实施细则中明确规定,从事货物的生产、批发或者零售的企业、企业性单位和个体工商户的混合销售行为,视为销售货物,应当就销售额和营业额全部缴纳增值税;主要提供营业税劳务的其他单位和个人的混合销售行为,视同提供营业税应税劳务,就销售额和营业额全部缴纳营业税。

纳税人的下列混合销售行为,应当分别核算货物的销售额和营业税劳务的营业额,并根据其销售货物的销售额计算缴纳增值税,营业税劳务的营业额不缴纳增值税;未分别核算的,由主管税务机关核定其货物的销售额:

一是销售自产货物并同时提供建筑业劳务的行为。

二是财政部、国家税务总局规定的其他情形。

(五)兼营非增值税应税劳务

兼营非增值税应税劳务是指一个纳税主体,即从事销售货物,又提供营业税劳务;或者既提供增值税劳务,又提供营业税劳务,并且销售货物与营业税劳务之间存在因果关系。

纳税人兼营非增值税应税项目的,应分别核算货物或者应税劳务的销售额和非增值税应税项目的营业额;未分别核算的,由主管税务机关核定货物或者应税劳务的销售额。

非增值税应税劳务,是指属于应缴营业税的交通运输业、建筑业、金融保险业、邮电通信业、文化体育业、娱乐业、服务业税目征收范围的劳务。

从事货物的生产、批发或者零售的企业、企业性单位和个体工商户,包括以从事货物的生产、批发或者零售为主,并兼营非增值税应税劳务的单位和个体工商户在内。

(六)代购货物的规定

代购货物行为,凡同时具备以下条件的,不征收增值税;不同时具备以下条件的,无论会计上如何核算,均应征收增值税。

①受托方不垫付资金。

②销售方将发票开具给委托方,并由受托方将发票转交给委托方。

③受托方按销售方实际收取的销售额和增值税额与委托方结算货款,并收取手续费。

(七)特殊征税项目

①货物期货(包括商品期货和贵金属期货)。

②银行销售金银的业务。

③典当业的死当物品销售业务和寄售业代委托人销售寄售物品的业务。

④集邮商品(如邮票、首日封、邮折等)的生产,以及邮政部门以外的其他单位和个人销售的。

⑤转让企业全部产权涉及应税货物的转让,不属于增值税的征税范围。

⑥经有关部门批准从事融资租赁业务,无论所有权是否转让,征收营业税;未经有关部门批准的单位从事融资租赁业务,所有权转让的,征收增值税;所有权不转让的,征收营业税。

⑦纳税人销售软件产品并随同一并收取软件安装费、维护费、培训费等,按照混合销售征收增值税,并可享受软件产品即征即退政策;对软件产品交付后按期或按次收取的维护、技术服务费、培训费等,不征收增值税。

### 四、增值税税率和征收率

#### (一)增值税的税率

增值税一般纳税人销售或者进口货物,提供加工、修理修配劳务,除低税率适用范围和销售个别旧货适用特定征收率外,一律适用税率为17%。

增值税一般纳税人销售或进口货物,按13%的低税率计征增值税的有粮食和食用植物油、鲜奶;自来水(不含自来水生产厂)、暖气、冷气、热水、煤气、石油液化气、天然气、沼气和居民用煤炭制品;图书、报纸和杂志;饲料、化肥、农药、农膜和农机(不包括农机零部件);音像制品和电子出版物;农业产品;国务院规定的其他货物。

纳税人出口货物税率为零(零税率是指货物出口时整体税负为零),但国务院另有规定的除外;纳税人出口原油、援外出口货物、国家禁止出口的原油、援外货物、国家禁止出口的天然牛黄、麝香、铜及铜基合金、白银等,应按规定缴纳增值税。

#### (二)增值税的征收率

小规模纳税人不能使用增值税专用发票抵扣进项税款,采用按销售额与征收率计算应纳税额的简易办法。自2009年1月1日实施增值税转型后,将小规模纳税人适用的增值税征收率调低为3%,但小规模纳税人进口应税货物,仍按规定的税率(17%或13%)计征增值税。

国务院及其有关部门规定,属于下列情况的一般纳税人也按简易办法征收增值税:

①一般纳税人销售2008年12月31日以前购入自建并已使用过的固定资产、纳税人销售旧货(指二次流通的货物),均采用简易办法按4%的征收率减半征收增值税。

②一般纳税人从事寄售商店代销寄售物品、典当业销售死当物品、经有关部门批准的免税商店零售的免税品,暂按简易办法依4%的征收率计算缴纳增值税。

③一般纳税人销售自产货物,因无法取得进项税额抵扣凭证的特殊情况,可选择按照简易办法依照6%的征收率缴纳增值税,如建筑用或生产建材所用的砂、土、石料。

④属于一般纳税人的自来水公司销售自来水,按简易办法依照6%的征收率征收增值税,但不得抵扣其购进自来水取得增值税扣税凭证上注明的增值税税款。

### (三)特殊规定

纳税人兼营不同税率的货物或应税劳务,应当分别核算不同税率的货物或应税劳务的销售额;未分别核算销售额的,从高适用17%的税率;纳税人销售不同税率的货物或应税劳务,并兼营应当一并征收增值税的非应税劳务,其非应税劳务也应按17%的高税率征税。

## 五、增值税的税收优惠

增值税的减免项目等优惠政策由国务院统一规定,任何地区、部门均不得擅自出台。现行优惠政策主要有:

### (一)增值税的免税规定

《增值税暂行条例》规定下列项目免征增值税:

①农业生产者销售的自产农产品。农业是指种植业、养殖业、林业、牧业和水产业;农业生产者包括从事农业生产的单位和个人;农产品指初级农产品。

②避孕药品和用具。

③古旧图书。古旧图书指向社会收购的古书和旧书。

④直接用于科学研究、科学试验和教学的进口仪器、设备。

⑤外国政府、国际组织无偿援助的进口物资和设备。

⑥销售的自己使用过的物品。指个人使用过的物品。

⑦财政部、国家税务总局规定的其他免征项,如自2008年6月1日起,纳税人销售、批发和零售有机肥产品免征增值税;海关隔离区内免税店销售免税品以及市内免税店销售但在海关隔离区内提取免税品的行为,不征收增值税。

纳税人兼营免税、减税项目的,应当分别核算免税、减税项目的销售额;未分别核算销售额的,不得免税、减税。

### (二)增值税税收优惠的其他规定

1)纳税人销售额未达到国务院财政、税务主管部门规定的增值税起征点的,免征增值税;达到起征点的,依照本条例规定全额计算缴纳增值税。增值税的起征点为:

①货物销售额的起征点为月销售额2000~5000元。

②应税劳务销售额的起征点为月销售额1500~3000元。

③按次纳税的起征点为每次(日)销售额150~200元。销售额为不含增值税的销售额。增值税的起征点仅适用于个人。

2)销售旧货的税务处理。根据财税[2008]170号文规定,纳税人销售自己使用过的固定资产,其税务处理应为:

①一般纳税人销售2008年12月31日(含)以前购入或自建并使用过的固定资产,按售价4%的征收率计税后,再减半征收增值税。

②一般纳税人销售2009年1月1日以后(含)购入或自建并已经使用过的固定资产,因为该固定资产购进时已经抵扣了进项税额,所以,一律按照购进抵扣时适用税率计算增值税的销项税额。

③旧机动车经营单位销售旧机动车、摩托车、游艇等,因购进时没有进行进项税额抵扣,所以,销售时一律按4%的征收率计税后,再减半征收增值税。

④小规模纳税人销售自己使用过的固定资产,减按2%征收增值税。

⑤一般纳税人销售旧货非固定资产,按照正常税率17%或13%计税;小规模纳税人销售旧货非固定资产,按照3%税率征收增值税。

## 第二节 增值税的税款计算

### 一、一般纳税人应纳税额的计算

按照税法规定,我国一般纳税人增值税的计算,采用间接计税法中的购进扣税法,即先计算出销售货物应纳增值税总额,再根据购进货物增值税专用发票,减除允许抵扣的购进货物已纳增值税税额。企业当期应纳增值税的计算公式为:

当期应纳增值税额＝当期销项税额－当期进项税额

当期销项税额小于当期进项税额不足抵扣时,其不足部分可以结转下期继续抵扣。

增值税一般纳税人当期应纳增值税额的多少,取决于当期销项税额和当期进项税额两个因素。

（一）销项税额的计算

销项税额是指纳税人销售货物或者提供应税劳务,按照销售额或者应税劳务的收入乘以规定的税率,计算并向购买方收取的增值税额。用公式表示为:

销项税额＝销售额×增值税率

式中的销售额是指税法规定的应税销售额,销售额的确定是正确计算销项税额的关键。

**(1)一般销售方式下的销售额** 是指纳税人销售货物或者提供应税劳务向购买方(承受应税劳务视为购买方)收取的全部价款和价外费用,但不包括收取的销项税额。

如果销售额是含税销售额应换算为不含税销售额(价外费用应视为含税销售收入在征税时需换算成不含税收入再并入销售额),公式为:

不含税销售额＝含税销售额/(1＋增值税率)

**【例2-1】** 天宇电器公司向消费者销售电视机,9月销售100台,每台含税销售价为4 000元,增值税税率为17%。计算该商场本月电视机的应税销售额和销项税额。

【解析】 销售额＝(4 000×100)÷(1＋17%)＝341 880.34（元）

销项税额＝341 880.34×17%＝58 119.66(元)

**【例2-2】** 大力油料公司销售船用柴油20吨,每吨单价990元,价外代有关部门收取渔业发展基金每吨210.6元。计算该公司的应税销售额。

**【解析】** 销售额=990×20+ 210.6×20÷(1+17%)=19 800+3 600 =23 400(元)

销项税额=23 400×17%=3 978(元)

价外费用是指价外向购买方收取的手续费、补贴、基金、集资费、返还利润、奖励费、违约金(延期付款利息)、包装费、包装物租金、储备费、优质费、运输装卸费、代收代垫款项及其他各种性质的价外费用,无论企业如何核算,收取的价外费用均应并入销售额计算应纳税额。但下列项目不包括在内:

①受托加工应征消费税的消费品所代收代缴的消费税。

②同时符合两个条件的代垫运费:一是承运部门的运输发票开具给购买方;二是纳税人将该项发票转交给了购货方。

③同时符合以下条件代为收取的政府性基金或者行政事业性收费:由国务院或者财政部批准设立的政府性基金,由国务院或者省级人民政府及其财政、价格主管部门批准设立的行政事业性收费;收取时开具省级以上财政部门印制的财政票据;所收款项全额上缴财政。

④销售货物的同时代办保险等而向购买方收取的保险费,以及向购买方收取的代购买方缴纳的车辆购置税、车辆牌照费。

其他价外费用,无论是否属于纳税人的收入,均应并入销售额,计算增值税。

价外费用一般开出的是普通发票,票面所记录的金额是含增值税的金额。所以,如果随同所售货物一并纳税,需将含增值税的金额除以货物适用税率,换算成不含增值税的金额。作为计算增值税基数的销售额等于不含税价款加上不含税价外费用。

纳税人销售货物的价格明显偏低并无正当理由的,或者发生视同销售货物行为而无销售额的,按下列顺序确定销售额:

第一,按纳税人最近时期同类货物的平均销售价格确定。

第二,按其他纳税人最近时期同类货物的平均销售价格确定。

第三,按组成计税价格确定。组成计税价格的公式为:

组成计税价格=成本×(1+成本利润率)

属于应征消费税的货物,其组成计税价格中应加计消费税税额。

成本是指销售自产货物的,为实际生产成本;销售外购货物的为实际采购成本。成本利润率由国家税务总局确定。

纳税人发生固定资产视同销售行为,对已使用过的固定资产无法确定销售额的,以固定资产净值为销售额。

**(2)特殊销售方式下的销售额**

①折扣销售、销售折让、销售退回。在采用折扣销售、销售折扣、销售折让、销售退回等不同销售方式下,销售额的确定方法也不同,四种特殊销售方式比较见表2-1。

表2-1 四种特殊销售方式比较

| 销售方式 | | 发生时间 | 产生原因 | 表现形式举例 | 税务处理 |
|---|---|---|---|---|---|
| 折扣销售 | 价格折扣 | 在销售货物或提供应税劳务之时 | 购货方购货数量较大 | 买100件,折扣10%,买200件,折扣20%。 | 销售额和折扣额必须在同一张发票上分别注明的,才可按折扣后的余额作为销售额计算增值税。 |
| | 实物折扣 | 在销售货物或提供应税劳务之时 | 促销 | 买一台电脑,送一对小音箱。 | 该实物款额不能从货物销售额中减除,且应按"视同销售货物"中的"赠送他人"计算征收增值税。 |
| 销售折扣（现金折扣） | | 在销售货物或提供应税劳务之后 | 鼓励购货方及早偿还货款 | 10天内付款,货款折扣2%,以后全价付款。 | 销售折扣不得从销售额中扣除。 |
| 销售折让 | | 在销售货物或提供应税劳务之后 | 品种或质量问题引起的部分货款退还 | 售价1 000元,售后发现质量问题,折让100元。 | 以折让后所得货款为销售额,但注意在折让处理过程中如何开红字专用发票。 |
| 销售退回 | | 在销售货物或提供应税劳务之后 | 品种或质量问题引起全部货款退还 | 售价1 000元,售后发现质量问题,全额退还。 | 销售额为零,但注意在退回处理过程中如何开红字专用发票。 |

【例2-3】 2008年8月西王制造公司销售给小雨商贸公司10 000件玩具,每件不含税价格为20元,由于乙公司购买数量多,甲公司按原价的8折优惠销售,并给予1/10,n/20的销售折扣。乙公司于10日内付款。计算甲公司的销项税额?

【解析】 销售额＝20×80％×10 000＝160 000(元)

销项税额＝160 000×17％＝27 200(元)

②以旧换新销售。采取以旧换新方式销售货物的,应按新货物的同期销售价格确定销售额,不得扣减旧货物的收购价格。对金银首饰以旧换新业务,可以按销售方实际收取的不含增值税的全部价款征收增值税。

③以物易物销售。以物易物双方都应作购销处理,以各自发出的货物核算销售额并计算销项税额,以各自收到的货物按规定核算购货额并计算进项税额。

【例2-4】 新源机械制造有限公司用10台出厂单价为23 000元的C320车床向石景山钢铁公司换取一批销售价格100 000元的钢材。钢材厂换取的10台机械作为固定资产使用。双方如何确定销售额、销项税额?

【解析】 机械制造有限公司:

销售额＝23 000×10＝230 000(元)

销项税额＝230 000×17％＝39 100(元)

石景山钢铁公司：

销售额＝100 000(元)

销项税额＝100 000×17％＝17 000(元)

④包装物押金。税法规定,纳税人为销售货物而出租、出借包装物收取的押金,单独记账的,不并入销售额征税。但对因逾期未收回包装物不再退还的押金,应按包装物的适用税率征收增值税。其中,"逾期"以1年为限,即对超过1年以上的押金,无论是否退还,均应并入当期的销售额中征税。税法还规定,对销售除啤酒、黄酒外的其他酒类产品而收取的包装物押金,无论是否返还以及会计制度如何核算,均应并入当期销售额征税。

⑤视同销售货物行为的销售额的确定。发生视同销售行为而无销售额的,或销售额明显偏低没有正当理由的,税务主管机关有权按下列顺序确定其销售额：按纳税人当月同类货物的平均销售价格确定；按纳税人最近时期同类货物的平均销售价格确定；按组成计税价格确定。组成计税价格的公式为：

组成计税价格＝成本×(1＋成本利润率)

征收增值税的货物,同时又征收消费税的,其组成计税价格中应加计消费税税额。其组成计税价格公式为：

组成计税价格＝成本×(1＋成本利润率)＋消费税税额

或： 组成计税价格＝成本×(1＋成本利润率)÷(1－消费税税率)

公式中的成本,如属销售自产货物的,为实际生产成本；如属外购货物的,为实际采购成本。公式中的成本利润率由国家税务总局统一规定为10％,但属于从价定率征收消费税的货物,为消费税有关法规确定的成本利润率。

【例2-5】 益康食品有限公司为一般纳税人,某月将自产的月饼作为福利发给本公司职工,共发放甲类月饼400盒,同类产品每盒销售价为15元；发放乙类月饼200件,无同类产品销售价格,制作乙类月饼的总成本为3 500元。

要求计算视同销售行为的销售额和销项税额。

【解析】 甲类月饼的销售额＝400×15＝6 000(元)

乙类月饼的销售额＝3 500×(1＋10％)＝3 850(元)

这两项视同销售行为的销售额＝6 000＋3 850＝9 850(元)

销项税额＝9 850×17％＝1 674.5(元)

⑥混合销售和兼营销售方式下的销售额。对属于征收增值税的混合销售行为,以及兼营非应税劳务一并征收增值税的行为,其销售额均为应税货物和非应税劳务营业额的合计数。

⑦以外汇结算的销售额。增值税的销售额以人民币计算,纳税人以外汇结算销售额的,其销售额的人民币折合率可以选择销售额发生的当天或当月1日的外汇市场价格。纳税人事先确定采用何种折合率,确定后一年内不得变更。

## (二)进项税额的计算

2009年1月1日起,在全国范围内实施消费型增值税,即增值税一般纳税人购进(包括接受捐赠、实物投资)或者自制(包括改扩建、安装)固定资产发生的进项税额,可根据《中华人民共和国增值税暂行条例》和《中华人民共和国增值税暂行条例实施细则》的有关规定,凭增值税专用发票、海关进口增值税专用缴款书和运输费用结算单据(即增值税扣税凭证)从销项税额中抵扣。

这里的固定资产是指使用期限超过12个月的机器、机械、运输工具以及其他与生产经营有关的设备、工具、器具等,不包括房屋、建筑物等固定资产。为预防出现税收漏洞,将与企业技术更新无关,且容易混为个人消费的应征消费税的小汽车、摩托车和游艇排除在上述可抵扣的固定资产之外。

在实行消费型增值税的情况下,外购用于在建工程和职工福利方面的资产的进项税额不允许抵扣;外购用于生产经营固定资产的进项税额、外购用于生产经营和销售流动资产的进项税额,都允许抵扣。另外,混合销售行为应当缴纳增值税的,也可抵扣非应税劳务对应的进项税额。

**(1)准予从销项税额中抵扣的进项税额**

①从销售方取得的增值税专用发票上注明的增值税额。

②从海关取得的完税凭证上注明的增值税额。

③通过法定扣除率计算扣除。

在某些情况下,购进货物无法取得专用的扣税凭证,税法规定了两种特殊业务准予计算进项税额并从销项税额中抵扣的政策。两种特殊业务比较见表2-2。

表2-2 两种特殊业务比较

| 业务类别 | 扣税凭证 | 扣除率 | 计算公式 |
| --- | --- | --- | --- |
| 一般纳税人购进农业生产者销售的农业产品,或者向小规模纳税人购买的农产品 | 经主管税务机关批准使用的收购凭证 | 13% | 进项税额=(买价+农业特产税)×扣除率 |
| 外购货物和销售货物以及在生产经营过程中支付的运费(包括建设基金、不包括装卸费、保险费等其他杂费) | 2007年1月1日起,运费结算单据,必须是货运发票税控系统开具的新版货运发票。 | 7% | 进项税额=(运费+建设基金)×扣除率 |

以上抵扣凭证,在开具之日起180天之后的第一个纳税申报期结束前向主管税务机关申报抵扣逾期不得抵扣进项税额。

**【例2-6】** 李时珍药业有限公司为增值税一般纳税人(增值税率17%),2008年

10月销售商品共计收入800 000万元(不含税收入)。当月购入生产用原材料一批,取得增值税专用发票上注明的增值税价款300 000元,增值税51 000元;从国外进口原材料一批,取得海关完税凭证上注明的增值税48 000元。计算可以抵扣的进项税额和应纳增值税额。

【解析】 销项税额＝800 000×17％＝136 000(元)
进项税额＝51 000＋48 000＝99 000(元)
应纳增值税税额＝136 000－99 000＝37 000(元)

【例2-7】 益康食品有限公司2009年7月,从果园收购水果20 000公斤,每公斤收购价3元,款项已支付,假定无其他扣税项目;当月销售食品共计收入105 300元(含税收入)。计算该公司2009年7月的进项税额、销项税额和应纳增值税额。

【解析】 进项税额＝20 000×3×13％＝7 800(元)
销项税额＝105 300÷(1＋17％)×17％＝90 000×17％＝15 300(元)
应纳增值税额＝15 300－7 800＝7 500(元)

【例2-8】 新源机械制造有限公司,外购原材料取得增值税发票上注明价款100 000元,税额17 000元,已验收入库,支付运输企业的运输费800元(发票上注明运费600元、保险费60元、装卸费120元、建设基金20元)。要求计算该生产企业本期的进项税额。

【解析】 进项税额＝17 000＋(600＋20)×7％＝17 043.4(元)

对于烟叶税的纳税人按规定缴纳的烟叶税,准予计入烟叶产品的买价计算增值税的进项税额。

烟叶税＝烟叶收购金额×税率(20％)

烟叶收购金额＝烟叶收购价款＋价外补贴(10％)

准予抵扣的进项税额＝(烟叶收购金额＋烟叶税)×13％
　　　　　　　　　＝烟叶收购金额×(1＋20％)×13％
　　　　　　　　　＝烟叶收购价款×(1＋10％)×(1＋20％)×13％
　　　　　　　　　＝烟叶收购价款×0.1716

**(2)不得从销项税额中抵扣的进项税额**

①纳税人购进货物或者应税劳务,取得的增值税扣税凭证不符合法律、行政法规或者国务院税务主管部门有关规定的,其进项税额不得从销项税额中抵扣。

②一般纳税人有下列情形之一者,应按销售额依照增值税税率计算应纳税额,不得抵扣进项税额,也不得使用增值税专用发票:会计核算不健全,或者不能够提供准确税务资料的;符合一般纳税人条件,但不申请办理一般纳税人认定手续的。

③下列项目的进项税额不得从销项税额中抵扣:用于非增值税应税项目、免征增值税项目、集体福利或者个人消费的购进货物或者应税劳务;非正常损失的购进货物及相关的应税劳务;非正常损失的在产品、产成品所耗用的购进货物或者应税劳务;国务院财政、税务主管部门规定的纳税人自用消费品;纳税人自用的应征消费

税的摩托车、汽车、游艇；上述各项规定的货物的运输费用和销售免税货物的运输费用。

④纳税人进口货物取得的合法海关完税凭证，是进口货物进项税额抵扣的唯一依据，纳税人进口货物向境外实际支付的货款低于进口报关价格的差额部分以及从境外供应商取得的退还或返还的资金，不作进项税额转出处理。

纳税人已抵扣进项税额的固定资产发生上述③中前三项所列情形的，应在当月按下列公式计算其不得抵扣的进项税额：

不得抵扣的进项税额＝固定资产净值×适用税率

固定资产净值是指纳税人按照财务会计制度计提折旧后固定资产的账面净值。

进货退出或折让，从发生进货退出或折让当期的进项税额中扣减；自2009年1月1日起，进口设备增值税免税政策和外商投资企业采购国产设备增值税退税政策停止执行。

(3) 进项税额的其他情形

①我国采用购进扣税法计税，当期销项税额小于当期进项税额时，不足抵扣部分可结转下期继续抵扣。

②已抵扣进项税额的购进货物或应税劳务，如果事后改变用途用于非应税项目、免税项目、集体福利、个人消费或发生非正常损失等，应将该进项税额从改变用途当期发生的进项税额中扣减。无法准确确定该转出的进项税额时，按当期实际成本和征税时的税率计算。

③向供货方取得的返还收入，应冲减收到当期的进项税额。计算公式如下：

冲减当期进项税额＝返还资金÷(1+购货增值税税率)×购货增值税税率

【例题2-9】 神州通公司是一家生产汽车零件的一般纳税人，2010年6月份购货情况如下：

(1) 从一般纳税人购进原材料，取得了专用发票，列明价款20 000元，税额3 400元，另支付运杂费500元，材料已入库，货款已经转账支付。

(2) 从小规模纳税人购进原材料，取得了普通发票，列明金额10 300元，另支付运费400元，材料已入库，货款已经支付。

(3) 以物易物销售，用产品换入设备，双方分别开出专用发票，不含税价款200 000元，税额34 000元。

(4) 购进在建工程（办公楼改扩建）需用的钢材，取得了专用发票，列明价款100 000元，税额17 000元，钢材已入库。

(5) 接受投资人投入设备一批，取得了专用发票，列明价款500 000元，税额85 000元，该批设备已投入使用。

(6) 接受捐赠材料一批，取得了专用发票，列明价款200 000元，税额34 000元，该批材料已入库。

(7) 外购一套新的生产线，取得了专用发票，列明价款300 000元，税额51 000

元,该生产线尚未投产。

(8)从农业生产者手中购入大米一批,取得了普通发票,列明金额30 000元,另支付运费1 000元,准备用于给职工发放福利。

上述业务的专用发票都已通过认证。请分析神州通公司5月份应申报的进项税额。

【解析】

在现行消费型增值税的情况下,有关计算如下:

(1)专用发票上的进项税额3 400元允许抵扣,只有运费可以按7%抵扣,运杂费不可以抵扣。

(2)普通发票不能作为抵扣依据,货物的进项税额不能抵扣。运费可以抵扣,$400 \times 7\% = 28(元)$。

(3)以物易物换入的设备,因取得了专用发票,可以抵扣进项税额34 000元。

(4)办公楼改扩建工程属于非增值税应税项目,其所用货物的进项税额不可以抵扣。如果为生产线改造工程,则所用货物的进项税额可以抵扣。

(5)接受投资人投入设备,取得了专用发票,可以抵扣进项税额85 000元。

(6)接受捐赠材料,取得了专用发票,可以抵扣进项税额34 000元。

(7)外购生产线,取得了专用发票,可以抵扣进项税额51 000元。

(8)购入的大米虽然是农产品,但因用于职工福利,所以,其进项税额不得抵扣,其对应的运费也不得抵扣。如果是食品厂购入大米用于生产产品,则可按普通发票列明金额的13%抵扣,其对应的运费也可按照7%抵扣。

神州通公司5月份应申报的进项税额为:
$3 400 + 28 + 34 000 + 85 000 + 34 000 + 51 000 = 207 428(元)$

**(4)特殊情况的进项税额**  指需要计算的进项税额。

①进口货物增值税的计算。我国税法规定,申报进入中华人民共和国海关境内的货物,均应缴纳增值税。进口货物的收货人或办理报关手续的单位和个人,为进口货物增值税的纳税人。委托代理进口的货物,以海关开具的完税凭证上的纳税人为增值税的纳税人。

进口货物适用税率为17%或13%,与纳税人规模无关。进口环节缴纳的增值税税额能否抵扣,取决于货物进口后的用途。用于增值税应税项目的,其进口环节已纳增值税可以作为进项税额抵扣;用于非生产性的工程或用于福利项目或进口用于个人消费的小汽车、摩托车等固定资产缴纳的增值税,应计入其成本,不允许抵扣。

纳税人进口货物,应按照组成计税价格计算在进口环节应纳增值税,不得抵扣发生在我国境外的任何税金。进口环节应纳增值税的计算公式如下:

应纳税额=组成计税价格×税率
组成计税价格=关税完税价格+关税+消费税

一般贸易中进口货物的关税完税价格是以海关审定的成交价格为基础的到岸价格作为完税价格。到岸价格包括货价、加上货物运抵我国关境输入地起卸前的包装费、运费、保险费和其他劳务费等费用。

【例2-10】 某商贸企业进口服装一批,到岸价10 000美元,汇率1∶7.0,假设关税为10%,计算进口环节应纳增值税。

【解析】
因服装不属于消费税征税范围,故:
组成计税价格＝关税完税价格＋关税
　　　　　　＝10 000×7.0＋10 000×7.0×10%＝77 000(元)
应纳增值税＝77 000×17%＝13 090(元)
该商贸公司进口服装是为了销售,故13 090元为该公司的当期进项税额。

【例2-11】 某工业企业进口一辆小轿车自用,到岸价10 000美元,假设关税25%,汇率1∶7.0,消费税5%,计算进口环节应纳增值税。

【解析】
因小汽车属于消费税征税范围,且消费税是价内税,增值税是价外税,故先算消费税,后算增值税。
应交关税＝小汽车的到岸价×关税税率＝10 000×7.0×25%＝17 500(元)
消费税组成计税价格＝(关税完税价格＋关税)÷(1－消费税税率)
　　　　　　　　　＝(10 000×7.0＋10 000×7.0×25%)÷(1－5%)
　　　　　　　　　＝92 105.26(元)
应纳消费税＝92 105.26×5%＝4 605.26(元)
增值税组成计税价格＝关税完税价格＋关税＋消费税
　　　　　　　　　＝70 000＋17 500＋4 605.26＝92 105.26(元)
应纳增值税＝92 105.26×17%＝15 657.89(元)

小汽车是用于个人消费的货物,该进口小汽车的应缴纳的增值税不允许抵扣,同关税、消费税等价内税一起计入进口小汽车的成本。该进口小汽车成本为:70 000＋17 500＋4 605.26＋15 657.89＝107 763.15(元)。如果该企业进口的是生产经营所需的设备,则其进口环节缴纳的增值税允许抵扣。

②委托加工货物的进项税额。委托加工是指委托方提供原材料,受托方只收取加工费和代垫部分辅助材料的业务。符合条件的受托加工业务,以收取的加工费和代垫的辅助材料费作为计税基础,按照17%的税率,计算缴纳增值税。受托方是代收代缴义务人,在委托方提货时,受托方应向委托方代收代缴增值税。委托方支付给受托方的增值税税额,如果货物用于生产经营,按规定允许抵扣,作为进项税额入账;如果货物用于非生产经营,则不允许抵扣,应计入委托加工货物的成本。

应代收代缴增值税＝不含税加工费×税率

作为计税基数的加工费是指委托方支付给受托方的全部款项,包括手工费和辅助材料费。适用税率由加工货物性质和受托方的规模决定。

【例2-12】 A公司委托B公司加工一批服装,A公司提供布料,价值5 000元,加工服装50件,B公司收取不含税加工费60元/件,代垫辅助材料不含税价2 000元。

【解析】
若B公司为一般纳税人,在A公司提货时,B公司应代收代缴增值税
＝加工费×17%＝(60×50＋2 000)×17%＝850(元)
若B公司为小规模纳税人,在A公司提货时,B公司应代收代缴增值税
＝加工费×3%＝(60×50＋2 000)×3%＝150(元)

(三)应纳增值税额的计算

一般纳税人销售货物或提供应税劳务,其应纳增值税额为当期销项税额抵扣当期进项税额后的余额。

需要说明的是税法对于当期销项税额和当期进项税额确认期限有严格的规定,只有在纳税期限内实际发生的进项税额和销项税额,才是法定的当期进项税额和当期销项税额。

发生销货退回或折让而退给购买方的增值税税额,应从发生销售退回或折让当期的销项税额中扣减;发生进货退出或折让而收回的增值税税额,应从发生的进货退出或折让的当期的进项税额中扣减。无论是扣减销售税额还是扣减进项税额,都必须有合法的票据作为依据。

【例2-13】 北京方圆有限责任公司为增值税一般纳税人,2009年8月份有关业务如下:

(1)购进货物,取得专用发票,列明价款2 000元,税额3 400元,另支付运费500元,货已入库。

(2)购进货物,取得普通发票,列明金额10 300元,货已入库。

(3)从农民手中收购农产品,收购凭证上金额30 000元,另支付运费1 000元,货已入库。

(4)进口货物,到岸价10 000美元,汇率1∶7.0,关税10%,取得了完税凭证,货已入库。

(5)收回委托加工货物一批,支付加工费50 000元,提货时支付增值税8 500元,取得了专用发票。

(6)销售货物,开出专用发票,列明价款100 000元,税额17 000元,款项存入银行。另以现金支付给运输单位应由本单位负担的运费1 000元。

(7)向个人销售货物,开出普通发票,金额2 340 077元将货物运到指定地点,价外收取运费117元,款项存入银行。

(8)以物易物销售,用产品换材料,双方分别开出专用发票,价款200 000元,税额34 000元。

(9)将一批货物用于职工福利,该批货物原不含税进价20 000元,不含税售价30 000元,适用税率17%。

(10)本月共收取销售白酒的包装物押金1 170元,期末退还的白酒包装物押金为500元。

(11)购入办公用固定资产,取得专用发票,列明价款70 000元,税额11 900元,另支付运费500元。

(12)本月销售固定资产二项:出售办公设备A,新售价50 000元,账面原值70 000元,已折旧10 000元,购入日期2008年5月;出售办公设备B,新售价23 400元,账面原值30 000元,已折旧5 000元,购入日期2009年2月。均开具普通发票。

上述票据都在规定时限内通过认证,根据以上资料,计算该企业当期进项税额和当期销项税额。

【解析】

(1)购货取得了专用发票,税额3 400元允许抵扣。运费按7%抵扣,500×7%=35(元)。

(2)普通发票不能作为抵扣依据。

(3)收购农产品抵扣13%,30 000×13%=3 900(元),运费抵扣7%,1 000×7%=70(元)。

(4)进口货物是为了销售,在进口环节缴纳的增值税允许抵扣。组成计税价格=10 000×7.0×(1+10%)=77 000(元),进口环节缴纳增值税=77 000×17%=13 090(元)。

(5)收回委托加工货物用于销售,提货时支付增值税8 500元,取得了专用发票,故允许抵扣。

(6)销售货物的销项税额17 000元。对销货支付的运费应计算进项税额,1 000×7%=70(元)。

(7)向个人销货,应将普通发票上含税价换算成不含税价,再计算销项税额,23 400÷1.17×17%=3 400(元),价外收取运费属于价外费用,应计算销项税额,117÷1.17×17%=17(元)。

(8)用产品换材料,换出产品计算销项税额34 000元,换入材料因取得了专用发票,计算进项税额34 000元。

(9)将原用于销售的货物用于职工福利,属于改变用途,应将原已入账的进项税额转出20 000×17%=3 400(元)。

(10)销售白酒的包装物押金,收取时纳税,期末未收到时不再纳税。销项税额=1 170÷1.17×17%=170(元)。

(11)购入办公用固定资产,进项税额=11 900+500×7%=11 935(元)。

(12)出售办公设备A,因购入日期为2008年5月,故按新售价全额和4%的征收率计算应纳增值税,并减半征收。应纳增值税=50 000÷1.04×4%×50%=961.54

(元)。此税额961.54元,既不是进项税额,也不是销项税额,而是应向税务机关缴纳的应交税额。

出售办公设备B,因购入日期为2009年2月,故按照新售价全额和原购进抵扣时税率17%,计税增值税销项税额。销项税额=23 400÷1.17×17%=3 400(元)

综上分析,该企业增值税的申报情况如下:

当期进项税额=3 435+3 970+13 090+8 500+70+34 000−3 400+11 935
=71 600(元)

当期销项税额=17 000+3 417+34 000+170+3 400=57 987(元)

应纳税额=57 987−71 600+961.54=−12 651.46(元)

该企业当期进项税额大于销项税额,应纳税额为−12 651.46元,应留下期继续抵扣。

### 二、小规模纳税人应纳税额的计算

小规模纳税人销售货物或提供应税劳务,按照不含税销售额和3%的增值税征收率计算应纳增值税额,不得抵扣进项税额。应纳税额的计算公式为:

应纳税额=销售额×征收率

(1)小规模纳税人销售货物应纳增值税的计算

【例2-14】 丽丽食品商店为小规模纳税人,2006年5月购进货物40 000元,销售货物32 000元。要求计算该店当月应纳增值税税额。

【解析】 应纳税额=含税销售额÷(1+征收率)×征收率
=32 000÷(1+3%)×3%=932.04(元)

(2)小规模纳税人提供应税劳务应纳增值税的计算

【例2-15】 飞行自行车修理门市部(小规模纳税人)主要从事各种自行车的修理和修配业务,该店2009年5月修理自行车劳务收入25 000元(含税),修配自行车劳务收入12 000元(含税),本月外购各种零配件3 400元(含税),要求计算该店当月应纳增值税税额。

【解析】 按照增值税政策规定,小规模纳税人提供应税劳务应以其应税劳务收入额(不含税)和征收率来计算应纳税额,不得抵扣进项税。

应纳税额=(25 000+12 000)÷(1+3%)×3%=1 077.67(元)

## 第三节 增值税的会计核算

### 一、增值税核算的账表设置

在进行增值税会计处理时,为了核算增值税的应交、抵扣、已交、退税、转出及稽查等情况,在"应交税费"账户下设置"应交增值税"、"未交增值税"和"待扣进项税额"三个明细账户。

### (一)"应缴税费——应交增值税"明细账

"应交税费——应交增值税"账户的设置有两种方法。

**(1)在应交增值税二级账下,按明细项目设置专栏**　为了详细核算企业应交增值税的计算和解缴、抵扣等情况,增值税一般纳税人在"应交增值税"明细下,应设置"进项税额"、"已交税金"、"减免税款"、"出口抵减内销产品应纳税额"、"转出未交增值税"、"销项税额"、"出口退税"、"进项税额转出"、"转出多交增值税"等专栏,其明细账格式见表2-3。

表2-3　应交税费——应交增值税明细账

| 年 | | 凭证号 | 摘要 | 借方 | | | | | | 贷方 | | | | | 余额 |
|---|---|---|---|---|---|---|---|---|---|---|---|---|---|---|---|
| 月 | 日 | | | 合计 | 进项税额 | 已交税金 | 减免税款 | 出口抵减内销产品应纳税额 | 转出未交增值税额 | 合计 | 销项税额 | 出口退税 | 进项税额转出 | 转出多交增值税 | |
| | | | | | | | | | | | | | | | |
| | | | | | | | | | | | | | | | |
| | | | | | | | | | | | | | | | |

① "进项税额"专栏。记录企业购入货物或接受应税劳务而支付的、准予从销项税额中抵扣的增值税额。企业购入货物或接受应税劳务支付的进项税额,用蓝字登记;退回所购货物应冲销的进项税额,用红字登记。

② "已交税金"专栏。记录企业当月上缴本月增值税额。企业已交纳的增值税用蓝字登记;退回多交的增值税用红字登记。

③ "减免税款"专栏。记录企业按规定直接减免、用于指定用途的(新建项目、改扩建和技术改造项目、归还长期借款、冲减进口货物成本等)或未规定专门用途的但准予从销项税额中抵扣的增值税额。按规定,直接减免的增值税用蓝字登记,应冲销直接减免的增值税用红字登记。

④ "出口抵减内销产品应纳税额"专栏。记录企业按规定退税率计算的出口货物的进项税额抵减内销产品的应纳税额。

⑤ "转出未交增值税"专栏。记录企业月终时将当月发生的应交未交增值税转账的金额。做此转账核算后,"应交税费——应交增值税"账户的期末余额不再包括当期应交未交增值额。

⑥ "销项税额"专栏。记录企业销售货物或提供应税劳务收取的增值税额。企业销售货物或提供应税劳务应收取的销项税额,用蓝字登记;退回销售货物应冲销销项税额,用红字登记。

⑦ "出口退税"专栏。记录企业出口适用零税率的货物,向海关办理报关出口

## 第二章

退税而收到退回的税款。出口货物退回的增值税额,用蓝字登记;出口货物办理退税后发生退货或者退关而补交已退的税款,用红字登记。

⑧"进项税额转出"专栏。记录企业的购进货物、在产品、产成品等发生非正常损失,以及其他原因不应从销项税额中抵扣,而按照规定转出的进项税额。

⑨"转出多交增值税"专栏。记录企业月末将当月多交增值税转出的金额,此项转账后,"应交税费——应交增值税"账户期末余额不会包含多交增值税因素。

上述九栏式账页格式在一张账页上总括反映所有明细项目的发生和结转情况,可以达到一目了然的效果。但因账页较长,登账时必须注意不要串栏、串行,以免发生记账错误。

**(2)在应交税费下分别设置"进项税额"、"销项税额"明细账**  将"进项税额"、"销项税额"等明细项目在"应交税费"账户下分别设置明细账进行核算,其明细账格式分别见表2-4、表2-5。

表2-4  应交税费——销项税明细账

| 年 | | 凭证号 | 摘要 | 入账发票份数 | | 借方 | 贷方 | | | | | | 借或贷 | 余额 |
|---|---|---|---|---|---|---|---|---|---|---|---|---|---|---|
| 月 | 日 | | | 专用 | 普通 | | 货物 | | | 应税劳务 | 视同销售 | | | |
| | | | | | | | 17% | 13% | 3% | 17% | 17% | 13% | 3% | | |
| | | | | | | | | | | | | | | | |
| | | | | | | | | | | | | | | | |
| | | | | | | | | | | | | | | | |

表2-5  应缴税费——进项税额明细账

| 年 | | 凭证号 | 摘要 | 入账发票份数 | | 借方 | 借方 | | | | | 贷方 | 借或贷 | 余额 |
|---|---|---|---|---|---|---|---|---|---|---|---|---|---|---|
| 月 | 日 | | | 专用 | 普通 | | 17% | 13% | 10% | 7% | 3% | | | |
| | | | | | | | | | | | | | | |
| | | | | | | | | | | | | | | |
| | | | | | | | | | | | | | | |

**(二)"应交税费——未交增值税"账户**

"应交税费——未交增值税"账户的借方发生额,反映企业上缴以前月份未交增值税和月末自"应交税费——应交增值税"账户转入的当月多交的增值税额;贷方发生额,反映企业月末自"应交税费——应交增值税"账户转入的当月未交的增值税额;期末余额,借方反映企业多交的增值税,贷方反映企业未交的增值税。明细账格式见表2-6。

表 2-6　应交税费——未交增值税

| 年 | | 凭证字号 | 摘要 | 借方 | | 贷方 | 借或贷 | 余额 |
|---|---|---|---|---|---|---|---|---|
| 月 | 日 | | | 转入多交 | 上交未交 | | | |
| | | | | | | | | |
| | | | | | | | | |

(三)"应交税费——待抵扣进项税额"账户

"应交税费——待抵扣进项税额"采用三栏式格式,其借方发生额反映企业取得增值税扣税凭证但暂不予认证抵扣的进项税额和被设定为辅导期的企业,在辅导期内取得的当月进项税额;贷方发生额反映企业暂不予认证抵扣的进项税额,当月已认证允许抵扣转出到"应缴税费——应交增值税(进项税额)"专栏的进项税额和辅导期企业上月的进项税额经税务机关交叉稽核比对无误,且认证相符允许抵扣的进项税额转出到"应交税费——应交增值税(进项税额)"专栏的金额。

(四)小规模纳税人的账户设置

由于增值税小规模纳税人采用简易办法计算增值税应纳税额,不实行进项税额抵扣制度,因此可设置三栏式"应交税费——应交增值税"账户进行核算。借方反映上缴的增值税额,贷方反映当月销售货物或提供劳务应交的增值税额;期末借方余额反映多交的增值税,贷方余额反映尚未缴纳的增值税额,其明细账格式见表2-7。

表 2-7　应交税费——应交增值税

| 年 | | 凭证字号 | 摘要 | 借方 | 贷方 | 借或贷 | 余额 |
|---|---|---|---|---|---|---|---|
| 月 | 日 | | | | | | |
| | | | | | | | |
| | | | | | | | |

(五)增值税明细表的设置

为了全面反映一般纳税人增值税的应交、已交、减免、未交、欠交、未抵扣等详细情况,要求企业要按月编制"应交增值税明细表"(见表2-8)。该表应根据"应交税费——应交增值税"二级账和"应交税费——未交增值税"二级账的明细资料填列。小规模纳税人或缴纳增值税少的可以不填列。

## 第二章

表2-8 应交增值税明细表

编制单位：　　　　　　年　月　　　　　　　　　　单位：元

| 项　目 | 行　次 | 本月数 | 本年累计数 |
|---|---|---|---|
| 一、应交增值税 | | | |
| 1. 年初未抵扣数（以"一"号填列） | 1 | | |
| 2. 销项税额 | 2 | | |
| 出口退税 | 3 | | |
| 进项税额转出 | 4 | | |
| 转出多交增值税 | 5 | | |
| 3. 进项税额 | 6 | | |
| 已交税金 | 7 | | |
| 减免税款 | 8 | | |
| 出口抵减内销产品应纳税额 | 9 | | |
| 转出未交增值税 | 10 | | |
| 4. 期末未抵扣数（以"一"号填列） | 11 | | |
| 二、未交增值税 | 12 | | |
| 1. 年初未交数（多交数以"一"号填列） | 13 | | |
| 2. 本期转入数（多交数以"一"号填列） | 14 | | |
| 3. 本期已交数 | 15 | | |
| 4. 期末未交数（多交数以"一"号填列） | 16 | | |
| 三、补种资料 | 17 | | |
| 1. 增值税应纳税额 | 18 | | |
| 2. 应纳单位个数（个） | 19 | | |

## 二、增值税涉税业务的账务处理

### （一）增值税进项税额的账务处理

**（1）一般购进业务增值税的账务处理**　一般纳税企业在购入货物时，按照增值税专用发票上注明的价款计入购货成本；借记"原材料"、"材料采购"、"应交税费——应交增值税（进项税额）"等账户；按照实际支付或应付的金额，贷记"银行存款"、"应付账款"、"应付票据"等账户。购入货物发生的退货作相反的会计分录。

**【例2-16】**　华中公司9月22日向本市某工厂购进102# 材料300公斤，单价为60元/公斤，增值税额3060元，材料已验收入库，发票收到并以转账支票支付。

财会部门应作会计分录：

借：原材料——102#材料　　　　　　　　　　18 000
　　应交税费——应交增值税（进项税额）　　　3 060
　　贷：银行存款　　　　　　　　　　　　　　　　21 060

注：一般纳税人取得防伪税控系统开具的增值税专用发票未到税务机关认证通过前，取得的非防伪税控系统开具的增值税专用发票，工业企业购进的货物未验收入库、商业企业未付款前等情况其进项税不得作为纳税人当期进项税予以抵扣。在上述情况下，按照增值税专用发票上注明的增值税额，借记"应交税费——待抵扣进项税额"账户，当符合抵扣条件后，借记"应交税费——应交增值税（进项税额）"账户，贷记"应交税费——待抵扣进项税额"账户。

【例 2-17】 振华有限公司 2009 年 5 月购入一批原材料，取得防伪税控系统开具的增值税专用发票，尚未到税务机关认证通过，增值税专用发票上注明的原料价款 400 万元，增值税额为 68 万元，开出一张 3 个月到期的商业汇票支付货款，材料已达并验收入库。6 月份认证通过。则会计处理如下：

①5 月份材料运达时：

借：原材料　　　　　　　　　　　　　　　　　4 000 000
　　应交税费——待抵扣进项税额　　　　　　　680 000
　　贷：应付票据　　　　　　　　　　　　　　　4 680 000

②6 月份认证通过时：

借：应交税费——应交增值税（进项税额）　　　680 000
　　贷：应交税费——待抵扣进项税额　　　　　　680 000

**(2)购入免税农产品、支付运输费用的涉税会计处理**　按税法规定，对于一般纳税人购入的免税农业产品、支付的运输费用可以按买价（或收购金额）的一定比率计算进项税额，并准予从销项税额中抵扣。在会计核算时，按有关凭证上确定的金额扣除规定比率的进项税额，作为购进成本，借记"原材料"、"应交税费——应交增值税（进项税额）"等账户。按应付或实际支付的价款，贷记"应付账款"、"银行存款"等账户。

【例 2-18】 华中公司 9 月 24 日购进免税农产品一批已验收入库，买价为 30 000 元，运输费用 250 元，款项以银行存款支付。则会计处理如下：

应抵扣的进项税额＝30 000×13%＝3 900（元）
运费允许抵扣的进项税额＝250×7%＝17.5（元）
计入材料成本的运输费用＝250－17.5＝232.5（元）

应作会计分录：

借：原材料　　　　　　　　　　　　　　　　　26 332.5
　　应交税费——应交增值税（进项税额）　　　3 917.5
　　贷：银行存款　　　　　　　　　　　　　　　30 250

**(3)纳税人接受应税劳务的会计处理**　纳税人接受应税劳务，应按照专用发票上记载的应计入加工、修理修配等货物成本的金额,借记"其他业务成本"、"制造费用"、"委托加工材料"、"加工商品"、"销售费用"、"管理费用"、"应交税费——应交增值税(进项税额)"等账户;按照实际支付或应付的金额,贷记"银行存款"、"应付账款"等账户。

【例2-19】 华中公司2009年9月22日以银行存款支付办公用品修理费,增值税专用发票上注明的修理费2 000元,增值税340元,价税合计2 340元,修理的办公用品有3/5为生产车间专用,2/5为厂部科室专用,应作会计分录:

借:制造费用　　　　　　　　　　　　　　　　1 200
　　管理费用　　　　　　　　　　　　　　　　　800
　　应交税费——应交增值税(进项税额)　　　　340
　贷:银行存款　　　　　　　　　　　　　　　　2 340

(4)纳税人接受投资转入货物的会计处理　　纳税人接受投资转入的货物,应当按照专用发票上注明的双方确认的不含税价格,借记"原材料"、"包装物"、"库存商品"、"固定资产"、"应交税费——应交增值税(进项税额)"等账户;按货物的不含税价格与增值税额的合计数,贷记"实收资本"账户。

【例2-20】 华中公司9月24日接受华北公司投资转入的原材料一批,增值税专用发票上注明价款341 880元,增值税58 120元,价税合计400 000元,货已到并验收入库。应作会计分录:

借:原材料　　　　　　　　　　　　　　　　　341 880
　　应交税费——应交增值税(进项税额)　　　 58 120
　贷:实收资本　　　　　　　　　　　　　　　 400 000

(5)纳税人接受捐赠转入货物的会计处理　　纳税人接受捐赠转入的货物,应当按照专用发票上记载的捐赠货物确认的价值,借记"原材料"等账户及按照专用发票上注明的增值税额,借记"应交税费——应交增值税(进项税额)"账户;按照货物价值和增值税额的合计数,贷记"资本公积"账户。

【例2-21】 华中公司9月25日接受胜利工厂捐赠的103#材料,增值税专用发票注明价款30 000元,增值税额5 100元,材料已验收入库。应作会计分录:

借:原材料——103#材料　　　　　　　　　　 30 000
　　应交税费——应交增值税(进项税额)　　　 5 100
　贷:资本公积　　　　　　　　　　　　　　　 35 100

(6)进口货物的会计处理　　纳税人进口货物,应当按照进口货物的采购成本,借记"材料采购"、"原材料"等账户,按照海关提供的完税凭证上注明的增值税额,借记"应交税费——应交增值税(进项税额)"账户;按照实际支付或应付的金额,贷记"银行存款"、"应付账款"等账户。

【例2-22】 华中公司9月26日从国外进口一批材料,料到并已验收入库,海关核定的关税完税价格为1 000 000元,应纳关税150 000元,消费税50 000元。则:

增值税进项税额＝(1 000 000＋150 000＋50 000)×17%＝204 000(元)

借:原材料　　　　　　　　　　　　　　　　1 200 000
　　应交税费——应交增值税(进项税额)　　　　204 000
　贷:银行存款　　　　　　　　　　　　　　　1 404 000

**(7)购进货物不得抵扣进项税额的处理**　根据《增值税暂行条例》及其实施细则的规定,增值税一般纳税人未按照规定取得并保存增值税扣税凭证,购进货物或者接受应税劳务用于非应税项目、免税项目、集体福利或个人消费、非正常损失等进项税额不得从销项税额中抵扣。对于按规定不予抵扣的进项税额,账务处理举例如下:

①用于非应税项目、免税项目、集体福利或个人消费购进货物或应税劳务的账务处理。借记有关成本、费用、负债类账户,贷记"应交税费——进项税额转出"账户。

**【例2-23】** 大华食品公司2006年5月购进10吨白糖,取得防伪税控系统开具的增值税专用发票上注明材料价款为80 000元,增值税额为13 600元。增值税专用发票已通过认证,6月份将其中的2吨作为福利发给职工。6月份作为福利发给职工时,账务处理如下:

借:应付职工薪酬　　　　　　　　　　　　　18 720
　贷:原材料　　　　　　　　　　　　　　　　16 000
　　应交税费——应交增值税(进项税额转出)　2 720

②外购货物在购进中发生非正常损失的处理。外购货物在购进中发生非正常损失的,其进项税额不得抵扣。应将损失货物的价值连同相应的进项税额一并转入"待处理财产损益——待处理流动资产损益"账户。

**【例2-24】** 大明公司外购原材料一批,数量为20吨,取得专用发票上注明价款为100 000元,税金17 000元,款项已付,因自然因素入库前造成非正常损失2吨。大明公司会计处理如下:

借:原材料　　　　　　　　　　　　　　　　　90 000
　　应交税费——应交增值税(进项税额)　　　　15 300
　　待处理财产损益——待处理流动资产损益　　11 700
　贷:银行存款　　　　　　　　　　　　　　　117 000

③非正常损失的在产品、产成品所耗用的购进货物或应税劳务。非正常损失的在产品、产成品所耗用的购进货物或应税劳务的进项税额不得从销项税额中抵扣。当发生非正常损失时,按非正常损失的在产品、产成品的实际成本与负担的进项税额的合计数,借记"待处理财产损益——待处理流动资产损益"账户,按实际损失的在产品、产成品成本,贷记"生产成本——基本生产成本"、"库存商品"账户,按计算出的应转出的税金数额,贷记"应交税费——应交增值税(进项税额转出)"账户。

**【例2-25】** 大明公司2006年5月由于仓库倒塌毁损产品一批,损失产品账面价值为 80 000 元。当期总的生产成本为 420 000 元,其中耗用外购材料、低值易耗品等价值为 252 000 元,外购货物均适用 17% 增值税税率。则会计处理如下:

损失产品成本中所耗外购货物的购进额 = 80 000 × (252 000 ÷ 420 000)
= 48 000(元)

应转出进项税额 = 48 000 × 17% = 8 160(元)

借:待处理财产损益——待处理流动资产损益　　88 160
　　贷:库存商品　　　　　　　　　　　　　　　　80 000
　　　　应交税费——应交增值税(进项税额转出)　 8 160

(二)增值税销项税额账务处理

**(1)一般销售业务的核算**

1)直接收款销售。企业采取直接收款方式销售货物,不论货物是否发出,均以收到销售款或者取得索取销售款凭据的当天作为销售收入实现、纳税义务发生和开出增值税发票的时间。

【例 2-26】　华中公司 2009 年 9 月 8 日对外销售产品一批,收取价款 120 000 元,增值税额 20 400 元,价税合计 140 400 元,为购买者开具增值税专用发票,销货款存入银行。应作会计分录:

借:银行存款　　　　　　　　　　　　　　　　　140 400
　　贷:主营业务收入　　　　　　　　　　　　　　 120 000
　　　　应交税费——应交增值税(销项税额)　　　 20 400

2)预收账款销售。企业采用预收货款结算方式销售货物的,以货物发出的当天作为销售收入实现、纳税义务发生和开出增值税发票的时间。

【例 2-27】　华中公司接受一批订货合同,按照合同规定,货款总额为 1 000 000 元,交货期限为 3 个月。订货时预付货款总额的 60%,余款在交货时付清。增值税税率为 17%,增值税于结清货款时支付。

①企业收到对方预付的货款时,应编制会计分录如下:

借:银行存款　　　　　　　　　　　　　　　　　600 000
　　贷:预收账款　　　　　　　　　　　　　　　　 600 000

②交货,开出增值税专用发票时,应编制会计分录如下:

借:预收账款　　　　　　　　　　　　　　　　　1 170 000
　　贷:主营业务收入　　　　　　　　　　　　　 1 000 000
　　　　应交税金——应交增值税(销项税额)　　　170 000

③收到对方补付的货款及增值税额时,应编制会计分录如下:

借:银行存款　　　　　　　　　　　　　　　　　570 000
　　贷:预收账款　　　　　　　　　　　　　　　　 570 000

3)赊销和分期收款销售。企业采取赊销和分期收款方式销售货物的,为书面合同约定的收款日期的当天,无书面合同的或者书面合同没有约定收款日期的,以货物发出的当天作为销售收入实现、纳税义务发生和开出增值税发票的时间。

【例 2-28】 中山公司采用分期收款销售方式销售甲商品 600 件,单位成本为 700 元,合同约定分三期收回货款,商品售价为 1 000 元,当月应收回销售款 20 000 元,编制会计分录如下:

①发出商品时:

借:库存商品——分期收款发出商品——甲商品　　420 000

　　贷:库存商品——甲商品　　　　　　　　　　　　　　420 000

②当月确认销售收入 20 000 元,开具专用发票,增值税额为 34 000 元。

借:应收账款　　　　　　　　　　　　　　　　　　234 000

　　贷:主营业务收入——甲商品　　　　　　　　　　　200 000

　　　　应交税金——应交增值税(销项税额)　　　　　 34 000

③同时结转确认收入部分的成本。

借:主营业务成本——甲商品　　　　　　　　　　　140 000

　　贷:库存商品——分期收款发出商品——甲商品　　　140 000

在以后约定的收款日,作相同的账务处理。

**(2)特殊销售方式业务的核算**

1)销货退回或折让、折扣销售。企业销售货物由于品种规格不符或质量原因造成购货方要求退货或折让的,不论是当月销售的还是以前月份销售的,均应冲减退回当月的销售收入。

在折扣销售方式下,只有销售额和折扣额在同一张发票上分别注明的,才能按折扣后的余额作为计税销售额,否则不得从销售额中减去折扣额。

【例 2-29】 光华公司 2009 年 5 月销售给大明公司一批产品,增值税专用发票注明销售额 60 000 元,增值税额 10 200 元,货款已支付,双方均已做账务处理。由于质量原因,双方协商折让 30%,6 月收到大明公司转来的当地主管税务机关开具的索取折让证明单。光华公司作会计处理如下:

借:主营业务收入　　　　　　　　　　　　　　　　 18 000

　　应交税费——应交增值税(销项税额)　　　　　　 3 060

　　贷:银行存款　　　　　　　　　　　　　　　　　　 21 060

2)出租出借包装物。

①随同产品销售单独计价包装物的核算。随同产品销售单独计价的包装物,其收入计入其他业务收入。按应收或实际收到的全部价款,借记"银行存款"、"应收账款"等账户,按应确认的收入,贷记"其他业务收入"账户,按规定应缴纳的增值税额,贷记"应交税费——应交增值税(销项税额)"账户。

【例 2-30】 华中公司 9 月 18 日销售给本市振宇工厂带包装物的 D 产品 600 件,包装物单独计价,增值税专用发票上列明产品销售价款 96 000 元,包装物销售价款 11 000 元,增值税额 18 190 元,款已到,并存入银行。财会部门应作会计分录:

```
    借：银行存款                                   125 190
       贷：主营业务收入——D产品                      96 000
           其他业务收入——包装物销售                 11 000
           应交税费——应交增值税(销项税额)           18 190
```

②销售产品，包装物出租。按税法规定，计税的销售额为纳税人销售货物或应税劳务向购买方收取的全部价款和价外费用。包装物租金属于价外费用，应缴纳增值税。

【例2-31】 华中公司9月19日采用银行汇票结算方式，销售给大明公司A产品550元/件，增值税额为37 400元，包装物400个出租，承租期两个月，共计租金4 680元，一次收取包装物押金共计23 400元，总计结算金额285 480元。

按税法规定，收取的包装物租金应计算的销售额不包括向购买方收取的销项税额，应换算销售额，再计算应缴增值税。

包装物租金销售额 = 4 680 ÷ (1 + 17%) = 4 000(元)

包装物租金应计销项税额 = 4 000 × 17% = 680(元)

应作会计分录：

```
    借：银行存款                                   285 480
       贷：主营业务收入——A产品                     220 000
           其他业务收入——包装物租金                 4 000
           应交税费——应交增值税(销项税额)           38 080
           其他应付款——存入保证金                  23 400
```

③逾期押金的核算。收取包装物押金是含税的，没收到时应将包装物押金还原为不含税价格，再并入其他业务收入征税；没收到的包装物押金适用的税率是包装物的适用税率。

企业逾期未退还的包装物押金，按规定应缴纳增值税，借记"其他应付款"等账户，贷记"其他业务收入"、"应交税费——应交增值税(销项税额)"账户。

【例2-32】沿用【例2-31】 假定两个月后，大明公司没有将租用的包装物还回大华公司，大华公司按规定没收逾期未退还包装物的押金，应作如下账务处理：

```
    借：其他应付款——存入保证金                    23 400
       贷：其他业务收入                             20 000
           应交税费——应交增值税(销项税额)            3 400
```

(3)特殊销售行为的核算

1)视同销售行为。

①将货物交给他人代销。委托其他纳税人代销货物，以收到代销单位的代销清单或者收到全部或者部分货款的当天作为销售收入实现、纳税义务发生和开出增值税发票的时间。

代销分为视同买断和收取手续费两种方式，在不同的方式下，其会计处理各不相同。在视同买断方式下,委托方在交付商品时应当确认销售商品收入,受托方作购进商品处理。受托方将商品销售后,应按实际售价确认为销售收入,并向委托方开具代销清单。在收取手续费方式下,委托方应在收到受托方交付的商品代销清单时确认销售收入,受托方则按应收取的手续费确认收入。

【例 2-33】 大华公司委托乙公司销售甲商品 100 件,协议价为 100 元/件,该商品成本为 60 元/件,增值税税率为 17%。甲公司在收到乙公司开来的代销清单时开具增值税发票,发票上注明:售价 10 000 元,增值税 1 700 元。乙公司实际销售时开具的增值税发票上注明:售价 12 000 元,增值税 2 040 元。

大华公司的账务处理如下:

① 大华公司将甲商品交付乙公司时:

  借:应收账款——乙公司      10 000
    贷:主营业务收入         10 000
  借:主营业务成本        6 000
    贷:库存商品          6 000

② 收到代销清单,开具增值税专用发票时:

  借:应收账款——乙公司      1 700
    贷:应交税费——应交增值税(销项税额) 1 700

③ 收到乙公司汇来的货款 11 700 元时:

  借:银行存款         11 700
    贷:应收账款——乙公司    11 700

② 设有两个以上机构并实行统一核算的纳税人,将货物从一个机构移送其他机构(不在同一县、市)用于销售的会计处理。货物移送要开增值税专用发票,调出方计销项税额,调入方计进项税额。

③ 纳税人将自产、委托加工或购买货物分配给股东或投资者的会计处理。应按分配货物的售价或组成计税价格、市场价格和按其适用税率计算的应纳增值税两项之和,借记"应付利润"账户;按应税货物的售价、组成计税价格、市场价格,贷记"主营业务收入"、"其他业务收入"账户;按应纳增值税额,贷记"应交税费——应交增值税(销项税额)"账户。

【例 2-34】 大华公司 9 月 10 日将自产的 A 产品作为应付利润分配给投资者。A 产品售价总计 50 000 元(不含税价),则:

 A 产品应计销项税额 = 50 000 × 17% = 8 500(元)

应作会计分录:

  借:应付利润         58 500
    贷:主营业务收入——A 产品   50 000
      应交税费——应交增值税(销项税额) 8 500

④ 纳税人将自产、委托加工或购买的货物作为投资的会计处理。按所投资货物

的成本(或确认的价值)与所投资货物的售价或组成计税价格、双方确认的价值乘以适用税率计算的应纳增值税之和,借记"长期投资"账户;按货物成本,贷记"库存商品"、"原材料"等账户;按货物成本或账面原价与重估价值的差额,借或贷记"资本公积";按应纳增值税,贷记"应交税费——应交增值税(销项税额)"账户。

【例 2-35】 大华公司 9 月 12 日将购入的原材料一批用于对外投资,其实际成本 170 000 元,投资作价 170 000 元。应作会计分录:

借:长期股权投资　　　　　　　　　　　　　202 300
　贷:原材料　　　　　　　　　　　　　　　　　　170 000
　　　应交税费——应交增值税(销项税额)　　　　32 300

⑤企业将自产、委托加工或购买的货物无偿赠送他人的会计处理。应按所赠货物的成本与所赠货物售价或组成计税价格乘以按税率计算的应纳增值税额之和,借记"营业外支出"账户;按所赠物成本,贷记"库存商品"、"原材料"等账户;按应纳增值税额,贷记"应交税费——应交增值税(销项税额)"账户。

【例 2-36】 大华公司 9 月 12 日将自产 B 产品无偿赠送他人,生产成本 9 000 元,售价 11 000 元,将购进的 101# 材料 400 千克无偿赠送他人,该材料实际成本 29.4 元/千克。则:

B 产品应计销项税额 $= 11\,000 \times 17\% = 1\,870(元)$

101# 材料应计销项税额 $= 29.4 \times 400 \times 17\% = 1\,999.20(元)$

应作会计分录:

借:营业外支出　　　　　　　　　　　　　　24 629.20
　贷:库存商品——B 产品　　　　　　　　　　　9 000
　　　原材料——101# 材料　　　　　　　　　　11 760
　　　应交税费——应交增值税(销项税额)　　　3 869.20

2)混合销售行为。从事货物的生产、批发或零售的企业以及以从事货物的生产、批发或零售为主并兼营非应税劳务的企业,发生混合销售行为时,应视为销售货物,征收增值税。企业应按销售货物和提供非应税劳务应收取款项的合计金额,借记"应收账款"、"银行存款"等账户,按货物的销售额和非应税劳务的营业额贷记"主营业务收入"账户,按货物和非应税劳务合计额乘以适用税率计算应纳增值税额,贷记"应交税费——应交增值税(销项税额)"账户。

【例 2-37】 翰书纸业有限责任公司是从事纸张生产的增值税一般纳税人,2006 年 5 月向北京某公司销售胶印书刊纸 100 吨,每吨售价 5 000 元(不含税),同时,双方还议定由翰书纸业有限责任公司用自己的汽车将 100 吨纸运至北京某公司,翰书纸业有限责任公司除纸款外每吨还收取运费 117 元,款项尚未支付。对于此项业务,翰书纸业有限责任公司发生了混合销售行为,其货款和运费一并作为销售额,按适用率 17%征收增值税,运输收入不再单独征收营业税。

纸张应交增值税为:$5\,000 \times 100 \times 17\% = 85\,000(元)$

运费应交增值税为:117×100÷1.17×17%=1 700(元)

　　借:应收账款　　　　　　　　　　　　　596 700
　　　贷:主营业务收入　　　　　　　　　　　　　510 000
　　　　应交税费——应交增值税(销项税额)　　　86 700

3)兼营销售行为。纳税人兼营应税劳务与货物或非应税劳务的,应分别核算应税劳务的营业额和货物或者非应税劳务的销售额,不分别核算或不能分别核算的,其应税劳务与货物或者非应税劳务应一并征收增值税。在分别核算的情况下,企业应按销售货物或提供非应税劳务收取的款项,借记"应收账款"、"银行存款"等账户,按货物销售额贷记"主营业务收入"账户,按非应税劳务额贷记"其他业务收入"账户,按货物销售额乘以适用税率计算的应纳增值税额,贷记"应交税费——应交增值税(销项税额)"账户。按非应税劳务营业额乘以适用税率计算的应纳营业税额,借记"营业税金及附加"账户,贷记"应交税费——应交营业税"账户。

【例 2-38】 华商公司为从事商品零售的增值税一般纳税人,附带经营一家餐厅,2006 年 5 月,公司不含税商品销售额 200 000 元,餐饮收入 50 000 元。企业采用分别核算方式适用的营业税率为 5%。则会计处理如下:

① 对于零售业务:
　　借:银行存款　　　　　　　　　　　　　234 000
　　　贷:主营业务收入　　　　　　　　　　　　　200 000
　　　　应交税费——应交增值税(销项税额)　　　34 000

② 对于餐饮业务:
　　借:银行存款　　　　　　　　　　　　　50 000
　　　贷:其他业务收入　　　　　　　　　　　　　50 000
　　借:营业税金及附加　　　　　　　　　　2 500
　　　贷:应交税费——应交营业税　　　　　　　　2 500

(三)增值税缴纳与减免的账务处理

**(1)增值税缴纳的核算** 每月终了,纳税人应根据"应交税费——应交增值税"明细账户各专栏本期发生额,计算企业当期应缴纳的增值税额,并在规定期限内申报缴纳。计算公式为:

$$\text{当月应纳税额} = \left(\text{当期销项税额} + \text{当期进项税额转出} + \text{当期出口退税发生额}\right) - \left(\text{上期留抵税额} + \text{当期发生的允许抵扣的进项税额}\right)$$

企业计算出当月应交而未交的增值税,借记"应交税费——应交增值税(转出未交增值税)"账户,贷记"应交税费——未交增值税"账户;当月多交的增值税,借记"应交税费——未交增值税"账户,贷记"应交税费——应交增值税(转出多交增值税)"账户。企业缴纳当月的增值税,通过"应交税费——应交增值税(已交税金)"账户反映,缴纳以前各期未交的增值税,通过"应交税费——未交增值税"账户反映。

【例 2-39】 望京有限责任公司 2009 年 5 月外购货物,发生允许抵扣的进项税额合计200 000元,本月初"应交税费——应交增值税"明细账借方余额为30 000元,本月对外销售货物,取得销项税额合计为310 000元。则会计处理如下：

望京有限责任公司本月应纳增值税=310 000-(200 000+30 000)=80 000(元)

借：应交税费——应交增值税(转出未交增值税)　　80 000
　　贷：应交税费——未交增值税　　　　　　　　　　　　　80 000

2009年6月,望京有限责任公司依法申报缴纳上月应缴未缴的增值税80 000元,本月的增值税120 000元。

借：应交税费——未交增值税　　　　　　　　　　80 000
　　应交税费——应交增值税(已交税金)　　　　120 000
　　贷：银行存款　　　　　　　　　　　　　　　　　　　　200 000

【例2-40】　飞跃公司2009年5月份月初"应交税费——应交增值税"明细账无余额,本月发生允许抵扣的进项税额合计100 000元,取得销项税额合计为70 000元,本月已预缴增值税9 000元。则会计处理如下：

飞跃公司本月应纳增值税=70 000-100 000=-30 000元

作为留抵的进项税,抵减以后月份的销项税。

转出本月多缴的增值税：

借：应交税费——未交增值税　　　　　　　　　　9 000
　　贷：应交税费——应交增值税(转出多交增值税)　　9 000

**(2)增值税减免的核算**　　企业收到返还的增值税,或者直接减免的增值税,都应作为企业利润总额的组成部分,通过"营业外收入"账户进行核算,对于直接减免的增值税还应通过"应交税费——应交增值税(减免税款)"账户核算。企业按规定享受直接减免的增值税,应借记"应交税费——应交增值税(减免税款)"账户,贷记"营业外收入"账户。实际收到即征即退、先征后退的增值税,应借记"银行存款"等账户,贷记"营业外收入"账户。

【例2-41】　清华公司为增值税一般纳税人,2009年5月份购进货物取得的增值税专用发票注明价款300 000元,增值税额51 000元,当月实现销售收入500 000元,销项税额85 000元。经企业申请,主管税务机关批准,该企业减半征收增值税1年,如果该企业享受免税优惠属于直接减免形式,则该企业会计处理如下：

①计算、缴纳当月应纳增值税时：

应纳税额=(85 000-51 000)×50%=17 000(元)

借：应交税费——应交增值税(已交税金)　　　　17 000
　　贷：银行存款　　　　　　　　　　　　　　　　　　　　17 000

②核算减免税额：

借：应交税费——应交增值税(减免税款)　　　　17 000
　　贷：营业外收入　　　　　　　　　　　　　　　　　　　17 000

假设该企业按规定享受先征后退办法进行减免,则该企业会计处理如下：

①计算、缴纳当月应纳增值税额时：
应纳税额＝85 000－51 000＝34 000(元)
    借：应交税费——应交增值税(已交税金)    34 000
        贷：银行存款                              34 000
②收到先征后退的增值税税款时：
    借：银行存款                               17 000
        贷：营业外收入                            17 000

(四)小规模纳税人增值税的账务处理

**(1)小规模纳税人购进货物的核算**　小规模纳税人销售货物实行简易征收方法，其购入货物及接受劳务支付的增值税税额，应直接计入货物及劳务的成本，均按应付或实际支付的价税合计数，借记"材料采购"、"原材料"、"管理费用"等账户，贷记"应付账款"、"银行存款"等账户。

【例2-42】　新星公司为小规模纳税人，2009年8月份购进一批原材料，增值税专用发票注明价款为12 000元，增值税税额为2 040元。材料已验收入库，款项已支付。

应编制的会计分录如下：
    借：原材料                                14 040
        贷：银行存款                             14 040

**(2)小规模纳税人销售货物的核算**　小规模纳税人销售货物或提供劳务能认真履行纳税义务的，经县(市)税务局批准，可由税务所代开增值税专用发票，不认真履行纳税义务的，不能代开增值税专用发票，只能开具普通发票。能代开增值税专用发票的，根据专用发票上注明的价款和税款合计借记"应收账款"、"银行存款"等账户；根据专用发票上注明的价款贷记"主营业务收入"、"其他业务收入"等账户；根据专用发票上注明的税款贷记"应交税费——应交增值税"账户。

【例2-43】　新星公司2009年8月份销售产品一批，由税务机关代开的增值税专用发票上注明的货款为21 000元，增值税税额为630元。产品已发出，款项已收妥存入银行。

应编制的会计分录如下：
    借：银行存款                              21 630
        贷：主营业务收入                          21 000
            应交税费——应交增值税                   630

开具普通发票的，由于是价税合并定价的，因此应当将发票上注明的总金额分解为不含增值税的价款和按此价款的3%计算的增值税税额，按发票总金额借记"应收账款"、"银行存款"等账户；按分解出的不含税价款贷记"主营业务收入"、"其他业务收入"等账户；按计算出的增值税税额贷记"应交税费——应交增值税"账户。

【例2-44】　新星公司(小规模纳税人)8月份销售产品给星星公司，开具普通发票一张，金额为4 120元。产品已售出，货款尚欠。

不含税销售额＝4 120÷(1＋3％)＝4 000(元)
应纳增值税额＝4 000×3％＝120(元)
应编制的会计分录如下：
　　借：应收账款——星星公司　　　　　　　　　　　　　4 120
　　　贷：主营业务收入　　　　　　　　　　　　　　　　　　4 000
　　　　　应交税费——应交增值税　　　　　　　　　　　　　120

**(3)小规模纳税人上缴税款的核算**　小规模纳税人于月末计算和缴纳增值税的会计核算根据以下"应交增值税"明细账期末贷方余额确定本期应纳增值税税额，若有应纳增值税，企业填制"税收缴款书"，缴纳增值税。企业缴纳增值后，应根据税务大厅征收处收款盖章后退回的完税凭证，借记"应交税费——应交增值税"账户，贷记"银行存款"账户。

**【例2-45】** 新星公司8月末"应交税费——应交增值税"明细账的期末贷方余额为1 500元，该公司应填制"税收缴款书"，以银行存款缴纳增值税1 500元，收到完税凭证后，应编制的会计分录如下：
　　借：应交税费——应交增值税(未交增值税)　　　　　　1 500
　　　贷：银行存款　　　　　　　　　　　　　　　　　　　1 500

## 第四节　增值税的纳税申报与缴纳

### 一、增值税的征收管理

**(一)纳税义务的发生时间**

增值税纳税义务发生时间是指增值税纳税人、扣缴义务人发生应税、扣缴税款行为应承担纳税义务、扣缴义务的起始时间。一般规定为：销售货物或者提供应税劳务的，为收讫销售款或取得索取销售款凭据的当天；进口货物的，为报关进口的当天。销售货物按销售结算方式的不同对纳税义务的发生时间规定如下：

①采取直接收款方式销售货物，不论货物是否发出，均为收到销售额或取得索取销售额凭据，并将提货单交给买方的当天。

②采取托收承付和委托银行收款方式销售货物，为发出货物并办妥托收手续的当天。

③采取预收货款方式销售货物，为货物发出的当天。

④委托其他纳税人代销货物，为收到代销单位的代销清单的当天。

⑤销售应税劳务，为提供劳务同时收讫销售额或取得索取销售额凭据的当天。

⑥纳税人发生"视同销售"货物行为，为货物移送的当天。

**(二)纳税地点**

①固定业户应当向其机构所在地的主管税务机关申报纳税。总机构和分支机

构不在同一县(市)的,应当分别向各自所在地的主管税务机关申报纳税;经国务院财政、税务主管部门或者其授权的财政、税务机关批准,可以由总机构汇总向总机构所在地的主管税务机关申报纳税。

②固定业户到外县(市)销售货物或者应税劳务,应当向其机构所在地的主管税务机关申请开具外出经营活动税收管理证明,并向其机构所在地的主管税务机关申报纳税;未开具证明的,应当向销售地或者劳务发生地的主管税务机关申报纳税;未向销售地或者劳务发生地的主管税务机关申报纳税的,由其机构所在地的主管税务机关补征税款。

③非固定业户销售货物或者应税劳务,应当向销售地或者劳务发生地的主管税务机关申报纳税;未向销售地或者劳务发生地的主管税务机关申报纳税的,由其机构所在地或者居住地的主管税务机关补征税款。

④进口货物,应当向报关地海关申报纳税。

⑤扣缴义务人应当向其机构所在地或者居住地的主管税务机关申报缴纳其扣缴的税款。

(三)纳税期限

增值税的纳税期限分别为1日、3日、5日、10日、15日、1个月或者1个季度。纳税人的具体纳税期限,由主管税务机关根据纳税人应纳税额的大小分别核定;不能按照固定期限纳税的,可以按次纳税。

纳税人以1个月或者1个季度为1个纳税期的,自期满之日起15日内申报纳税;以1日、3日、5日、10日或者15日为1个纳税期的,自期满之日起5日内预缴税款,于次月1日起15日内申报纳税并结清上月应纳税款。

扣缴义务人解缴税款的期限,依照前两款规定执行。

纳税人进口货物,应当自海关填发海关进口增值税专用缴款书之日起15日内缴纳税款。

## 二、增值税的申报

(一)申报方式

目前我国纳税申报方式主要有:直接申报、网上申报、委托申报、邮寄申报、银行网点申报等。

纳税人可根据实际情况,报经税务机关批准,选择纳税申报方式。对实行定期定额缴纳税款的纳税人,可以实行简易申报、简并征期等申报纳税方式。

(二)申报资料

**(1)增值税一般纳税人申报资料**

1)必报资料。

①《增值税纳税申报表》及其附表。

②《增值税发票领用存月报表》和《分支机构销售明细表》。

③《增值税发票使用明细表》。

④《增值税进项税金抵扣明细表》。
⑤记录当期纳税信息的 IC 卡。
⑥《资产负债表》和《利润表》。
⑦ 主管税务机关规定的其他必报资料。

纳税申报实行电子信息采集的纳税人,除向主管税务机关报送上述资料的电子数据外,还需报送纸制的《增值税纳税申报表》主表及附表。

2)备查资料及其保管。
①已开具的增值税专用发票和普通发票存根联。
②符合抵扣条件并且在本期申报抵扣的增值税专用发票抵扣联。
③海关进口货物完税凭证、运输发票、购进农产品普通发票、购进废旧物资普通发票复印件。
④收购凭证的存根联或报查联。
⑤代扣代缴税款凭证存根联。
⑥税务机关要求报送的其他备查资料。

备查资料是否要在当期报送,由各省级税务机关确定。

3)增值税纳税申报资料的填报要求。纳税人按月申报纳税,于每月 10 日前到主管税务机关"申报征收窗口"办理纳税申报,并按相应的填表说明,填报下列资料,一式三份(认证通知书及其附列清单复印两份),加装《增值税一般纳税人增值税纳税申报资料汇总簿封面》后递交税务机关;税务机关对纳税申报资料的完整性审核后签收,将申报表录入电脑,在申报表上加盖"征收章",一份退还纳税人,两份留存。

**(2)增值税小规模纳税人申报** 增值税小规模纳税人纳税申报应报送以下资料:
①《小规模纳税人的增值税纳税申报表》。
②《发票领用存月报表》。
③废旧物资回收经营单位,应报送《废旧物资发票开具清单》纸质资料和电子信息。
④财务会计报表。

(三)申报表格式及填写说明
**(1)一般纳税人申报表格式及填写说明**
1)一般纳税人申报表格式。一般纳税人增值税申报表包括一张主表和四张附表,本书主要介绍主表的格式和填写方法。增值税纳税申报表见表2-9。

### 表2-9 增值税纳税申报表(适用于一般纳税人)

根据《中华人民共和国增值税暂行条例》第二十二条和第二十三条的规定制定本表。纳税人不论有无销售额,均应按主管税务机关核定的纳税期限按期填报本表,并于次月1日起10日内,向当地税务机关申报。

税款所属时间:自 年 月 日至 年 月 日　　填表日期:年 月 日　　金额单位:元至角分

| 纳税人识别号 | | | 所属行业 | |
|---|---|---|---|---|
| 纳税人名称 | (公章)法定代表人姓名 | | 注册地址 | 营业地址 |
| 开户银行及账号 | | 企业登记注册类型 | | 电话号码 |

| 项目 | | 栏次 | 一般货物及劳务 | | 即征即退货物及劳务 | |
|---|---|---|---|---|---|---|
| | | | 本月数 | 本年累计 | 本月数 | 本年累计 |
| 销售额 | (一)按适用税率征税货物及劳务销售额 | 1 | | | | |
| | 其中:应税货物销售额 | 2 | | | | |
| | 　　　应税劳务销售额 | 3 | | | | |
| | 　　　纳税检查调整的销售额 | 4 | | | | |
| | (二)按简易征收办法征税货物销售额 | 5 | | | | |
| | 其中:纳税检查调整的销售额 | 6 | | | | |
| | (三)免、抵、退办法出口货物销售额 | 7 | | | — | — |
| | (四)免税货物及劳务销售额 | 8 | | | — | — |
| | 其中:免税货物销售额 | 9 | | | — | — |
| | 　　　免税劳务销售额 | 10 | | | — | — |
| 税款计算 | 销项税额 | 11 | | | | |
| | 进项税额 | 12 | | | | |
| | 上期留抵税额 | 13 | | — | | — |
| | 进项税额转出 | 14 | | | | |
| | 免抵退货物应退税额 | 15 | | | — | — |
| | 按适用税率计算的纳税检查应补缴税额 | 16 | | | | |
| | 应抵扣税额合计 | 17=12+13-14-15+16 | | — | | — |
| | 实际抵扣税额 | 18(如17<11,则为17,否则为11) | | | | |
| | 应纳税额 | 19=11-18 | | | | |
| | 期末留抵税额 | 20=17-18 | | | | |
| | 简易征收办法计算的应纳税额 | 21 | | | | |
| | 按简易征收办法计算的纳税检查应补缴税额 | 22 | | | — | — |
| | 应纳税额减征额 | 23 | | | | |
| | 应纳税额合计 | 24=19+21-23 | | | | |

## 第二章

续表 2-9

| 项目 | 栏次 | 一般货物及劳务 | | 即征即退货物及劳务 | |
|---|---|---|---|---|---|
| | | 本月数 | 本年累计 | 本月数 | 本年累计 |
| 期初未缴税额(多缴为负数) | 25 | | | | |
| 实收出口开具专用缴款书退税额 | 26 | | | — | — |
| 本期已缴税额 | 27=28+29+30+31 | | | | |
| ①分次预缴税额 | 28 | | | — | — |
| ②出口开具专用缴款书预缴税额 | 29 | | | — | — |
| ③本期缴纳上期应纳税额 | 30 | | | | |
| ④本期缴纳欠缴税额 | 31 | | | | |
| 期末未缴税额(多缴为负数) | 32=24+25+26−27 | | | | |
| 其中:欠缴税额(≥0) | 33=25+26−27 | | | — | — |
| 本期应补(退)税额 | 34=24−28−29 | | | | |
| 即征即退实际退税额 | 35 | — | — | | |
| 期初未缴查补税额 | 36 | | | — | — |
| 本期入库查补税额 | 37 | | | — | — |
| 期末未缴查补税额 | 38=16+22+36−37 | | | — | — |

| 授权声明 | 如果你已委托代理人申报,请填写下列资料: 为代理一切税务事宜,现授权 (地址) 为本纳税人的代理申报人,任何与本申报表有关的往来文件,都可寄予此人。 授权人签字: | 申报人声明 | 此纳税申报表是根据《中华人民共和国增值税暂行条例》的规定填报的,我相信它是真实的、可靠的、完整的。 声明人签字: |
|---|---|---|---|

以下由税务机关填写:

收到日期: 接收人: 主管税务机关盖章:

2)一般纳税人纳税申报表的填写说明。本申报表适用于增值税一般纳税人填报。增值税一般纳税人销售按简易办法缴纳增值税的货物,也使用本表。

①本表"税款所属时间"是指纳税人申报的增值税应纳税额的所属时间,应填写具体的起止年、月、日。

②本表"填表日期"指纳税人填写本表的具体日期。

③本表"纳税人识别号"栏,填写税务机关为纳税人确定的识别号,即税务登记证号码。

④本表"所属行业"栏,按照国民经济行业分类与代码中的最细项(小类)进行填

写(国民经济行业分类与代码附后)。

⑤本表"纳税人名称"栏,填写纳税人单位名称全称,不得填写简称,应加盖纳税人单位公章。

⑥本表"法定代表人姓名"栏,填写纳税人法定代表人的姓名。

⑦本表"注册地址"栏,填写纳税人税务登记证所注明的详细地址。

⑧本表"营业地址"栏,填写纳税人营业地的详细地址。

⑨本表"开户银行及账号"栏,填写纳税人开户银行的名称和纳税人在该银行的结算账户号码。

⑩本表"企业登记注册类型"栏,按税务登记证填写。

⑪本表"电话号码"栏,填写纳税人注册地和经营地的电话号码。

⑫本表中"一般货物及劳务"是指享受即征即退的货物及劳务以外的其他货物及劳务。

⑬本表中"即征即退货物及劳务"是指纳税人按照税法规定享受即征即退税收优惠政策的货物及劳务。

⑭本表第1项"(一)按适用税率征货物及劳务销售额"栏数据,填写纳税人本期按适用税率缴纳增值税的应税货物和应税劳务的销售额(销货退回的销售额用负数表示),包括在财务上不作销售但按税法规定应缴纳增值税的视同销售货物和价外费用销售额,税务、财政、审计部门检查按适用税率计算调整的销售额。"一般货物及劳务"的"本月数"栏数据与"即征即退货物及劳务"的"本月数"栏数据之和,应等于《附表一》第7栏的"小计"中的"销售额"数。"本年累计"栏数据,应为年度内各月数之和。

⑮本表第2项"应税货物销售额"栏数据,填写纳税人本期按适用税率缴纳增值税的应税货物的销售额(销货退回的销售额用负数表示),包括在财务上不作销售但按税法规定应缴纳增值税的视同销售货物和价外费用销售额。"一般货物及劳务"的"本月数"栏数据与"即征即退货物及劳务"的"本月数"栏数据之和,应等于《附表一》第5栏的"应税货物"中17%税率"销售额"与13%税率"销售额"的合计数。"本年累计"栏数据,应为年度内各月数之和。

⑯本表第3项"应税劳务销售额"栏数据,填写纳税人本期按适用税率缴纳增值税的应税劳务的销售额。"一般货物及劳务"的"本月数"栏数据与"即征即退货物及劳务"的"本月数"栏数据之和,应等于《附表一》第5栏的"应税劳务"中的"销售额"数。"本年累计"栏数据,应为年度内各月数之和。

⑰本表第4项"纳税检查调整的销售额"栏数据,填写纳税人本期因税务、财政、审计部门检查,并按适用税率计算调整的应税货物和应税劳务的销售额。但享受即征即退税收优惠政策的货物及劳务经税务稽查发现偷税的,不得填入"即征即退货物及劳务"部分,而应将本部分销售额在"一般货物及劳务"栏中反映。"一般货物及劳务"的"本月数"栏数据应等于《附表一》第6栏的"小计"中的"销售额"数。"本年

累计"栏数据,应为年度内各月数之和。

⑱本表第5项"按简易征收办法征税货物的销售额"栏数据,填写纳税人本期按简易征收办法征收增值税货物的销售额(销货退回的销售额用负数表示),包括税务、财政、审计部门检查,并按简易征收办法计算调整的销售额。"一般货物及劳务"的"本月数"栏数据与"即征即退货物及劳务"的"本月数"栏数据之和,应等于《附表一》第14栏的"小计"中的"销售额"数。"本年累计"栏数据,应为年度内各月数之和。

⑲本表第6项"其中:纳税检查调整的销售额"栏数据,填写纳税人本期因税务、财政、审计部门检查,并按简易征收办法计算调整的销售额,但享受即征即退税收优惠政策的货物及劳务经税务稽查发现偷税的,不得填入"即征即退货物及劳务"部分,而应将本部分销售额在"一般货物及劳务"栏中反映。"一般货物及劳务"的"本月数"栏数据应等于《附表一》第13栏的"小计"中的"销售额"数。"本年累计"栏数据,应为年度内各月数之和。

⑳本表第7项"免、抵、退办法出口货物销售额"栏数据,填写纳税人本期执行免、抵、退办法出口货物的销售额(销货退回的销售额用负数表示),不包括外贸企业出口免税货物销售额。"本年累计"栏数据,应为年度内各月数之和。

㉑本表第8项"免税货物及劳务销售额"栏数据,填写纳税人本期按照税法规定直接免征增值税的货物及劳务的销售额及适用零税率的货物及劳务的销售额(销货退回的销售额用负数表示),包括外贸企业出口免税货物以及外贸企业作价销售进料加工进口料件的销售额,但不包括适用免、抵、退办法出口货物的销售额。"一般货物及劳务"的"本月数"栏数据,应等于《附表一》第18栏的"小计"中的"销售额"数。"本年累计"栏数据,应为年度内各月数之和。

㉒本表第9项"免税货物销售额"栏数据,填写纳税人本期按照税法规定直接免征增值税货物的销售额及适用零税率货物的销售额(销货退回的销售额用负数表示),包括外贸企业出口免税货物以及外贸企业作价销售进料加工进口料件的销售额,但不包括适用免、抵、退办法出口货物的销售额。"一般货物及劳务"的"本月数"栏数据,应等于《附表一》第18栏的"免税货物"中的"销售额"数。"本年累计"栏数据,应为年度内各月数之和。

㉓本表第10项"免税劳务销售额"栏数据,填写纳税人本期按照税法规定直接免征增值税劳务的销售额及适用零税率劳务的销售额(销货退回的销售额用负数表示)。"一般货物及劳务"的"本月数"栏数据,应等于《附表一》第18栏的"免税劳务"中的"销售额"数。"本年累计"栏数据,应为年度内各月数之和。

㉔本表第11项"销项税额"栏数据,填写纳税人本期按适用税率计征的销项税额。"一般货物及劳务"的"本月数"栏数据与"即征即退货物及劳务"的"本月数"栏数据之和,应等于《附表一》第7栏的"小计"中的"销项税额"数。"本年累计"栏数据,应为年度内各月数之和。

㉕本表第12项"进项税额"栏数据,填写纳税人本期申报抵扣的进项税额。该数据应与"应交税金——应交增值税"明细账户借方"进项税额"专栏本期发生数一致。"一般货物及劳务"的"本月数"栏数据与"即征即退货物及劳务"的"本月数"栏数据之和,应等于《附表二》第12栏中的"税额"数。"本年累计"栏数据,应为年度内各月数之和。

㉖本表第13项"上期留抵税额"栏数据,为纳税人前一申报期的"期末留抵税额"数,如本期发生留抵抵减欠税,则为抵减欠税后的余额。

㉗本表第14项"进项税额转出"栏数据,填写纳税人已经抵扣但按税法规定应作进项税转出的进项税额总数,但不包括销售折扣、折让,销货退回等应负数冲减当期进项税额的数额。"一般货物及劳务"的"本月数"栏数据与"即征即退货物及劳务"的"本月数"栏数据之和,应等于《附表二》第13栏中的"税额"数。"本年累计"栏数据,应为年度内各月数之和。

㉘本表第15项"免、抵、退货物应退税额"栏数据,填写退税机关按照出口货物免、抵、退办法核实审批的应退税额。"本年累计"栏数据,应为年度内各月数之和。

㉙本表第16项"按适用税率计算的纳税检查应补缴税额"栏数据,填写税务、财政、审计部门检查按适用税率计算的纳税检查应补缴税额,包括纳税检查查补的进项税额转出。"本年累计"栏数据,应为年度内各月数之和。此项数据反映的是实际查补数,并非查补抵减留抵税额后的数据。

㉚本表第17项"应抵扣税额合计"栏数据,填写纳税人本期应抵扣进项税额的合计数。

㉛本表第18项"实际抵扣税额"栏数据,填写纳税人本期实际抵扣的进项税额。"本年累计"栏数据,应为年度内各月数之和。

㉜本表第19项"按适用税率计算的应纳税额"栏数据,填写纳税人本期按适用税率计算并应缴纳的增值税额。"本年累计"栏数据,应为年度内各月数之和。

㉝本表第20项"期末留抵税额"栏数据,为纳税人在本期销项税额中尚未抵扣完,留待下期继续抵扣的进项税额。该数据应与"应交税金——应交增值税"明细账户借方月末余额一致。

㉞本表第21项"按简易征收办法计算的应纳税额"栏数据,填写纳税人本期按简易征收办法计算并应缴纳的增值税额,但不包括按简易征收办法计算的纳税检查应补缴税额。"一般货物及劳务"的"本月数"栏数据与"即征即退货物及劳务"的"本月数"栏数据之和,应等于《附表一》第12栏的"小计"中的"应纳税额"数。"本年累计"栏数据,应为年度内各月数之和。

㉟本表第22项"按简易征收办法计算的纳税检查应补缴税额"栏数据,填写纳税人本期因税务、财政、审计部门检查并按简易征收办法计算的纳税检查应补缴税额。"一般货物及劳务"的"本月数"栏数据应等于《附表一》第13栏的"小计"中的

"应纳税额"数。"本年累计"栏数据,应为年度内各月数之和。

㊱本表第 23 项"应纳税额减征额"栏数据,填写纳税人本期按照税法规定减征的增值税应纳税额。"本年累计"栏数据,应为年度内各月数之和。

㊲本表第 24 项"应纳税额合计"栏数据,填写纳税人本期应缴增值税的合计数。"本年累计"栏数据,应为年度内各月数之和。

㊳本表第 25 项"期初未缴税额(多缴为负数)"的"本月数"栏数据,为纳税人前一申报期的"期末未缴税额(多缴为负数)";"本年累计"栏数据,为纳税人上年度末的"期末未缴税额(多缴为负数)"。

㊴本表第 26 项"实收出口开具专用缴款书退税额"栏数据,填写纳税人本期实际收到税务机关退回的,因开具《出口货物税收专用缴款书》而多缴的增值税款。该数据应根据"应交税金——未交增值税"明细账户贷方本期发生额中"收到税务机关退回的多缴增值税款"数据填列,包括本期应退抵减欠税额。"本年累计"栏数据,为年度内各月数之和。对于个别企业由于月底税务机关与企业核算的不同步,企业申报数与税务机关 TAIS 数据不一致的,按税务机关数据调整。

㊵本表第 27 项"本期已缴税额"栏数据,是指纳税人本期实际缴纳的增值税额,但不包括本期入库的查补税款。"本年累计"栏数据,为年度内各月数之和。

㊶本表第 28 项"①分次预缴税额"栏数据,填写纳税人本期分次预缴的增值税额。

㊷本表第 29 项"②出口开具专用缴款书预缴税额"栏数据,填写纳税人本期销售出口货物而开具专用缴款书向主管税务机关预缴的增值税额。

㊸本表第 30 项"③本期缴纳上期应纳税额"栏数据,填写纳税人本期上缴上期应缴未缴的增值税款,包括缴纳上期按简易征收办法计提的应缴未缴的增值税额、本期应退抵减上期应纳税额。"本年累计"栏数据,为年度内各月数之和。

㊹本表第 31 项"④本期缴纳欠缴税额"栏数据,填写纳税人本期实际缴纳的增值税欠税额,包括本期应退抵减欠税额,但不包括缴纳入库的查补增值税额。"本年累计"栏数据,为年度内各月数之和。

㊺本表第 32 项"期末未缴税额(多缴为负数)"栏数据,为纳税人本期期末应缴未缴的增值税额,但不包括纳税检查应缴未缴的税。"本年累计"栏与"本月数"栏数据相同。

㊻本表第 33 项"其中:欠缴税额(≥0)"栏数据,为纳税人按照税法规定已形成欠税的数额。

㊼本表第 34 项"本期应补(退)税额"栏数据,为纳税人本期应纳税额中应补缴或应退回的数额。

㊽本表第 35 项"即征即退实际退税额"栏数据,填写纳税人本期因符合增值税即征即退优惠政策规定,而实际收到的税务机关返还的增值税额。"本年累计"栏数据,为年度内各月数之和。

㊾本表第36项"期初未缴查补税额"栏数据,为纳税人前一申报期的"期末未缴查补税额"。"本年累计"栏数据应填写纳税人上年度末的"期末未缴查补税额"数。

㊿本表第37项"本期入库查补税额"栏数据,填写纳税人本期因税务、财政、审计部门检查而实际入库的增值税款,包括:按适用税率计算并实际缴纳的查补增值税款;按简易征收办法计算并实际缴纳的查补增值税款;本期查补税款抵减留抵税额。"本年累计"栏数据,为年度内各月数之和。

(51)本表第38项"期末未缴查补税额"栏数据,为纳税人纳税检查本期期末应缴未缴的增值税额。该数据与本表的第32项"期末未缴税额(多缴为负数)"栏数据之和,应与"应交税费——未交增值税"明细账户期初余额一致。"本年累计"栏与"本月数"栏数据相同。

**(2)小规模纳税人的增值税纳税申报的格式和填制方法**

1)小规模纳税人申报表的格式见表2-10。

表2-10 增值税纳税申报表(适用小规模纳税人)

纳税人识别号：□□□□□□□□□□□□□□□
纳税人名称(公章)： 金额单位:元(列至角分)
税款所属期： 年 月 日至 年 月 日 填表日期 年 月 日

| | 项 目 | 栏次 | 本期数 | 三年累计 |
|---|---|---|---|---|
| 一、计税依据 | (一)应征增值税货物及劳务不含税销售额 | 1 | | |
| | 其中:税务机关代开的增值税专用发票不含税销售额 | 2 | | |
| | 税控器具开具的普通发票不含税销售额 | 3 | | |
| | (二)销售使用过的应税固定资产不含税销售额 | 4 | | |
| | 其中:税控器具开具的普通发票不含税销售额 | 5 | | |
| | (三)免税货物及劳务销售额 | 6 | | |
| | 其中:税控器具开具的普通发票销售额 | 7 | | |
| | (四)出口免税货物销售额 | 8 | | |
| | 其中:税控器具开具的普通发票销售额 | 9 | | |
| 二、税款计算 | 本期应纳税额 | 10 | | |
| | 本期应纳税额减征额 | 11 | | |
| | 应纳税额合计 | 12=10−11 | | |
| | 本期预缴税额 | 13 | | — |
| | 本期应补(退)税额 | 14=12−13 | | — |

续表 2-10

| 纳税人或代理人声明：<br>此纳税申报表是根据国家税收法律的规定填报的，我确定它是真实的、可靠的、完整的。 | 如纳税人填报，由纳税人填写以下各栏： | |
|---|---|---|
| | 办税人员（签章）： | 财务负责人（签章）： |
| | 法定代表人（签章）： | 联系电话： |
| | 如委托代理人填报，由代理人填写以下各栏： | |
| | 代理人名称： 经办人（签章）： | 联系电话： |
| | 代理人（公章）： | |

受理人： 受理日期： 年 月 日 受理税务机关（签章）：

本表为竖式一式三份，一份纳税人留存，一份主管税务机关留存、一份征收部门留存。

2）增值税纳税申报表（适用于小规模纳税人）填表说明。本申报表适用于增值税小规模纳税人（以下简称纳税人）填报。

①本表"税款所属期"是指纳税人申报的增值税应纳税额的所属时间，应填写具体的起止年、月、日。

②本表"纳税人识别号"栏，填写税务机关为纳税人确定的识别号，即税务登记证号码。

③本表"纳税人名称"栏，填写纳税人单位名称全称，不得填写简称。

④本表第1项"应征增值税货物及劳务不含税销售额"栏数据，填写应征增值税货物及劳务的不含税销售额，包含通过税务机关窗口代开的以及纳税人通过税控器具开具的应征增值税货物及劳务的不含税销售额；不包含销售自己使用过的应税固定资产和旧货的不含税销售额、免税货物及劳务销售额、出口免税货物销售额、稽查查补销售额。

⑤本表第2项"税务机关代开的增值税专用发票不含税销售额"栏数据，填写税务机关代开的增值税专用发票的不含税销售额合计。

⑥本表第3项"税控器具开具的普通发票不含税销售额"栏数据，填写纳税人通过税控器具开具的应征增值税货物及劳务的普通发票换算的不含税销售额。

⑦本表第4项"销售使用过的应税固定资产不含税销售额"栏数据，填写纳税人销售自己使用过的固定资产和旧货按3％征收率换算的不含税销售额，按下列公式确定不含税销售额和应纳税额：

不含税销售额＝含税销售额/(1+3％)

应纳税额＝ 不含税销售额×2％

⑧本表第5项"税控器具开具的普通发票不含税销售额"栏数据，填写纳税人销售自己使用过的固定资产和旧货时，通过税控器具开具的普通发票不含税销售额。

⑨本表第6项"免税货物及劳务销售额"栏数据，填写销售免征增值税货物及劳

务的销售额。

⑩本表第 7 项"税控器具开具的普通发票销售额"栏数据,填写纳税人销售免税货物及劳务时,通过税控器具开具的普通发票金额。

⑪本表第 8 项"出口免税货物销售额"栏数据,填写出口免税货物的销售额。

⑫本表第 9 项"税控器具开具的普通发票销售额"栏数据,填写通过税控器具开具的出口免税货物的普通发票金额。

⑬本表第 10 项"本期应纳税额"栏数据,填写本期按征收率计算缴纳的应纳增值税税额。

⑭本表第 11 项"本期应纳税额减征额"栏数据,填写根据相关的增值税优惠政策计算的应纳增值税税额减征额。

⑮本表第 12 项"本期预缴税额"栏数据,填写纳税人本期预缴的增值税额,但不包括稽查补缴的应纳增值税额。

## 第五节 增值税专用发票

专用发票是增值税一般纳税人销售货物或者提供应税劳务开具的发票,是购买方支付增值税额,并可按照增值税有关规定据以抵扣增值税进项税额的凭证。修订后的《增值税专用发票使用规定》中明确指出,一般纳税人应通过增值税防伪税控系统使用专用发票,使用包括领购、开具、缴销、认证纸质专用发票及其相应的数据电文。

### 一、增值税专用发票的领购

增值税专用发票只限于增值税一般纳税人使用,纳税人首次办理领购发票前,需到主管税务机关领取《发票购领证申请审批表》,并按规定填写完整。

(一)增值税专用发票的领购程序

根据国家税务总局规定:"从 2003 年 7 月 1 日起,增值税一般纳税人必须通过防伪税控系统开具专用发票,同时全国统一废止增值税一般纳税人所用的手写版专用发票"。凡增值税一般纳税人第一次领购电脑专用发票时,需按以下程序办理:

①凡需使用增值税专用发票的增值税一般纳税人,必须纳入防伪税控。纳入防伪税控的企业应按辖区所在地主管的税务局(或税务所)开具《增值税防伪税控系统使用通知书》的规定接受防伪税控的操作培训,并按要求购置通用设备(计算机和打印机)和防伪税控专用设备(金税卡和 IC 卡)。

②经操作培训后,向辖区内主管的税务局(或税务所)领取并填报《防伪税控企业认定(变更)登记表》同时附上:加盖有增值税一般纳税人确认章的税务登记证副本复印件;工商执照复印件;一般纳税人审批表复印件;经办人和企业法人代表的身份证及近期一寸彩照;经服务单位培训合格,发放的本单位开票员培训"结业证";税

务机关要求报送的其他资料交主管的管理员初审,税务局(或税务所)领导审核,税政科审定,局长审批。

③根据局长审批内容,由税控服务商进行专用设备(金税卡和IC卡)的发行;税政部门进行电脑发票限额限量核定。最后凭核定的限量、限额持IC卡、专用发票领购簿到征收局购买电脑增值税专用发票。

(二)增值税专用发票的领购要求

①电脑版专用发票发售目前实行集中发售的方式:所有防伪税控企业统一在票证管理中心领购电脑版专用发票。

②纳税人在每月10日前,必须先到主管税务机关办理抄税报税后,才能到电脑发票发售点购买发票。

③购买电脑版专用发票实行验旧供新、限量发售制度。防伪税控企业每次购买发票时,必须携带IC卡、《增值税专用发票领购簿》、前一次领购的专用发票存根联,在征收局领购电脑版专用发票。

## 二、增值税专用发票的开具

(一)增值税专用发票的样本及基本内容

**(1)增值税专用发票格式和联次** 增值税专用发票的格式见表2-11、表2-12、表2-13。由基本联次或者基本联次附加其他联次构成,基本联次为三联:第一联,税款抵扣联,作为购买方报送主管税务机关认证和留存备查的凭证;第二联,发票联,作为购买方核算采购成本和增值税进项税额的记账凭证;第三联,记账联,作为销售方核算销售收入和增值税销项税额的记账凭证。其他联次用途由一般纳税人自行确定。

表2-11　　　　　　　　增值税专用发票　　　№ 03568698
　　　　　　　　　　　　抵扣联　　　　　　　开票日期: 年 月 日

| 购货单位 | 名称: | | | | 密码区 | | | 第一联抵扣联购货方抵税凭证 |
|---|---|---|---|---|---|---|---|---|
| | 纳税人识别号: | | | | | | | |
| | 地址、电话: | | | | | | | |
| | 开户银行及账号: | | | | | | | |
| 货物或应税劳务名称 | 规格型号 | 单位 | 数量 | 单价 | 金额 | 税率 | 税额 | |
| | | | | | | | | |
| 合计 | | | | | | | | |
| 价税合计(大写) | | | | (小写) | | | | |
| 销货单位 | 名称: | | | | 备注 | | | |
| | 纳税人识别号: | | | | | | | |
| | 地址、电话: | | | | | | | |
| | 开户行及账号: | | | | | | | |

收款人:　　　　复核:　　　　开票人:　　　　销货单位:

增值税纳税实务

**表 2-12**　　　　　　　增值税专用发票　　　　№ 03568698
　　　　　　　　　　　　　　发票联　　　　　　开票日期：　年　月　日

| 购货单位 | 名称： | | | | | | | |
| | 纳税人识别号： | | | | 密码区 | | | |
| | 地址、电话： | | | | | | | |
| | 开户银行及账号 | | | | | | | |
| 货物或应税劳务名称 | | 规格型号 | 单位 | 数量 | 单价 | 金额 | 税率 | 税额 |
| | | | | | | | | |
| 合计 | | | | | | | | |
| 价税合计（大写） | | | | | （小写） | | | |
| 销货单位 | 名称： | | | | 备注 | | | |
| | 纳税人识别号： | | | | | | | |
| | 地址、电话： | | | | | | | |
| | 开户行及账号 | | | | | | | |

收款人：　　　　　复核：　　　　　开票人：　　　　　销货单位：

**表 2-13**　　　　　　　增值税专用发票　　　　№ 03568698
　　　　　　　　　　　　　　记账联　　　　　　开票日期：　年　月　日

| 购货单位 | 名称： | | | | | | | |
| | 纳税人识别号： | | | | 密码区 | | | |
| | 地址、电话： | | | | | | | |
| | 开户银行及账号 | | | | | | | |
| 货物或应税劳务名称 | | 规格型号 | 单位 | 数量 | 单价 | 金额 | 税率 | 税额 |
| | | | | | | | | |
| 合计 | | | | | | | | |
| 价税合计（大写） | | | | | （小写） | | | |
| 销货单位 | 名称： | | | | 备注 | | | |

收款人：　　　　　复核：　　　　　开票人：　　　　　销货单位：

　　(2)**增值税发票的基本内容**　包括购货单位名称、纳税人登记号、开户银行及账号、商品或劳务名称、计量单位、数量单价、金额、销货方单位名称、纳税人登记号、开户银行及账号、字轨号码、开具时间、开具单位的财务专用章或发票专用章。如果是代扣、代收、委托代征税款的，其发票内容应当包括代扣、代收、委托代征税种的税率和代扣、代收、委托代征的税额。

　　(3)**开票限额规定**　增值税专用发票实行最高开票限额管理。最高开票限额是指单份专用发票开具的销售额合计数不得达到的上限额度。最高开票限额由一般纳税人申请,税务机关依法审批。最高开票限额为10万元及以下的,由区县级税务机关审批;最高开票限额为100万元的,由地市级税务机关审批,最高开票限额为1000万元及以上的,由省级税务机关审批。防伪税控系统的具体发行工作由区县级税务机关负责。一般纳税人申请最高开票限额时,需填报《最高开票限额申请表》。

(二)增值税专用发票开具的范围

增值税专用发票只限于增值税的一般纳税人领购使用,增值税的小规模纳税人和非增值税纳税人不得领购使用。

一般纳税人销售货物(包括视同销售货物在内)、应税劳务,根据增值税实施细则规定应当征收增值税的非应税劳务(以下简称销售应税项目),应向索取专用发票的购买方开具专用发票,并在增值税专用发票上分别注明销售额和销项税额。下列情形的不得开具专用发票:

①向消费者个人销售货物或应税劳务。
②销售适合免税规定货物或应税劳务。
③销售报关出口的货物、在境外销售应税劳务。
④将货物用于非应税项目。
⑤将货物用于集体福利或个人消费。
⑥提供非应税劳务(应当征收增值税的除外)、转让无形资产或销售不动产。
⑦向小规模纳税人销售应税项目,可以不开具专用发票。
⑧商业零售的烟、酒、食品、服装、鞋帽(不包括劳保专用的部分)、化妆品等消费品不得开具专用发票。

增值税一般纳税人购货时,取得专用发票后,凭票抵扣税款;取得普通发票后,除特殊情况外,不得抵扣进项税额。特殊情况指购进农产品(凭普通发票或收购凭证抵扣13%)、对外支付运费(凭运输单位开具的普通发票抵扣7%)。

增值税小规模纳税人销售货物时,本企业只能开出普通发票(内含3%的增值税),将发票中的含税价换算成不含税价后,入销售账;特殊情况下,工业小规模可以委托税务所代开专用发票(税率仍为3%)。增值税小规模纳税人进货时,无论取得何种发票,都应将进货所有支出打入进货成本,不存在抵扣问题。

(三)增值税专用发票的开具要求

①字迹清楚。
②不得涂改。
③项目填写齐全。
④票、物相符,票面金额与实际收取的金额相符。
⑤各项目内容正确无误。
⑥全部联次一次填开,上、下联的内容和金额一致。
⑦发票联和抵扣联加盖财务专用章或发票专用章。
⑧按照规定的时限开具专用发票,不得提前和滞后。

⑨不得开具伪造的专用发票。
⑩不得拆本使用专用发票。
⑪不得开具票样与国家税务总局统一制定的票样不相符合的专用发票。

开具的专用发票有不符合上列要求者,不得作为扣税凭证,购买方有权拒绝。凡已开具发票未入账的,按偷税论处。

(四)小规模纳税人代开增值税专用发票

小规模纳税人销售货物或者提供应税劳务不能使用增值税专用发票。能够认真履行纳税义务的小规模企业,经县(市)税务局批准,其销售货物或应税劳务可由税务所代开专用发票。税务机关应将代开专用发票的情况造册详细登记备查。

为小规模企业代开专用发票,应在专用发票"单价"栏和"金额"栏分别填写不含其本身应纳税额的单价和销售额;"税率"栏填写增值税征收率3%;"税额"栏填写其本身应纳的税额,即按销售额依照3%征收率计算增值税额。一般纳税人取得由税务所代开的专用发票后,应以专用发票上填写的税额为进项税额。

## 三、增值税专用发票的认证

纳税人取得防伪税控系统开具的增值税专用发票抵扣联,必须在纳税申报之前到主管税务机关进行认证。税务机关认证后,向纳税人下达"认证结果通知书"和"认证结果清单"。对于认证不符及密文有误的抵扣联,税务机关暂不予抵扣,并当场扣留作调查处理。未经认证的,不得申报抵扣。

经认证,有下列情形之一的,不得作为增值税进项税额的抵扣凭证,税务机关退还原件,购买方可要求销售方重新开具专用发票:无法认证;纳税人识别号认证不符;专用发票代码、号码认证不符。

经认证,有下列情形之一的,暂不得作为增值税进项税额的抵扣凭证,税务机关扣留原件,查明原因,分情况进行处理:重复认证;密文有误;认证不符;列为失控专用发票。

专用发票抵扣联无法认证的,可使用发票联到主管税务机关认证,发票联复印件留存备查。

## 四、退货、折让和错开发票的处理

增值税一般纳税人开具增值税专用发票后,发生销货退回、销售折让以及开票有误等情况需要开具红字专用发票的,视不同情况分别按以下办法处理:

①因专用发票抵扣联、发票联均无法认证的,由购买方填报《开具红字增值税专用发票申请单》(以下简称申请单),并在申请单上填写具体原因以及相对应蓝字专用发票的信息,主管税务机关审核后出具《开具红字增值税专用发票通知单》。购买方不作进项税额转出处理。

②购买方所购货物不属于增值税扣税项目范围,取得的专用发票未经认证的,由购买方填报申请单,并在申请单上填写具体原因以及相对应蓝字专用发票的信息,主管税务机关审核后出具通知单。购买方不作进项税额转出处理。

③因开票有误购买方拒收专用发票的,销售方须在专用发票认证期限内向主管税务机关填报申请单,并在申请单上填写具体原因以及相对应蓝字专用发票的信息,同时提供由购买方出具的写明拒收理由、错误具体项目以及正确内容的书面材料,主管税务机关审核确认后出具通知单。销售方凭通知单开具红字专用发票。

④因开票有误等原因尚未将专用发票交付购买方的,销售方须在开具有误专用发票的次月内向主管税务机关填报申请单,并在申请单上填写具体原因以及相对应蓝字专用发票的信息,同时提供由销售方出具的写明具体理由、错误具体项目以及正确内容的书面材料,主管税务机关审核确认后出具通知单。销售方凭通知单开具红字专用发票。

⑤发生销货退回或销售折让的,除按照《通知》的规定进行处理外,销售方还应在开具红字专用发票后将该笔业务的相应记账凭证复印件报送主管税务机关备案。

### 五、对丢失已开具专用发票的发票联和抵扣联的处理

①一般纳税人丢失已开具专用发票的发票联和抵扣联,如丢失前已认证相符的,购买方凭销售方提供的相应专用发票记账联复印件及销售方所在地主管税务机关出具的丢失专用发票已报税证明单,经购买方主管税务机关审核同意后,可作为增值税进项税额抵扣凭证。

②一般纳税人丢失已开具专用发票的发票联和抵扣联,如果丢失前未认证的,购买方凭销售方提供的相应专用发票记账联复印件到主管税务机关进行认证,认证相符的,凭该记账联复印件及销售方所在地主管税务机关出具的丢失专用发票已报税证明单,经购买方主管税务机关审核同意后,可作为增值税进项税额的抵扣凭证。

③一般纳税人丢失已开具专用发票的抵扣联,如果丢失前已认证相符的,可使用发票联复印件留存备查;如果丢失前未认证的,可使用发票联到税务机关认证,发票联复印件留存备查。

④一般纳税人丢失已开具专用发票的发票联,可将抵扣联作为记账凭证,抵扣联复印件留存备查。

## 第六节 增值税的出口退税

出口货物退(免)税是指在国际贸易业务中,对报关出口的货物退还或免征其在国内各生产和流通环节按税法规定缴纳的增值税,即对增值税出口货物实行零税率。零税率有两层含义:一是对本道环节生产或销售货物的增值部分免征增值税;二是对出口货物前道环节所含的进项税额进行退付。

### 一、出口退(免)税的基本规定

由于各种货物出口前涉及征免税情况有所不同,我国的出口货物税收政策分为以下三种形式:

### （一）出口免税并退税

出口免税是指货物在出口环节不征增值税、消费税，这是把货物出口环节与出口前的销售环节都同样视为一个征税环节；出口退税是指对货物在出口前实际承担的税收负担，按规定的退税率计算后予以退还。适用这一政策的企业有：

①生产企业自营出口或委托外贸企业代理出口的自产货物。

②有出口经营权的外贸企业，收购后直接出口或委托其他外贸企业代理出口的货物。

③其他特定出口的货物。如对外承包工程公司运出境外用于对外承包项目的货物；对外承接修理、修配业务的企业用于对外修理、修配的货物；外轮供应公司、远洋运输供应公司销售给外轮、远洋国轮的货物；利用国际金融组织或外国政府贷款采取国际招标方式，由国内企业中标销售的机电产品；企业在国内采购并运往境外作为在国外投资的货物，以及税法规定的其他共有21类特定出口的货物。

需要强调的是，除上述企业出口货物准予退（免）税外，其他非生产性企业委托外贸企业出口的货物不予退（免）税，这是对一般无进出口经营权的商贸企业进行出口贸易的限制。

### （二）出口免税不退税

在货物出口销售环节不征增值税、消费税；出口不退税指适用这个政策的出口货物因在前一道生产、销售或进口环节是免税的，因此，出口时该货物的价格中就不含税，也无须退税。

下列企业出口的货物，除另有规定外，给予免税，但不予退税：生产型小规模纳税人出口货物；外贸企业从小规模纳税人手中购进并持普通发票的货物（除12类特准退税货物外）出口，外贸企业直接购进国家规定的免税货物（包括免税农产品）。

### （三）出口不免税也不退税

出口不免税指对国家限制或禁止出口的某些货物的出口环节视同内销环节，照常征税；出口不退税指对这些货物出口不退还出口前其所负担的税款。适用这个政策的主要是税法列举的限制或禁止出口的货物，如出口的原油；援外出口货物（不包括利用中国政府的援外优惠贷款和合作基金方式下出口的货物）；天然牛黄、麝香、白金等。

出口货物免税并退税的适用范围：除列举的出口免税不退税和出口不免税也不退税项目外，企业出口凡属于已征或应征增值税、消费税的货物，都是出口货物免税并退税的货物范围。但适用出口免税并退税的货物一般应具备以下四个条件：必须属于增值税、消费税征税范围的货物；必须是报关离境的货物；必须是在财务上作销售处理的货物；必须是出口收汇并已核销的货物。

## 二、出口货物增值税的退税率

出口货物的退税率是出口货物的实际退税额与退税计税依据的比例。出口退税作为宏观调控的手段之一,会随着经济形式的变化而调整。自从 1994 年实行增值税以来,我国的出口退税率经过了多次调整,仅 2008 年,为应对复杂多变的国内外经济形式,出口退税政策一年内就进行了 5 次调整。

调整后的出口退税率由调整前的 5％、9％、11％、13％、17％五档变为了 5％、9％、11％、13％、14％、17％六档。

出口企业应将不同退税率的货物分开核算和申报,凡划分不清适用退税率的,一律从低适用退税率计算退免税。

### 三、出口货物免退税额的计算

出口货物只有在适用既免税又退税的政策时,才会涉及如何计算退税问题。我国《出口货物退(免)税管理办法》规定了两种退税计算办法:一是"免、抵、退"办法,主要适用于自营和委托出口自产货物的生产企业;二是"先征后退"办法,目前主要用于收购货物出口的外(工)贸企业。

#### (一)"免、抵、退"办法

生产企业自营或委托外贸企业代理出口自产货物,除另有规定外,增值税一律实行"免、抵、退"办法。"免"指出口销售货物,实行零税率,免征出口环节增值税;"抵"指兼营内销和外销货物的企业,用内销货物的应纳增值税抵顶外销货物应退增值税;"退"指只有当外销货物应退增值税大于内销货物应纳增值税,抵顶后出现负数时,才将不够抵顶的数额退还给出口企业。生产企业出口下列四类产品,视同自产产品给予退税:

①生产企业出口外购的产品,符合条件的,视同自产产品退税。
②生产企业外购的与本企业所生产的产品配套出口的产品,视同自产产品退税。
③集团公司收购成员企业生产的产品,视同自产产品退税。
④生产企业委托加工收回的产品,视同自产产品退税。

"免、抵、退"的计算公式及计算步骤如下:

**(1)当期应纳税额的计算**

①当期不得免征和抵扣的税额＝(当期出口货物销售额－免税购进材料价格)×(当期出口货物征税率－出口货物退税率)

我国出口退税实行的是非全额退税,即出口货物退税率与货物购进时的征税率不同,因此,产品出口后,其进项税额的一部分应由出口企业负担,既不得免征,也不得抵扣,应计入产品销售成本。

②当期应纳税额＝当期内销货物的销项税额－(当期进项税额－当期不得免征和抵扣税额)－上期留抵税额

上期留抵税额是上期内销货物的销项税不足抵扣上期购进货物的进项税额,留待以后继续抵扣的进项税额。

出口货物的销售额＝出口货物离岸价×外汇人民币牌价

出口货物离岸价(FOB)以出口发票计算的离岸价为准。免税购进原材料包括

从国内购进免税原材料和进料加工免税进口料件,其中进料加工免税进口料件的价格为组成计税价格。其计算公式为:

进料加工免税进口料件的组成计税价格=货物到岸价+关税+消费税

如果当期没有免税购进原材料,前述公式中不用考虑免税购进材料价格。

按上述公式计算出的应纳税额若为正数,为当月应上缴税务机关的税额,表明该出口企业当月不存在出口退税,即该出口企业当月虽然有出口货物,但因内销货物应纳税额多,出口货物应退税额用内销货物应纳税额抵顶后,还得向税务机关缴税。

若计算出的应纳税额为负数,则一是由于内销货物的应纳税额小于出口货物的应退税额,此时的负数应为向税务机关申请退税的金额;二是因内销货物本身的销项税额小于其进项税额,这部分的负数值应留到下期继续抵扣。

因此,只有应纳税额出现负数时,才需要通过后面两步骤计算分析,找出实际应向税务机关申请退税的金额。

**(2)当期免抵退税额的计算**

当期免抵退税额=(出口货物销售额-免税购进原材料价格)×出口货物退税率

当期免抵退税额是指当期出口货物,按出口退税率计算的应免抵退税的总额。其中包括当期应退税额和当期免抵税额两部分。

**(3)当期应退税额和免抵税额的计算**

①若期末留抵税额≤当期免抵退税额,则:

当期应退税额=期末留抵税额

当期免抵税额=当期免抵退税额-当期应退税额

②若期末留抵税额>当期免抵退税额,则:

当期应退税额=当期免抵退税额

当期免抵税额=0

期末留抵税额根据当期《增值税纳税申报表》中"期末留抵税额"确定。公式中的"当期"指一个月度。

**【例2-46】** 北京西山股份有限公司是一家有出口经营权的生产企业,为增值税一般纳税人,2008年8月份发生如下业务:

①1日至30日取得内销收入为人民币400万元。共取得增值税进项税额90万元人民币。两种货物退税率均为11%。该企业没有免税购进原材料,期初没有留抵税额。

②6日出口6 000千克制冷机组油,出口收入40万美元(FOB),出口发票号C10808150,出口报关单号169941494001,仅有核销单号116659444,出口商品代码为8418991000,美元汇率为1:6.90。

③10日出口编号8418的印刷品205千克,出口收入9.7万美元(FOB),出口发票号C10808274,出口报关单号518941494201,核销单号116659455,出口商品代码8418999990(单证信息完整),美元汇率为1:7.1134。

【解析】

当期不得免征和抵扣税额＝400 000×6.9×(17％－11％)＋97 000×7.1134×(17％－11％)＝206 999.99(元)(没有免税购进原材料)

当期应纳税额＝4 000 000×17％－(900 000－206 999.99)＝－13 000.01(元)

当期免退税额＝400 000×6.9×11％＋97 000×7.1134×11％
　　　　　＝379 499.98(元)

由于期末留抵税额＝13 000.01(元)

期末留抵税额＜当期免抵退税额,则:

当期应退税额＝13 000.01(元)

当期免抵税额＝379 499.98－13 000.01＝366 499.97(元)

【例2-47】 接上例,9月假定该公司9月份出口收入32万美元(FOB),内销收入为人民币200万元,9月份购进原材料等4 705 882.35元,取得增值税专用发票注明进项税额80万元人民币。本月结转已销产品成本为370万元人民币。美元汇率1∶7.4。

则:当期不得免征和抵扣税额＝320 000×7.4×(17％－11％)＝142 080(元)

当期应纳税额＝2 000 000× 17％－(800 000－142 080)＝－317 920(元)

免抵退税额＝320 000×7.4×11％＝260 480(元)

期末留抵税额＝317 920(元)

期末留抵税额＞当期免抵退税额

当期应退税额＝当期免抵退税额＝260 480(元)

当期免抵税额＝260 480－260 480＝0(元)

下期留抵税额＝317 920－260 480＝57 440(元)

【例2-48】 接上例,假定该公司10月份出口64万美元(FOB),内销收入为人民币350万元,10月份共取得增值税进项税额65万元人民币,美元汇率为1∶7.35。

则:不得免征和抵扣税额＝640 000×7.35×(17％－11％)＝282 240(元)

当期应纳税额＝3 500 000× 17％－(650 000－282 240)－57 440
　　　　　＝169 800(元)

免抵退税额＝640 000×7.35×11％＝517 440(元)

由于期末留抵税额＝0

期末留抵税额＜当期免抵退税额,所以,当期应退税额＝0

当期免抵税额＝517 440(元)

10月份应纳增值税169 800元。

(二)"先征后退"办法

"先征后退"是指出口货物在生产(购货)环节按规定缴纳增值税,货物出口后由收购出口的企业向其主管出口退税的税务机关申请办理出口货物退税。"先征后退"方式目前主要适用于外贸出口企业。

①外贸企业以及实行外贸企业财务制度的工贸企业收购货物出口,其出口销售

环节免征增值税;外贸企业在支付收购货款的同时也支付了生产经营该类商品的企业已纳的增值税税款,因此,在货物出口后应按收购成本与退税率计算退税,退还给外贸企业,征、退之差计入企业成本。

外贸企业出口货物应退增值税,应依据购进出口货物增值税专业发票上注明的购进金额和退税率计算。其计算公式为:

$$应退税额 = 外贸收购不含增值税购进金额 \times 退税率$$

$$\frac{出口货物不含增}{值税的购进价格} = \frac{出口货}{物数量} \times \frac{出口货物购进单价}{或加权平均单价}$$

$$\frac{出口货物不予}{退税的税款} = \frac{出口货物不含增}{值税的购进金额} \times \left(\frac{增值税}{征税率} - \frac{出口货物}{的退税率}\right)$$

【例 2-49】 某外贸出口公司,2008 年 6 月出口购进涤棉布委托加工成服装出口,购进涤棉布取得增值税税控专用发票,注明价款为 200 000 元,增值税征税率为 17%(退税率 13%)。支付该批货物的加工费取得税控专用发票,计税金额 40 000 元(退税率 17%)。当月服装加工完工已全部出口,售价为 45 000 美元(当日汇率为 1 美元=7 元人民币),申请退税的单证齐全。

则:应退税额=200 000×13%+40 000×17%=32 800(元)

②外贸企业收购小规模纳税人出口货物增值税的退税规定。根据《国家税务总局关于调整凭普通发票退税政策的通知》(国税函[2005]248 号)规定,2005 年 4 月 4 日以后报关出口的货物(以出口货物报关单《出口退税专用》上注明的出口日期为准),凡从小规模纳税人购进的出口货物,一律凭增值税专用发票(必须是增值税防伪税控开票系统或防伪税控代开系统开具的增值税专用发票)及有关凭证办理退税。从小规模纳税人商贸企业购进的出口货物,按增值税专用发票上注明的征收率办理退税。计算公式:

$$应退税额 = 增值税专用发票上注明的进项金额 \times 征收率$$

【例 2-50】 某进出口公司 2009 年 4 月购进某小规模纳税人的抽纱工艺品 1 800 打全部出口,取得税务机关代开的增值税专用发票,发票注明价款 50 000 元(退税率 3%)。则:

应退税额=50 000×3%=1 500(元)

### 四、出口(货物)退(免)税的会计核算

出口货物退免税的会计核算包括生产企业出口货物"免、抵、退"税的会计核算和外贸企业出口货物退税的会计核算。

(一)生产企业出口货物"免、抵、退"税的核算

生产企业货物出口销售,按现行规定一律免缴本环节的增值税,并按规定的退税率计算出口货物的进项税额,抵减内销产品的应纳税额。

这类货物免征出口环节增值税,其耗用的购进货物所负担的进项税额,计入"应交税费——应交增值税(进项税额)"账户;按该货物适用的增值税税率与退税率之

差乘以出口货物离岸价折合人民币的金额,计算当期出口货物不予抵扣或退税的税额,借记"主营业务成本"账户,贷记"应交税费——应交增值税(进项税转出)"账户。

企业按照国家规定的退税率计算的出口货物的进项税抵减内销产品的应纳税额时,借记"应交税费——应交增值税(出口抵减内销产品应纳税额)"账户,贷记"应交税费——应交增值税(出口退税)"账户。

对因出口比重大,在规定期限内不足抵减的,不足部分可按有关规定给予退税,借记"其他应收款",贷记"应交税费——应交增值税(出口退税)"账户;

企业在实际收到退回的税款时,借记"银行存款"账户,贷记"其他应收款"账户。

【例2-51】 沿用【例2-46】,作会计分录如下:

①实现内销收入时:

  借:银行存款            4 680 000

    贷:主营业务收入         4 000 000

      应交税费——应交增值税(销项税额)  680 000

②实现出口销售收入时:

  借:银行存款            3 449 999.8

    贷:主营业务收入——外销冷机组油收入  2 760 000

         ——外销印刷品收入   689 999.8

③结转当期不予抵扣税额时:

  借:主营业务成本          206 999.99

    贷:应交税费——应交增值税(进项税额转出)  206 999.99

④抵减内销产品销项税额时:

  借:应交税费——应交增值税(出口抵减内销产品应纳税额)

                  366 499.97

    贷:应交税费——应交增值税(出口退税)  366 499.97

⑤结转应收(或收到)退税款时:

  借:其他应收款(银行存款)       13 000.01

    贷:应交税费——应交增值税(出口退税)  13 000.01

【例2-52】 沿用【例2-47】资料,作会计分录如下:

①购进原材料等时:

  借:原材料             4 705 882.35

    应交税费——应交增值税(进项税额)  800 000

    贷:银行存款           5 505 882.35

②实现内销收入时:

  借:银行存款            2 340 000

    贷:主营业务收入         2 000 000

      应交税费——应交增值税(销项税额)  340 000

增值税纳税实务

③实现出口销售收入时:
　　借:银行存款　　　　　　　　　　　　　　　　　2 368 000
　　　贷:主营业务收入　　　　　　　　　　　　　　　　　2 368 000
④结转产品销售成本时:
　　借:主营业务成本　　　　　　　　　　　　　　　　3 700 000
　　　贷:库存商品　　　　　　　　　　　　　　　　　　　3 700 000
⑤计算出口货物当期不予抵扣或退税的税额,调整出口商品成本时,应作会计分录如下:
　　结转当期不予抵扣或退税的税款:
　　借:主营业务成本　　　　　　　　　　　　　　　　　142 080
　　　贷:应交税费——应交增值税(进项税额转出)　　　　142 080
⑥结转应收退税款:
　　借:其他应收款　　　　　　　　　　　　　　　　　　260 480
　　　贷:应交税费——应交增值税(出口退税)　　　　　　260 480

【例2-53】　沿用【例2-48】,作会计分录如下:
①实现内销收入时:
　　借:银行存款　　　　　　　　　　　　　　　　　　4 095 000
　　　贷:主营业务收入　　　　　　　　　　　　　　　　　3 500 000
　　　　应交税费——应交增值税(销项税额)　　　　　　　595 000
②实现出口销售收入时:
　　借:银行存款　　　　　　　　　　　　　　　　　　4 704 000
　　　贷:主营业务收入　　　　　　　　　　　　　　　　　4 704 000
③结转当期不予抵扣或退税的税款:
　　借:主营业务成本　　　　　　　　　　　　　　　　　282 240
　　　贷:应交税费——应交增值税(进项税额转出)　　　　282 240
④出口抵减内销产品销项税额时:
　　借:应交税费——应交增值税(出口抵减内销产品应纳税额)
　　　　　　　　　　　　　　　　　　　　　　　　　　517 440
　　　贷:应交税费——应交增值税(出口退税)　　　　　　517 440
⑤上交当期应纳增值税时:
　　借:应交税费——应交增值税(已交增值税)　　　　　169 800
　　　贷:银行存款　　　　　　　　　　　　　　　　　　　169 800

(二)外贸企业出口货物退免增值税的核算

外贸企业收购的货物,在购进时,应按增值税专用发票上注明的价款和增值税额,借记"材料采购"、"应交税费——应交增值税(进项税额)"账户,按照应付或实际支付的金额,贷记"应付账款"、"应付票据"、"银行存款"等账户。

货物出口销售后,结转商品销售成本时,借记"主营业务成本"账户,贷记"库存商品";按照出口货物购进时的增值税专用发票上记载的或应分摊的进项税额,与按照国家规定的退税率计算的应退税额的差额,借记"主营业务成本"账户,贷记"应交税费——应交增值税(进项税额转出)"账户。

外贸企业按照规定的退税率计算出应收的出口退税时,借记"其他应收款"账户,贷记"应交税费——应交增值税(出口退税)"账户,收到出口退税款时,借记"银行存款"贷记"其他应收款"账户。

**【例2-54】** 沿用【例2-50】案例,作会计分录如下:

① 购进涤棉布时:

借:库存商品——涤棉布　　　　　　　　　200 000
　　应交税费——应交增值税(进项税额)　34 000
　　贷:银行存款　　　　　　　　　　　　　　　　234 000

② 发出商品委托加工时:

借:委托加工物资　　　　　　　　　　　　200 000
　　贷:库存商品——涤棉布　　　　　　　　　　　200 000

③ 支付加工费时:

借:委托加工物资　　　　　　　　　　　　40 000
　　应交税费——应交增值税(进项税额)　6 800
　　贷:银行存款　　　　　　　　　　　　　　　　46 800

④ 委托加工商品入库时:

借:库存商品——服装　　　　　　　　　　240 000
　　贷:委托加工物资　　　　　　　　　　　　　　240 000

⑤ 取得出口收入:

借:银行存款　　　　　　　　　　　　　　315 000
　　贷:主营业务收入　　　　　　　　　　　　　　315 000

⑥ 结转销售成本时:

借:主营业务成本　　　　　　　　　　　　240 000
　　贷:库存商品——服装　　　　　　　　　　　　240 000

⑦ 计算不予退税的税额如下:

不予抵扣或退税的税额 = 200 000 × (17% − 13%) + 40 000 × (17% − 17%)
　　　　　　　　　　 = 8 000(元)

借:主营业务成本　　　　　　　　　　　　8 000
　　贷:应交税费——应交增值税(进项税额转出)　8 000

⑧ 计算应退增值税额如下:

应退税额 = 200 000 × 13% + 40 000 × 17% = 32 800(元)

借:其他应收款　　　　　　　　　　　　　32 800

　　　　贷：应交税费——应交增值税（出口退税）　　　　32 800
⑨收到退税款时：
　　　　借：银行存款　　　　　　　　　　　　　　　　32 800
　　　　　贷：其他应收款　　　　　　　　　　　　　　32 800

## 五、出口货物退(免)税的管理

### (一)出口货物退(免)税的登记

有进出口经营权的生产企业应按照《国家税务总局关于印发〈出口货物退(免)税管理办法〉的通知》的规定，自取得进出口经营权之日起30日内向主管税务机关申请办理《出口货物退(免)税认定表》(见表2-14)。没有进出口经营权的生产企业应在发生第一笔委托出口业务之前，持代理出口协议向主管税务机关申请办理临时出口退税登记。未办理出口退税登记证的出口企业，一律不予办理出口货物的退税或免税。

表2-14　出口货物退(免)税认定表

编号：

| 经营者中文名称 | | | | | | |
|---|---|---|---|---|---|---|
| 经营者英文名称 | | | | | | |
| 海关代码 | | | | 拼音助记符 | | |
| 电话 | | 传真 | | 邮编 | | |
| 住所 | | | | 电子信箱 | | |
| 经营场所(中文) | | | | | | |
| 经营场所(英文) | | | | | | |
| 纳税人识别号 | | | | 纳税人类型 | 一般纳税人（　）<br>小规模纳税人（　） | |
| 纳税信用等级 | | | | | | |
| 主管征税机关名称 | | | | | | |
| 注册类型 | 代码 | 预算级次 | | 行业归属 | 代码 | 隶属关系 |
| | 文字 | | | | 文字 | |
| 对外贸易经营者备案登记表编号 | | | | 经营者类型 | | |
| 工商登记 | 注册号 | | 企业法人代表(个体工商负责人)姓名 | | | |
| | 注册日期 | | 注册资金(企业资产/个人财产) | | | |
| | 有效期 | | (人民币或美元) | | | |
| 开户银行 | | | | 账号 | | |
| 经营者授权 | 姓名 | | | 电话 | | |
| 办税人员 | 姓名 | | | 电话 | | |

续表 2-14

| 主管外汇管理局 | | | | |
|---|---|---|---|---|
| 附送件： | | | | |
| 出口退税办法的认定 | | | 退税机关认定 | |
| 经营者类型及退税计算方法 | 1. 生产企业免、抵、退税 | | | |
| | 2. 流通企业购进法 | 1. 加权平均法 | | |
| | | 2. 单票对应法 | | |
| | 3. 其他 | | | |
| 纸质凭证申报方式 | 上门申报（ ）<br>邮寄申报（ ） | 电子数据申报方式 | 上门申报（ ）<br>邮寄申报（ ） | |
| 是否分部核算 | 是（ ）否（ ） | 分部核算部门代码 | | |
| 分支机构 | 名称 | 纳税人登记号 | 负责人 | 电话 | 部门代码 |
| | | | | | |
| | | | | | |
| | | | | | |
| 变更登记 | 日期 | 变更项目 | | 经办人 |
| | | | | |
| | | | | |
| | | | | |

认定机关签章　　　　　　　　　　年　　月　　日

出口企业如果发生撤并、变更情况，应于批准撤并、变更之日起 30 日内，向所在地主管出口退税业务的税务机关办理注销或变更退税登记手续。

（二）办理出口退税人员

出口企业应设专职或兼职办理出口退税的人员，经税务机关培训考核后，发给《办税员证》。没有《办税员证》的人员不得办理出口退税业务。企业更换办税员，要及时通知主管其退税业务的税务机关，注销原《办税员证》。凡未及时通知的，原办税员在被更换后与税务机关发生的一切退税活动和责任，均由企业负责。

（三）出口货物退免税的申报

已办理出口退税登记证的生产企业，在货物报关离境并按规定作出销售后，在增值税法定纳税期限内向主管国税机关办理增值税纳税和免、抵申报。

出口企业向征税机关的退税部门办理免、抵、退税申报时，应提供申报表和经征税部门审核签章的当期《增值税申报表》及有关退税凭证。从 2006 年 1 月 1 日起启用新的出口货物退免税申请表；生产企业的申报表有《生产企业出口货物免、抵、退税申报明细表》（见表 2-15）、外贸企业的申报表为《外贸企业出口退税汇总申报表》（见表 2-16）、《生产企业出口货物免、抵、退税申报汇总表》（见表 2-17）。

## 表2-15 生产企业出口货物免、抵、退税申报明细表

企业代码：
企业名称：　　　　　　　所属期：　　年　　月
纳税人认识别号：

单位：元（至角分）

| 序号 | 出口发票号码 | 出口报关单号 | 出口日期 | 代理证明号 | 核销单号 | 出口商品代码 | 出口商品名称 | 计量单位 | 出口数量 | 出口销售额 | | 征税税率 | 退税税率 | 出口销售额乘征退税率之差 | 出口销售额乘退税率 | 海关进料加工手册 | 单证不齐标志 | 备注 |
|---|---|---|---|---|---|---|---|---|---|---|---|---|---|---|---|---|---|---|
| | | | | | | | | | | 美元 | 人民币 | | | | | | | |
| 1 | 2 | 3 | 4 | 5 | 6 | 7 | 8 | 9 | 10 | 11 | 12 | 13 | 14 | 15=12×(13−14) | 16=12×14 | 17 | 18 | 19 |
| | | | | | | | | | | | | | | | | | | |
| | | | | | | | | | | | | | | | | | | |
| | | | | | | | | | | | | | | | | | | |
| | | | | | | | | | | | | | | | | | | |
| 合　计 | | | | | | | | | | | | | | | | | | |

出口企业

兹声明以上申报无讹并愿意承担一切法律责任。

经办人：　　　　　　　财务负责人：　　　　　　　　　　　　　　　　　　　　　　　（公章）
企业负责人：　　　　　　　　　　　　　　　　　　　　　　　　　　　　　　年　　月　　日

退税部门

经办人：　　　复核人：　　　负责人：　　　（章）　　　年　　月　　日

注：①生产企业应按当期出口并在财务上做销售后的所有出口明细填报本表，一式三份。
②对单证不齐的，在"单证不齐标志"栏内做相应标志，缺少报关单的填列A，缺少核销单的填列B，缺少代理证明的填列D，缺少两项以上的同时填列两个以上字母；单证齐全后销号，当期收集齐全的，可在当期免、抵、退税申报时填报本表；本期申报时无单证不齐标志的所属期和申报序号。不齐标志"栏内填列原申报时的所属期和申报序号。"备注"栏内填注ZB标志。退税部门人工审单和计算机审核规定的特殊退税凭证、计算机审核时将做特殊处理。
③中标销售的机电产品，应在"备注"栏内填注ZB标志。

## 第二章

### 表2-16 外贸企业出口货物退税汇总申报表
（适用于增值税一般纳税人）

申报年月：　年　月　　海关申报批次：　　申报日期：　年　月　日

纳税人识别号：　　　　纳税人名称（公章）：

| 出口企业申报 | | 审单情况 | |
|---|---|---|---|
| 出口退税出口明细申报表 | 份、记录 | | |
| 出口报关单 | 张、出口额美元 | 主管退税机关审核 | 年 月 日 金额单位:元（至角分）美元 |
| 代理出口货物证明 | 张、 | 本次机审通过退增值税额 | 元 |
| 收汇核销单 | 张、收汇额美元 | 其中:上期结转疑点退增值税 | 元 |
| 远期收汇证明 | 张、其他凭证 | 本次机审通过退消费税额 | 元 |
| 出口退税进货明细申报表 | 份、记录 | 其中:上期结转疑点退消费税 | 元 |
| 增值税专用发票 | 张、专用税额 | 本次机审疑点数据退增值税额 | 元 |
| 普通发票 | 张、 | 本次机审疑点数据退消费税额 | 元 |
| 其他凭证 | 张、非专用税额 | 结余疑点数据退增值税 | 元 |
| 总退货税金额 | 元、进项税 | 结余疑点数据退消费税 | 元 |
| 本月申报退税额 | 元、消费税 | 授权人申明 | |
| 其中:增值税额 | 元、增值税 | （如果你已委托代理出口货物退税申报人,现授权为本纳税人的代理申报人,为代理出口货物情况,任何来文件都可寄与此人。请填写下列资料） | |
| 其中:消费税 | 元、消费税 | | |
| 申请开具单证 | | | |
| 代理出口货物证明 | 份、记录 | | |
| 代理进口货物证明 | 份、记录 | | |
| 进料加工免税证明 | 份、记录 | | |
| 来料加工免税证明 | 份、记录 | | |
| 出口货物转内销证明 | 份、记录 | | |
| 补办报关单证明 | 份、记录 | | |
| 补办收汇核销单证明 | 份、记录 | | |
| 内销代理扣专用发票 | 张、其他非退税专用发票 | 授权人签字　　　　（盖章）　年　月　日 | |

申报人申明

此表各栏目项报内容是真实、与实际出口货物情况相符、与"四自三不见"等违审出口经营程序的出口业务不属于"四自三不见"，否则本企业愿承担由此产生的相关责任。

企业填表人：　　　　审核人：　　　　　　　　　　（公章）
财务负责人：　　　　签批人：　　　　　　　　　　年　月　日
企业负责人：　　　　　　　　　　　　　　　　　　受理税务机关（签章）

受理日期：　年　月　日　　受理人：

### 表2-17 生产企业出口货物免、抵、退税申报汇总表

纳税人识别号：　　　　　　　纳税人名称(公章)：
海关代码：　　　　税款所属期限：自　年　月　日至　年　月　日
申报日期：　　　　　　　　　　　　　　　　　单位:元(列至角分)

| 项　目 | 栏　次 | 当　期 (a) | 本年累计 (b) | 与增值税纳税申报表差额 (c) |
|---|---|---|---|---|
| 当期免抵退出口货物销售额(美元) | 1 | | | |
| 当期免抵退出口货物销售额 | 2=3+4 | | | |
| 其中：单证不齐销售额 | 3 | | | |
| 　　　单证齐全销售额 | 4 | | | |
| 前期出口货物当期收齐单证销售额 | 5 | | | |
| 单证齐全出口货物销售额 | 6=4+5 | | | |
| 不予免抵退出口货物销售额 | 7 | | | |
| 出口销售额乘征退税率之差 | 8 | | | |
| 上期结转免抵退税不得免征和抵扣税额抵减额 | 9 | | | |
| 免抵退税不得免征和抵扣税额抵减额 | 10 | | | |
| 免抵退税不得免征和抵扣税额 | 11(如8＞9+10则为8－9－10,否则为0) | | | |
| 结转下期免抵退税不得免征和抵扣税额抵减额 | 12(如9+10＞8则为9+10－8,否则为0) | | | |
| 出口销售额乘退税率 | 13 | | | |
| 上期结转免抵退税额抵减额 | 14 | | | |
| 免抵退税额抵减额 | 15 | | | |
| 免抵退税额 | 16(如13＞14+15则为13－14－15,否则为0) | | | |
| 结转下期免抵退税额抵减额 | 17(如14+15＞13则为14+15－13,否则为0) | | | |
| 增值税纳税申报表期末留抵税额 | 18 | | | |
| 计算退税的期末留抵税额 | 19=18－11c | | | |
| 当期应退税额 | 20(如16＞19则为19,否则为16) | | | |
| 当期免抵税额 | 21=16－20 | | | |
| 出口企业申明： | | 退税部门 | | |
| 兹声明以上申报无讹并愿意承担一切法律责任。 经办人： 财务负责人：　　　　　　(公章) 企业负责人：　　　　　　　年　月　日 | | 经办人： 复核人：　　　　　　(章) 负责人：　　　　　年　月　日 | | |

办完增值税纳税申报后,应于每月前(逢节假日顺延),再向主管国税机关申报办理免、抵退税。出口企业若发生撤并、变更情况,应于批准撤并、变更之日起30日内向所在地主管退税业务的税务机关办理注销或变更退税登记手续。

生产企业自货物报关出口之日起,超过6个月未收齐有关出口退(免)税凭证,或未向主管国税机关办理免、抵、退税申报手续的,主管国税机关视同内销货物计税;对已征税的货物,生产企业收齐有关出口库退(免)税凭证后,应在规定的出口退税清算期内向主管国税机关申报,经主管国税机关审核无误的,办理免、抵、退税手续。逾期未申报或已审核但未通过的,主管国税机关不再办理退税。

(四)退税凭证

办理出口退税时,必须提供以下凭证:

①购进出口货物的增值税专用发票(抵扣联)、出口销售发票。申请退消费税的企业,还应提供税收(出口货物专用)缴款书或出口货物完税分割单。

②盖有海关验讫章的出口货物报关单(出口退税专用)。

③由外汇管理部门核准开具的出口收汇核销单(出口退税专用)。

④查账时提供出口货物销售明细账。

⑤有委托业务的需提供由受托方税务机关签发的代理出口证明;有远期收汇业务的需提供由当地外经贸主管部门签发的中、远期结汇证明。

## 第七节 增值税的税务筹划

增值税具有较强的税率弹性,而且我国增值税法的多种项目具有选择性,为各类企业根据本身的实际情况,有针对性地开展税务筹划活动提供了可能性。

### 一、利用纳税身份可选择性进行税务筹划

增值税对一般纳税人和小规模纳税人的差别待遇,为小规模纳税人与一般纳税人进行税务筹划提供了可能性。通常认为,由于一般纳税人可抵扣进项税额,因而小规模纳税人的税负重于一般纳税人,实际并不尽然。我们知道,纳税人进行税务筹划的目的,在于通过减少税负支出,来降低现金流出量。若小规模纳税人转化为一般纳税人反而交税更多的话就适得其反了。

【案例分析】 某工业企业现为小规模纳税人。年应税销售额60万元(不含税),会计核算制度也比较健全,符合作为一般纳税人条件,适用17%增值税率,但该企业可抵扣的购进项目金额只有20万元(不含税)。请对其进行税务筹划。

方案一 若企业申请作为一般纳税人。

则应纳增值税额为 $=60\times17\%-20\times17\%=6.8$(万元)

方案二 若企业仍作为小规模纳税人。

则应纳增值税额为 $=60\times3\%=1.8$(万元)

可见,方案二比方案一少缴增值税5万元(6.8-1.8)。因此,企业应当选择方案二。

## 二、选择不同代销方式进行税务筹划

代销通常有两种方式:一是收取手续费,即受托方根据所代销的商品数量向委托方收取手续费,这对受托方来说是一种劳务收入,应交纳营业税;二是视同买断,即由委托方和受托方签订协议,委托方按协议价收取所代销的货款,实际售价可由双方在协议中明确规定,也可受托方自定,实际售价与协议价之间的差额归受托方所有,委托方不再支付代销手续费。以上两种代销方式对双方的税务处理及总体税负水平是不相同的,合理选择代销方式可达到节税的目的。

【案例分析】 A公司和B公司签订了一项代销协议,由B公司代销A公司的产品,不论采取何种代销方式,A公司的产品在市场上以1 000元/件的价格销售。下面有两种代销方式可以选择,一是收取手续费方式,即B公司以1 000元/件的价格对外销售A公司的产品,根据代销数量,向A公司收取20%的代销手续费;二是视同买断方式,B公司每售出一件产品,A公司按800元的协议价收取货款,B公司在市场上仍要以1 000元的价格销售A公司的产品,实际售价与协议价之差200元/件归B公司所有。假定到年末,B公司共售出该产品1万件,假设对应这1万件产品A公司可抵扣的进项税为70万元。请进行税务筹划(其中,城建税税率为7%,教育费附加征收率为3%)。

方案一 采取收取手续费方式。

A公司:应交增值税=1 000×17%-70=100(万元),应交城建税及教育费附加=100×(7%+3%)=10(万元),A公司应交流转税合计=100+10=110(万元)。

B公司:增值税销项税额与进项税额相等,相抵后,该项业务的应交增值税为零,但B公司采取收取手续费代销方式,属于营业税范围的代理业务,应交纳营业税=200×5%=10(万元),应交城建税及教育费附加=10×(7%+3%)=1(万元),B公司应交流转税合计=10+1=11(万元)。

A公司与B公司应交流转税合计=100+10+10+1=121(万元)。

方案二 采取视同买断方式。

A公司:应交增值税=800×17%-70=66(万元),应交城建税及教育费附加=66×(7%+3%)=6.6(万元),A公司应交流转税合计=66+6.6=72.6(万元)。

B公司:应交增值税=1 000×17%-800×17%=34(万元),应交城建税及教育费附加=34×(7%+3%)=3.4(万元),B公司应交流转税合计=34+3.4=37.4(万元)。

A公司与B公司应交流转税合计=66+6.6+34+3.4=110(万元)。

可见,A公司与B公司合计应交税金减少11万元(121-110)。因此,从双方的共同利益出发,应选择第二种合作方式,即视同买断的代销方式。

但在实际运用时,第二种代销方式会受到限制:在视同买断方式下,双方虽然共节约税款11万元,但A公司节约37.4万元(110-72.6),B公司要多交26.4万元(37.4-11)。A公司可以考虑首先要全额弥补B公司多交的26.4万元,剩余的11万元也要让利给B公司一部分,这样才可以鼓励受托方接受视同买断的代销方式。

### 三、选择合适的购货运输方式进行税务筹划

一般纳税人外购货物和销售货物所支付的运输费用,准予按运费结算单据所列运费的7%扣除率计算抵扣进项税额。运输公司从事运输业需缴纳营业税。企业一般都有自己的运输部门,可按车辆可抵扣物耗金额(汽油、维修费以及其他费用等)的17%作为可以抵扣的进项税。若车辆可抵扣物耗金额比较小的话,其可以抵扣的进项税就更小了。此时我们可以考虑把运输部门分立出来设立运输子公司,这样虽然需按运费的3%缴纳营业税,但也可按运费的7%作为可抵扣的进项税,两者一抵即相当于可按运费的4%来抵税。若运费×4%＞可抵扣物耗金额×17%,则把运输部门分立出来设立运输子公司可节税。具体测算如下:

假定自备车队运输中的可抵扣物耗金额占运费的比重为r,运费总额为M。则:

外购自己独立运输公司运输劳务的方式可抵扣税额＝M×7%－M×3%＝M×4%,

自备车队运输方式的可抵扣税额＝M×r×17%,

当两种方式的抵扣税额相等时,则:M×4%＝M×r×17%,得r=23.53%

当运费结构中可抵扣物耗金额占运费的比重r=23.53%时,自备车队运输与外购自己独立运输公司运输劳务方式的税负相同;当r＞23.53%时,自备车队运输方式可抵扣税额较大,税负较轻;当r＜23.53%时,购货企业可以考虑将自备车队单独出来设立运输子公司,外购自己独立运输公司运输劳务,以降低企业整体税负。

【案例分析】 甲公司为工业企业,属于增值税一般纳税人,预计全年采购原材料共产生运费800万元(假设采购原材料时,甲公司负责货物的运输),其中可抵扣物耗金额100万元,现只有两种运输方式可供选择:一是自备车辆运输;二是将自备车辆设立为独立的运输公司,购买自己独立运输公司的运输劳务。请对其进行税务筹划。

运费结构中可抵扣物耗金额占运费的比重r=100÷800=12.5%＜23.53%,此时应当将自备车队单独出来设立运输子公司,外购自己独立运输公司运输劳务,以降低企业整体税负。具体验证如下:

方案一 若采取自备车辆运输的方式。

则可抵扣税额=100×17%=17(万元)。

方案二 若将自备车辆设立为独立的运输公司,采取购买自己独立运输公司运输劳务的运输方式。

则可抵扣税额=800×7%－800×3%=32(万元)。

可见,方案二比方案一多抵扣税额15万元(32－17),因此购货企业应当采取方案二。

### 四、采购货物渠道选择,实现收益最大

税收负担是企业购货成本的重要组成部分,从不同的供货方购买原材料等货物,企业的负担是不一样的。一方面,企业所需的物资既可以从一般纳税人采购,也可以从小规模纳税人处采购,但由于取得的发票不同,导致了可以扣除的进项税额的不同。如果从一般纳税人购入,取得增值税专用发票,可以按买价的17%抵扣进项税;而如果从小规模纳税人处购入,则不能抵扣进项税,即便能够经税务机关开票,也只能扣税按买价的3%抵扣进项税。不同的扣税额度,会影响企业的税负,最终会影响到企业的净利润及现金净流量。另一方面,若小规模纳税人的货物比一般纳税人的货物便宜,企业从小规模纳税人处采购也可能更划算。

因此,采购时要从供货方纳税人身份、货物的价格等方面进行考虑,最终选择使得企业净利润或现金净流量最大的方案。

【案例分析】甲公司为增值税一般纳税人,适用增值税税率为17%,购买原材料时,有几种方案可供选择:一是从一般纳税人A公司购买,每吨含税价格为11 000元,A公司适用增值税税率为17%;二是从小规模纳税人B公司购买,则可取得由税务所代开的征收率为3%的专用发票,每吨含税价格为10 000元;三是从小规模纳税人C公司购买,只能取得普通发票,每吨含税价格为9 000元。甲公司用此原材料生产的产品每吨不含税销售额为20 000元,其他相关费用3 000元。甲企业适用的企业所得税税率为25%假设甲企业以利润最大化为目标,请对甲公司购货对象选择进行税务筹划。

方案一　从一般纳税人A公司购买。

净利润=$\{20\,000-11\,000\div(1+17\%)-3\,000-[20\,000\times17\%-11\,000\div(1+17\%)\times17\%]\times(7\%+3\%)\}\times(1-25\%)=5\,563.19$(元)

方案二　从小规模纳税人B公司购买。

净利润=$\{20\,000-10\,000\div(1+3\%)-3\,000-[20\,000\times17\%-10\,000\div(1+3\%)\times3\%]\times(7\%+3\%)\}\times(1-25\%)=5\,235.3$(元)

方案三　从小规模纳税人C公司购买。

净利润=$[20\,000-9\,000-3\,000-20\,000\times17\%\times(7\%+3\%)]\times(1-25\%)=5\,745$(元)

可见,方案三的净利润最大,所以方案三为最优方案,其次是方案一、最后是方案二。

### 五、选择经营方式进行税务筹划

混合销售行为是指一项销售行为既涉及增值税应税货物或劳务(简称"货物销售额")又涉及非应税劳务(即应征营业税的劳务)。混合销售行为原则上依据纳税人的"经营主业"判断是征增值税,还是征营业税。在纳税人年货物销售额与非应税劳务营业额的合计数中,若年货物销售额超过50%,则征增值税;若年非应税劳务营业额超过50%,征营业税(根据修订后的《中华人民共和国增值税暂行条例实施

细则》,销售自产货物并同时提供建筑业劳务的行为以及财政部、国家税务总局规定的其他情形除外)。由于增值税一般纳税人增值税税率一般为17%,而营业税税率为5%或3%,所以若能使混合销售行为中的非应税劳务不缴纳增值税而缴纳营业税便达到目的了。

若年非应税劳务营业额超过50%,征营业税,我们自然能够降低税负;而若年货物销售额超过50%,则征增值税,但为了降低税负,可以把一项销售行为涉及的增值税应税货物以及涉及的营业税应税劳务分给两个核算主体(其中一核算主体是由原核算主体分立出去的),则可使非应税劳务不缴纳增值税而缴纳营业税。

【案例分析】 甲公司生产高科技产品,2009年1月取得不含税销售额500万元,当月可抵扣进项税额为50万元,同时公司下设的技术指导部门为客户提供上门技术指导服务,取得技术指导费40万元。请进行税务筹划。

方案一 由公司的技术指导部门为客户提供上门技术指导服务。

由于此行为属于混合销售行为,取得的技术指导服务收入40万元,应并入设备的销售额一并缴纳增值税,不再缴纳营业税。

应纳增值税=[500+40÷(1+17%)]×17%-50=40.81(万元)

方案二 甲公司把技术指导部门分立出来,成立独立核算的咨询公司。这样,技术指导收入就不再缴纳增值税,改为按服务业缴纳营业税。

应纳税额=500×17%-50+40×5%=37(万元)

可见,方案二比方案一少交税3.81万元(40.81-37),应当采取方案二。

  **回顾、思考、回答:检验一下你弄清下列问题了吗?**

1. 你熟悉增值税吗?增值税在纳税人、征税范围、税率和征收率等方面有哪些规定?
2. 视同销售行为、混合销售行为、兼营行为是如何界定的?
3. 你清楚增值税法有哪些税收优惠政策吗?想想你所在企业能享受哪些优惠?
4. 一般纳税人增值税应纳税额如何计算?进项税额和销项税额如何确定?小规模纳税人应纳税额计算应注意什么?
5. 一般纳税人的"应交税费——应交增值税"账户下如何设置明细账户?
6. 如何进行企业一般纳税人增值税的涉税业务的账务处理?
7. 视同销售方式下,如何进行销项税额的会计核算?
8. "免、抵、退"方式下如何进行出口退税的计算与核算?
9. 你熟悉增值税的筹划吗?说说应从哪几方面进行。

# 第三章 消费税纳税实务

**读者导航**

消费税是对部分消费品在生产环节和进口环节征收的一个重要流转税。本章主要介绍消费税法的基本规定，企业生产销售、自产自用、委托加工及进口应税消费品应纳税额的计算和账务处理，出口退税计算与核算、消费税的纳税申报、消费税的筹划方法等内容。通过本章学习，您应对消费税法的基本规定，消费税应纳税额计算和核算，消费税的纳税筹划方法等有比较全面的理解和掌握。

## 第一节 消费税基本规定

消费税源远流长，在我国可追溯到西汉时期对酒的课税。由于消费税的独特调节作用，它受到了世界各国的普遍重视。新中国成立以来，在先后征收的货物税、商品流通税、工商统一税、工商税以及产品税、增值税中，对烟、酒、化妆品、成品油等消费品都设计了较高的税率，基本上具备了对消费品课税的性质。从1994年税制改革起，消费税作为独立税种开始在全国征收，主要是在对货物普遍征收增值税的基础上，对少数特殊消费品、奢侈品、高能耗产品、不可再生的稀缺资源等消费品再征收一道消费税。随着商品经济的发展，消费税的课征范围不断扩大，数额日益增加，至2006年4月，消费税税目已增至14个。

### 一、消费税的含义和特点

（一）消费税的含义

消费税是在我国境内从事生产、委托加工和进口应税消费品的单位和个人，就其销售额或销售数量，在特定环节征收的一种税。简单地讲，消费税是对特定的消费品和特定消费行为征收的一种流转税。

我国消费税的征收环节是在生产环节、委托加工环节和进口环节，但金银首饰应缴纳的消费税是在零售环节征收。零售环节征收消费税的金银首饰范围仅限于：金、银；金基、银基合金首饰；金、银和金基、银基合金的镶嵌首饰。

### （二）消费税的特点

与增值税相比，消费税具有以下特点：

①课税对象具有选择性，征税范围包括特殊消费品、奢侈品、高能耗消费品和不可再生的资源消费品等。

②实行单环节征收。消费税从生产到消费的整个过程中，只在某一个环节征收消费税，其他环节则不征收。如从生产或进口环节征收了消费税，后面的批发和零售环节则不再征收。所以消费税是一次性征收的流转税。

③征收方法具有多样性。消费税的征收采用从价定率、从量定额和复合计税三种方式征收。按不同产品设计不同的税率或税额，大部分应税消费品实行比例税率，个别应税消费品实行定额税率。

④实行价内征收。消费是价内税，具有税负转嫁性，所征收的税款最终都转嫁给消费者。

## 二、消费税纳税人

具体来说，消费税纳税义务人包括：生产应税消费品的单位和个人；进口应税消费品的单位和个人；委托加工应税消费品的单位和个人。个人携带或者邮寄入境的应税消费品的消费税，连同关税一并计征，由携带入境者或者收件人缴纳。

这里所称的单位是指国有企业、集体企业、私有企业、股份制企业、其他企业和行政单位、事业单位、军事单位、社会团体及其他单位；个人是指个体经营者及其他个人。

委托加工的应税消费品由受托方于委托方提货时代扣代缴（受托方为个体经营者除外）；自产自用的应税消费品，由自产自用单位和个人在移送使用时缴纳消费税。

## 三、消费税的征税范围

目前列入消费税征税范围的消费品，可以大致分为以下五类：

①一些过度消费会对人身健康、社会秩序、生态环境等方面造成危害的特殊消费品，如烟、酒、鞭炮、焰火等。

②非生活必需品，如化妆品、贵重首饰、珠宝玉石等。

③高能耗及高档消费品，如摩托车、小汽车。

④不可再生和替代的石油类消费品，如汽油、柴油等。

⑤税基宽广、消费普遍、征税后不影响居民基本生活并具有一定财政意义的消费品，如汽车轮胎。

## 四、消费税目和税率

(1) 税目　根据我国1993年制定的《中华人民共和国消费税暂行条例实施细则》和2006年颁布的《财政部、国家税务总局关于调整和完善消费税政策的通知》规定，我国征收消费税的税目如下：

1) 烟。凡是以烟叶为原料加工生产的产品，不论使用何种辅料，均属于本税目的征收范围。本税目下设甲类卷烟、乙类卷烟、雪茄烟、烟丝4个子目。

卷烟是指将各种烟叶切成烟丝,按照配方要求均匀混合,加入糖、酒、香料等辅料用白色盘纸、棕色盘纸、涂布纸或烟草薄片,经机器或手工卷制的普通卷烟和雪茄型卷烟。

①甲类卷烟。指每标准箱销售价格在17 500元(含17 500元)以上的卷烟。不同包装规格卷烟的销售价格均按每大箱(5万支)来折算。

②乙类卷烟。指每标准箱销售价格在17 500元以下。不同包装规格卷烟销售价格按每标准箱折算。

③雪茄烟。指以晾晒烟为原料或者以晾晒烟和烤烟为原料,用烟叶或卷烟纸、烟草薄片作为烟支内包皮,再用烟叶作为烟支外包皮,经机器或手工卷制而成的烟草制品。按内包皮所用材料的不同可分为全叶卷雪茄烟和半叶卷雪茄烟。雪茄烟的征收范围包括各种规格型号的卷烟。

④烟丝。指烟叶切成丝状、粒状、片状及其他形状,再加入辅料,经过发酵、储存,不经卷制即可供销售吸用的烟草制品。烟丝的征收范围包括以烟叶为原料加工生产的不经卷制的散装烟,如斗烟、水烟、黄红烟丝等。

2)酒和酒精。本税目下设粮食白酒、薯类白酒、黄酒、啤酒、其他酒、酒精6个子目。

①粮食白酒。指以高粱、玉米、大米、糯米、大麦、小麦、小米、青稞等各种粮食为原料经过糖化、发酵后,采用蒸馏方法酿制的白酒。

②薯类白酒。指以白薯、木薯、马铃薯、芋头、山药等各种干鲜薯类为原料,经过糖化、酿制等方法,采用蒸馏方法酿制的白酒。用甜菜酿制的白酒,比照薯类白酒征税。

③黄酒。指以糯米、粳米、籼米、大米、黄米、玉米、小麦、薯类等为原料,经加温、糖化、发酵、压榨酿制的酒。由于工艺、配料和含糖量的不同,黄酒分为干黄酒、半干黄酒、半甜黄酒、甜黄酒四类。黄酒的征收范围包括各种原料酿制的黄酒和酒精度超过12度(含12度)的土甜酒。

④啤酒。指以大麦或其他粮食为原料,加入啤酒花,经糖化、发酵过滤、酿制的含有二氧化碳的酒。啤酒按照杀菌方法的不同,可分为熟啤酒和生啤酒或鲜啤酒。啤酒的征收范围包括各种包装和散装的啤酒。无醇啤酒比照啤酒征税。

⑤其他酒。指除粮食白酒、薯类白酒、黄酒、啤酒以外,酒精度在1度以上的各种酒,其征收范围包括糠白酒及土甜酒、复制酒、果木酒、汽酒、药酒等。

⑥酒精。又名乙醇,是指以含有淀粉或糖分的原料,经糖化和发酵后,用蒸馏方法生产的酒精度数在95度以上的无色透明液体。也可以石油裂解气中的乙烯为原料,用合成方法制成。酒精的征收范围包括用蒸馏法和合成方法生产的各种工业酒精、医药酒精、食用酒精。

3)化妆品。指各类美容、修饰类化妆品、高档护肤类化妆品和成套化妆品。美容、修饰类化妆品是指香水、香水精、香粉、口红、指甲油、胭脂、眉笔、唇笔、蓝眼油、眼睫毛以及成套化妆品。舞台、戏剧、影视演员化妆用的上妆油、卸装油、油彩不属于本税目的征收范围。高档护肤类化妆品征收范围另行制定。

4）贵重首饰及珠宝玉石。本税目征收范围包括：各种金银珠宝首饰和经采掘、打磨、加工的各种珠宝玉石。

①金银珠宝首饰是凡以金、银、白金、宝石、珍珠、钻石、翡翠、珊瑚、玛瑙等高级贵重稀有物质以及其他金属、人造宝石等制作的各种纯金银首饰及镶嵌首饰，包含人造金银、合成银首饰等。

②珠宝玉石包括钻石、珍珠、松石、青金石、欧泊石、橄榄石、长石、玉、石英、玉髓、石榴石、错石、尖晶石、黄玉、碧玺、金绿石、绿柱石、刚玉、琥珀、珊瑚、煤玉、龟甲、合成刚玉、合成宝石、双合石、玻璃伪制品。

5）鞭炮、焰火。各种鞭炮、焰火通常分为13类，即喷火类、旋转类、旋转升空类、火箭类、吐珠类、线香类、小礼花类、烟雾类、造型玩具类、爆竹类、摩擦炮类、组合烟花类、礼花弹类。体育上用的发令纸、鞭炮药引线，不按本税目征收。

6）汽车轮胎。是指用于各种汽车、挂车、专用车和其他机动车上的内、外胎。不包括农用拖拉机、收割机、手扶拖拉机的专用轮胎。

自2001年1月1日起，对"汽车轮胎"税目中的子午线轮胎免征消费税，对翻新轮胎停止征收消费税。

7）摩托车。本税目征收范围包括：轻便摩托车和摩托车二类。对最大设计车速不超过50km/h、发动机气缸总容量超过50ml的三轮摩托车不征收消费税。

8）高尔夫球及球具。指从事高尔夫球运动所需的各种专用装备，包括高尔夫球、高尔夫球杆及高尔夫球包（袋）等。高尔夫球是指重量不超过45.93克、直径不超过42.67毫米的高尔夫球运动比赛、练习用球；高尔夫球杆是指被设计用来打高尔夫球的工具，由杆头、杆身和握把三部分组成；高尔夫球包（袋）是指专用于盛装高尔夫球及球杆的包（袋）。

9）高档手表。指销售价格（不含增值税）每只在10 000元（含）以上的各类手表。本税目征收范围包括符合以上标准的各类手表。

10）游艇。指长度大于8米小于90米，船体由玻璃钢、钢、铝合金、塑料等多种材料制作，可以在水上移动的水上浮载体。按照动力划分，游艇分为无动力艇、帆艇和机动艇。本税目征收范围包括艇身长度大于8米（含）小于90米（含），内置发动机，可以在水上移动，一般为私人或团体购置，主要用于水上运动和休闲娱乐等非牟利活动的各类机动艇。

11）木制一次性筷子。又称卫生筷子，是指以木材为原料经过锯段、浸泡、旋切、刨切、烘干、筛选、打磨、倒角、包装等环节加工而制成的各类一次性使用的筷子。本税目征收范围包括各种规格的木制一次性筷子。未经打磨、倒角的木制一次性筷子属于本税目征税范围。

12)实木地板。指以木材为原料,经锯割、干燥、刨光、截断、开榫、涂漆等工序加工而成的块状或条状的地面装饰材料。实木地板按生产工艺不同,可分为独板(块)实木地板、实木指接地板、实木复合地板三类;按表面处理状态不同,可分为未涂饰地板(白坯板、素板)和漆饰地板两类。本税目征收范围包括各类规格的实木地板、实木指接地板、实木复合地板及用于装饰墙壁、天棚的侧端面为榫、槽的实木装饰板。未经涂饰的素板属于本税目征税范围。

13)成品油。本税目包括汽油、柴油、石脑油、溶剂油、航空煤油、润滑油、燃料油七个子目。

①汽油是轻质石油产品的一大类。由天然或人造石油经脱盐、初馏、催化裂化、调和而得。为无色到淡黄色的液体,易燃易爆,挥发性强。按生产装置可分为直馏汽油、裂化汽油等。经调和后制成各种用途的汽油。按用途可分航空汽油、车用汽油、起动汽油和工业汽油(溶剂汽油)。本税目征收范围包括:车用汽油、航空汽油、起动汽油。

工业汽油(溶剂汽油)主要有溶剂作用,不属本税目征收范围。

②柴油是轻质石油产品的一大类。由天然或人造石油经脱盐、初馏、催化裂化调和而得。易燃易爆,挥发性低于汽油。柴油按用途分为轻柴油、重柴油、军用柴油和农用柴油。本税目征收范围包括:轻柴油、重柴油、农用柴油、军用轻柴油、溶剂油。溶剂油是以石油加工生产的用于涂料和油漆生产、食用油加工、印刷油墨、皮革、农药、橡胶、化妆品生产的轻质油。溶剂油的征收范围包括各种溶剂油。

③石脑油又叫轻汽油、化工轻油,是以石油加工生产的或二次加工汽油经加氢精制而得的用于化工原料的轻质油。石脑油的征收范围包括除汽油、柴油、煤油、溶剂油以外的各种轻质油。

④燃料油也称重油、渣油。燃料油征收范围包括用于电厂发电、船舶锅炉燃料、加热炉燃料、冶金和其他工业炉燃料的各类燃料油。

⑤航空煤油也叫喷气燃料,是以石油加工生产的用于喷气发动机和喷气推进系统中作为能源的石油燃料。航空煤油的征收范围包括各种航空煤油。

⑥润滑油是用于内燃机、机械加工过程的润滑产品。润滑油分为矿物性润滑油、植物性润滑油、动物性润滑油和化工原料合成润滑油。润滑油的征收范围包括以石油为原料加工的矿物性润滑油、矿物性润滑油基础油。植物性润滑油、动物性润滑油和化工原料合成润滑油不属于润滑油的征收范围。

14)小汽车。是指由动力驱动,具有四个或四个以上车轮的非轨道承载的车辆。本税目征收范围包含驾驶员座位在内最多不超过9个座位(含)的,在设计和技术特性上用于载运乘客和货物的各类乘用车和含驾驶员座位在内的座位数在10至23座(含23座)的在设计和技术特性上用于载运乘客和货物的各类中轻型商用客车。用排气量小于1.5升(含)的乘用车底盘(车架)改装、改制的车辆属于乘用车征收范围。用排气量大于1.5升的乘用车底盘(车架)或用中轻型商用客车底盘(车架)改装、改制的车辆属于中轻型商用客车征收范围。含驾驶员人数(额定载客)为区间值的(如 8～10 人；17～26 人)小汽车,按其区间值下限人数确定征收范围。

(2)税率  消费税税率有比例税率和定额税率两种形式。对黄酒、啤酒、汽油等价格差异不大,计算单位规范的消费品实行定额税率。而对烟、粮食白酒、薯类白酒及其他酒和酒精、贵重首饰及珠宝、玉石、化妆品、摩托车、小汽车等价格差异大,计量单位不规范的消费品实行比例税率。消费税税目税率(税额)表见表 3-1。

表 3-1  消费税税目税率(税额)表

| 税 目 | | 征税范围 | 计税单位 | 税率(税额) |
| --- | --- | --- | --- | --- |
| 一、烟 | 1.卷烟(生产环节) | 甲类卷烟：每标准条(200 支,下同)调拨价 70 元(含 70 元,不含增值税,下同)以上 | 标准箱(50 000 支,下同) | 56% 150 元 |
| | | 乙类卷烟：每标准条调拨价 70 元以下 | 标准箱 | 36% 150 元 |
| | 2.卷烟(批发环节) | | | 5% |
| | 3.雪茄烟 | | | 36% |
| | 4.烟丝 | | | 30% |
| 二、酒及酒精 | 1.粮食白酒 | | 斤(500 克) | 20% 0.5 元 |
| | 2.薯类白酒 | | 斤(500 克) | 20% 0.5 元 |
| | 3.啤酒(含果啤) | 出厂价(含包装物及押金)3 000 元(含 3 000 元,不含增值税,下同)以上 | 吨 | 250 元 |
| | | 出厂价 3 000 以下 | 吨 | 220 元 |
| | 4.黄酒 | | 吨 | 240 元 |
| | 5.其他酒 | | | 10% |
| | 6.酒精 | | | 5% |
| 三、化妆品 | | 包括成套化妆品、高档护肤类化妆品 | | 30% |
| 四、贵重首饰及珠宝玉石 | | 金银首饰、铂金首饰和钻石及钻石饰品(改在零售环节缴纳) | | 5% |
| | | 其他贵重首饰和珠宝玉石 | | 10% |
| 五、鞭炮焰火 | | | | 15% |

续表 3-1

| 税　目 | | 征税范围 | 计税单位 | 税率（税额） |
|---|---|---|---|---|
| 六、成品油 | 1.汽油 | | 升 | 1.0元 |
| | 2.柴油 | | 升 | 0.8元 |
| | 3.石脑油 | | 升 | 1.0元 |
| | 4.溶剂油 | | 升 | 1.0元 |
| | 5.润滑油 | | 升 | 1.0元 |
| | 6.燃料油 | | 升 | 0.8元 |
| | 7.航空煤油 | | 升 | 0.8元 |
| 七、汽车轮胎 | | | | 3% |
| 八、摩托车 | | 气缸容量在250毫升(含)以下的 | | 3% |
| | | 气缸容量在250毫升以上的 | | 10% |
| 九、小汽车 | 1.乘用车 | 气缸容量(排气量,下同)在1.0升(含)以下的 | | 1% |
| | | 气缸容量在1.0升以上至1.5升(含1.5升) | | 3% |
| | | 气缸容量在1.5升以上至2.0升(含2.0升) | | 5% |
| | | 气缸容量在2.0升以上至2.5升(含2.5升) | | 9% |
| | | 气缸容量在2.5升以上至3.0升(含3.0升) | | 12% |
| | | 气缸容量在3.0升以上至4.0升(含4.0升) | | 25% |
| | | 气缸容量在4.0升以上的 | | 40% |
| | 2.中轻型商用客车 | | | 5% |
| 十、高尔夫球及球具 | | | | 10% |
| 十一、高档手表 | | | | 20% |
| 十二、游艇 | | | | 10% |
| 十三、木制一次性筷子 | | | | 5% |
| 十四、实木地板 | | | | 5% |

**五、消费税的税收优惠**

　　消费税一般没有减免税规定,但为了保护生态环境,减少污染,促进替代污染排放汽车的生产和消费,对生产销售达到低污染排放值的小汽车、越野车和小客车减征30％的消费税。其计算公式为：

减征税额＝按法定税率计算的消费税税额×30％

应征税额＝按法定税率计算的消费税税额－减征税额

## 第二节 消费税的税款计算

### 一、消费税计算基本方法

按照现行消费税法的基本规定，消费税应纳税额的计算方法有从价定率、从量定额、从价定率与从量定额复合计算三种。

**(1)从价定率计税方法**　消费税是价内税，计税价格为应税消费品的含消费税销售价格，应纳税额的计算取决于应税消费品的销售额和适用的税率两个因素，其基本计算公式为：

应纳税额＝销售额×适用税率

销售额为纳税人销售应税消费品向购买方收取的全部价款和价外费用。价外费用是指价外收取的基金、集资费、返还利润、补贴、违约金（延期付款利息）和手续费、包装费、储备费、优质费、运输装卸费、代收款项、代垫款项以及其他各种性质的价外收费。

但同时满足下列条件款项不包括在内：承运部门的运费发票开具给购货方的；纳税人将该项发票转交给购货方的。

其他价外费用，无论是否属于纳税人的收入，均应并入销售额计算征税。

确定销售额还应注意以下几点：

①实行从价定率方法计算应纳税额的应税消费品连同包装销售的，无论包装物是否单独计价，也不论在会计上如何核算，均应并入应税消费品的销售额中征收消费税。如果包装物不作价随同产品销售，而是收取押金的，则此项押金不并入应税消费品的销售额中征税。但对前期未收回的包装物不再退回和已收取1年以上的押金，应并入应税消费品的销售额，按照应税消费品的适用税率征收消费税。

对既作价随同应税消费品销售，又另外收取包装物押金的，凡是纳税人在规定的期限不予退还的，均应并入应税消费品的销售额，按照应税消费品的适用税率征收消费税。

对生产企业销售酒类产品而收取的包装物押金，无论押金是否返还与会计上如何核算，均需并入酒类产品销售额中，依据酒类产品的适用税率征收消费税。

②纳税人销售的应税消费品，以外汇结算销售额的，其销售额的人民币折合率，可以选择结算当天或者当月1日的国家外汇牌价。纳税人应在事先确定采取何种折合率，确定后1年内不得变更。

③如果纳税人应税消费品的销售额中未扣除增值税税款或者因不得开具增值税专用发票而发生价款和增值税税款合并收取的,在计算消费税时,应当换算为不含增值税税款的销售额。其换算公式为:

应税销售额＝含增值税的销售额÷(1＋增值税税率或征收率)

**【例3-1】** 某汽车轮胎生产企业为增值税一般纳税人,某纳税期间向甲厂销售汽车轮胎一批,开具增值税发票,取得销售额30万元,增值税额5.10万元;向某汽车修理厂(为小规模纳税人)销售汽车轮胎一批,开具普通发票,取得含增值税销售额7.02万元。计算企业应纳消费税税额。

应税销售额＝30＋7.02÷(1＋17%)＝36(万元)

消费税应纳税额＝36×3%＝1.08(万元)

④纳税人通过自设非独立核算门市部销售的自产应税消费品,应当按照门市部对外销售数量或者销售额计算征收消费税。纳税人用于换取生产资料和消费资料、投资入股和抵偿债务等方面的应税消费品,应当以纳税人同类应税消费品的最高销售价格作为计税依据,计算征收消费税。

⑤纳税人应税消费品的计税价格明显偏低又无正当理由的,由主管税务机关核定其计税价格。

**(2)从量定额计税方法** 从量定额计税方法,适用于黄酒、啤酒、成品油等应税消费品应纳消费税的计算。应纳税额的计算取决于应税消费品的数量和单位税额两个因素。其基本计算公式为:

应纳税额＝销售数量×单位税额

①应税消费品数量的确定。根据具体的应税行为,确定应税消费品数量的具体规定为:销售应税消费品的,为应税消费品的销售数量;自产自用应税消费品的,为应税消费品的移送使用数量;委托加工应税消费品的,为纳税人收回的应税消费品的数量;进口的应税消费品,为海关核定的应税消费品进口征税数量。

②计算单位的换算。在实际销售过程中,一些纳税人往往将计量单位混用,为了规范不同产品的计量单位,《消费税暂行条例实施细则》中具体规定了吨与升两个计量单位的换算标准(见表3-2)。

表3-2 吨升计量单位换算表

| 名 称 | 单位换算 | 名 称 | 单位换算 |
| --- | --- | --- | --- |
| 啤酒 | 1吨＝988升 | 溶剂油 | 1吨＝1282升 |
| 黄酒 | 1吨＝962升 | 润滑油 | 1吨＝1126升 |
| 汽油 | 1吨＝1388升 | 燃料油 | 1吨＝1015升 |
| 柴油 | 1吨＝1176升 | 航空煤油 | 1吨＝1246升 |
| 石脑油 | 1吨＝1385升 | | |

**(3)复合计税方法** 适用于卷烟、粮食白酒、薯类白酒应交消费税的计算,即对于这三类应税消费品实行从量定额和从价定率相结合的计税办法。其基本计算公式为:

应纳税额＝应税销售数量×定额税率＋应税销售额×比例税率

【例3-2】 某酒厂为增值税一般纳税人,生产销售粮食白酒。8月份销售自产粮食白酒200吨,取得不含增值税销售额3 600 000元。计算该厂8月份应纳消费税税额。

应纳税额＝200×2000×0.5＋3 600 000×20%＝920 000(元)

生产销售卷烟、白酒从量定额计税依据为实际销售数量；进口、委托加工、自产自用卷烟、白酒从量定额计税依据分别为海关核定的进口征税数量、委托方收回数量、移送使用数量。

计税依据从价定率有以下特殊规定：

①卷烟的从价定率计税办法的计税依据为卷烟的调拨价格或者核定价格。卷烟的调拨价是指卷烟生产企业通过卷烟交易市场与购货方签订的卷烟交易价格。计税调拨价是由国家税务总局按照中国卷烟交易中心和各省市卷烟交易订货会2000年各牌号、规格的调拨价格确定,并作为卷烟的计税价格对外公布。

核定价格是指不进入交易中心和交易会、没有调拨价格的卷烟,由税务机关按其零售价倒推一定比例的办法核定计税价格。核定价格计税公式为：

某牌号卷烟核定价格＝该牌号卷烟市场零售价格÷(1＋35%)

②计税价格和核定价格确定以后,按计税价格的卷烟,国家每年根据卷烟实际交易价格的情况,对个别市场交易价格变动较大的卷烟,以交易中心或者交易会的调拨价格为基础对其计税价格进行适当的调整,执行核定价格的卷烟,由税务机关按照零售价格变动情况进行调整。

③实际销售价格高于计税价格和核定价格的卷烟,按实际销售价格征收消费税；实际销售价格低于计税价格和核定价格的卷烟,按计税价格或核定价格征收消费税。

④非标准条(每包装多余或者少于200支)包装卷烟应当折算成标准条包装卷烟的数量,据其实际销售收入计算确定其折算成标准条包装后的实际销售价格,并确定适用的比例税率；折算的实际销售价格低于计税价格的,应按照同牌号规格标准条包装卷烟的计税价格和适用税率征税,卷烟的折算标准如下：

1箱＝250条；1条＝10包；1包＝20支

【例3-3】 某卷烟生产企业为增值税一般纳税人,8月份对外销售乙类卷烟30箱,含税销售价2340元/箱,当月赠送给关系户卷烟10条,乙类卷烟生产环节适用消费税比例税率36%,定额税率150元/箱,每箱250条。批发销售环节适应比例税率5%,计算该卷烟生产企业的应交消费税。

将10条卷烟换算成箱:10÷250=0.04(箱)

生产环节应交消费税:(30+0.04)×150+(30+0.04)×2 340÷1.17×36%=26 134.8(元)

销售环节应交消费税:(30+0.04)×2 340÷1.17×5%=3 004(元)

本月卷烟生产企业应交消费税:26 134.8+3 004=29 138.8(元)

该卷烟生产企业还应缴纳增值税:

增值税销项税额=(30+0.04)×2 340÷1.17×17%=10 213.60(元)

## 二、外购应税消费品已纳税额的扣除

由于某些应税消费品是用外购已缴纳消费税的应税消费品连续生产出来的,在对这些连续生产出来的应税消费品计算征税时,税法规定应按当期生产领用数量计算准予扣除外购的应税消费品已纳的消费税税款。

**(1)扣除范围**

①外购已税烟丝生产的卷烟。

②外购已税化妆品生产的化妆品。

③外购已税珠宝玉石生产的贵重首饰及珠宝玉石。

④外购已税鞭炮焰火生产的鞭炮焰火。

⑤外购已税汽车轮胎(内胎和外胎)生产的汽车轮胎。

⑥外购已税摩托车生产的摩托车(如用外购两轮摩托车改装三轮摩托车)。

⑦外购已税杆头、杆身和握把为原料生产的高尔夫球杆。

⑧外购已税木制一次性筷子为原料生产的木制一次性筷子。

⑨外购已税实木地板为原料生产的实木地板。

⑩外购已税石脑油为原料生产的应税消费品。

⑪外购已税润滑油为原料生产的润滑油。

**(2)扣税办法** 当期准予扣除外购应税消费品已纳消费税税款的,在计税时按当期生产领用数量计算。

①从价订率。当期准予扣除的外购应税消费品已纳税款=当期准予扣除的外购应税消费品买价×外购应税消费品适用税率

当期准予扣除的外购应税消费品买价=期初库存的外购应税消费品买价+当期购进的外购应税消费品买价-期末库存的外购应税消费品买价

外购已税应税消费品的买价是指购货发票上注明的销售额(不包括增值税税款)。

②从量定额。当期准予扣除的外购应税消费品以纳税款=当期准予扣除外购应税消费品数量×外购应税消费品单位税额

当期准予扣除的外购应税消费品数量=期初库存的外购应税消费品数量+当期购进的外购应税消费品数量-期末库存的外购应税消费品数量

## 三、自产自用应税消费品应纳税额的计算

在纳税人生产销售应税消费品中,有一种自产自用的形式。所谓自产自用,就是纳税人生产应税消费品后,不是用于直接对外销售,而是用于自己连续生产应税消费品,或用于其他方面。这种自产自用应税消费品形式,在实际经济活动中是常见的,但也是在是否纳税或如何纳税上最容易出现问题的,因此,很有必要认真理解税法对自产自用应税消费品的有关规定。

**(1)用于连续生产应税消费品的规定** 所谓"用于连续生产应税消费品",是指作为生产最终应税消费品的直接材料并构成最终产品实体的应税消费品。因此,用于连续生产卷烟的烟丝不缴纳消费税,只对生产的卷烟征收消费税。但是,生产出的烟丝如果直接销售,则烟丝要缴纳消费税。税法规定对自产自用的应税消费品,用于连续生产应税消费品的不征税,这体现了税不重征且计税简便的原则。

**(2)用于其他方面的规定** 税法规定,纳税人自产自用的应税消费品,用于其他方面的(即用于生产非应税消费品和在建工程、管理部门、非生产机构提供劳务以及馈赠、赞助、集资、广告、样品、职工福利、奖励等方面),于移送使用时纳税。

在从价定率计征办法下,纳税人自产自用的应税消费品,凡用于其他方面的,均应按照纳税人生产的同类消费品的销售价格计算纳税;没有同类消费品的销售价格的,按照组成计税价格计算纳税。

①有同类消费品销售价格的。同类消费品销售价格,是指纳税人当月销售的同类消费品的销售价格。如果当月同类消费品各期的销售价格高低不同,应按销售数量加权平均计算。但销售的应税消费品有下列情况之一的,不得列入加权平均计算:销售价格明显偏低而无正当理由的;无销售价格的,如果当月无销售或者当月未完结的,按照同类消费品上月或最近月份的销售价格计算纳税。

②没有同类消费品销售价格的。没有同类消费品销售价格的,按照组成计税价格计算纳税。实行从价定率办法计算纳税的组成计税价格计算公式:

组成计税价格=(成本+利润)÷(1-比例税率)

实行复合计税办法计算纳税的组成计税价格计算公式:

组成计税价格=(成本+利润+自产自用数量×定额税率)÷(1-比例税率)

上述公式中的"成本"是指应税消费品的产品生产成本。"利润"是指根据应税消费品的全国平均成本利润率计算的利润。应税消费品全国平均成本利润率由国家税务总局统一规定,具体规定如表3-3所示。

表 3-3　应税消费品全国平均成本利润率

| 货物名称 | 利润率(%) | 货物名称 | 利润率(%) |
|---|---|---|---|
| 1. 甲类卷烟 | 10 | 11. 贵重首饰及珠宝玉石 | 6 |
| 2. 乙类卷烟 | 5 | 12. 汽车轮胎 | 5 |
| 3. 雪茄烟 | 5 | 13. 摩托车 | 6 |
| 4. 烟丝 | 5 | 14. 高尔夫球及球具 | 10 |
| 5. 粮食白酒 | 10 | 15. 高档手表 | 20 |
| 6. 薯类白酒 | 5 | 16. 游艇 | 10 |
| 7. 其他酒 | 5 | 17. 木制一次性筷子 | 5 |
| 8. 酒精 | 5 | 18. 实木地板 | 5 |
| 9. 化妆品 | 5 | 19. 乘用车 | 8 |
| 10. 鞭炮、焰火 | 5 | 20. 中轻型商用客车 | 5 |

【例 3-4】 某汽车制造厂将自产中轻型商用客车一辆自用，转为固定资产，该种客车对外销售的不含税售价为 18 万元，生产成本为 10 万元，适用消费税税率 5%，行业成本利润率为 8%。计算其应交消费税。

自产自用客车，有同类售价的，按同类售价计税，则：

应纳消费税税额＝180 000×5%＝9 000(元)

如果该自用客车没有同类消费品的销售价格，假设其成本为 15 万元，则应按组成计税价格计税：

组成计税价格＝[150 000×(1+8%)]÷(1－5%)＝170 526(元)

应纳消费税税额＝170 526×5%＝8 526(元)

### 四、委托加工应税消费应纳税额的计算

企业、单位或个人由于设备、技术、人力等方面的局限，常常要委托其他单位代为加工应税消费品，然后将加工好的应税消费品收回，或直接销售或自己使用，这是生产应税消费品的另一种形式，也需要纳入征收消费税的范围。按条例规定，委托加工的应税消费品，由受托方向委托方交货时代收代缴税款。委托加工的应税消费品收回后直接用于销售的，在销售时不再缴纳消费税；用于连续生产应税消费品的，已纳税款按规定准予扣除。

**(1)有同类消费品销售价格的**　委托加工的应税消费品，受托方有同类消费品销售价格的，应按照受托方同类消费品的销售价格计算纳税。其应纳税额的计算公式为：

应纳税额＝同类消费品销售单价×委托加工数量×适用税率

**(2)无同类消费品销售价格的**　无同类消费品销售价格，则用组成计税价格计算。

实行从价定率办法计算纳税的组成计税价格计算公式：
组成计税价格＝（材料成本＋加工费）÷（1－比例税率）
实行复合计税办法计算纳税的组成计税价格计算公式：
组成计税价格＝（材料成本＋加工费＋委托加工数量×定额税率）÷
（1－比例税率）
应纳税额＝组成计税价格×适用税率

税法规定的"材料成本"是指委托方提供的加工材料的实际成本，委托加工应税消费品的纳税人，必须在委托加工合同中如实注明（或由其他方式提供）材料成本。月末提供材料成本的，受托方所在地的主管税务机关有权核定其材料成本。

税法规定的"加工费"指的是受托方加工应税消费品，向委托方收取的全部费用（包括代垫辅助材料的实际成本）。税法对委托方和受托方的规定是为了保证组成计税价格的准确计算。

【例3-5】 某卷烟厂委托加工厂加工一批烟丝，双方签订委托加工合同中注明卷烟厂提供烟叶价值80 000元，加工费15 000元，代垫辅料价值5 000元，烟丝加工完毕，加工厂向卷烟厂交货时，代收代缴了消费税（烟丝消费税税率为30%）。计算该企业应纳消费税税额。

组成计税价格＝（80 000＋15 000＋5 000）÷（1－30%）＝142 857.14（元）
代收代缴消费税＝142 857.14×30%＝42 857.14

(3) 委托加工收回的应税消费品已纳税款的扣除　委托加工的应税消费品在收回时由受托方代收代缴消费税，因此，委托方收回应税消费品后，用于连续生产应税消费品的，其已纳税款准予按照规定从连续生产的应税消费品应纳消费税税额中抵扣。

下列应税消费品准予从应纳消费税额中，按当期生产领用数量计算扣除原料已纳消费税税款。
①以委托加工收回的已税烟丝为原料生产的卷烟。
②以委托加工收回的已税化妆品为原料生产的化妆品。
③以委托加工收回的已税珠宝为原料生产的贵重首饰及珠宝玉石。
④以委托加工收回的已税鞭炮、焰火为原料生产的鞭炮、焰火。
⑤以委托加工收回的已税汽车轮胎生产的汽车轮胎。
⑥以委托加工收回的已税石脑油为原料生产的应税消费品。
⑦以委托加工收回的已税润滑油为原料生产的润滑油。
⑧以委托加工收回的已税杆头、杆身和握把为原料生产的高尔夫球杆。
⑨以委托加工收回的已税木制一次性筷子为原料生产的木制一次性筷子。
⑩以委托加工收回的已税实木地板为原料生产的实木地板。

当期准予扣除的委托加工应税消费品已纳税额＝期初库存的委托加工应税消费品已纳税款＋当期收回的委托加工应税消费品已纳税款－期末库存的委托加工

应税消费品已纳税款。

纳税人用委托加工收回的已税珠宝、玉石生产的,改在零售环节征收消费税的金银首饰,在计税时,一律不得扣除委托加工收回的珠宝、玉石的已纳消费税税款。委托加工应税消费品已纳税款为代扣代收税款凭证注明的委托方代收代缴的消费税额。

【例 3-6】 某卷烟厂用委托加工收回的烟丝继续生产甲级卷烟。本月加工生产卷烟取得销售收入(不含增值税)2 000 万元,本月期初库存的委托加工烟丝已纳税额为 50 万元,本期收回委托加工烟丝已纳税额为 90 万元,本月期末库存的委托加工烟丝的已纳税额为 30 万元,甲级卷烟适用税率 56% 批发环节适用税率 5%,则:

当期准予扣除的委托加工烟丝的已纳税额=50+90-30=110(万元)

应纳消费税额=2 000×(56%+5%)-110=1 110(万元)

### 五、进口应税消费品应纳税额的计算

纳税人进口应税消费品,于报关进口时缴纳消费税。进口的应税消费品的消费税由进口人或其代理人向报关地海关申报纳税,由海关代征。

(1)实行从价定率办法的应纳税额的计算 进口应税消费品,实行从价定率办法计算应纳税额的,应以组成计税价格为计税依据计算应纳税额。其计算公式如下:

组成计税价格=(关税完税价格+关税)÷(1-消费税比例税率)

应纳税额=组成计税价格×消费税税率

上述公式中的"关税完税价格"是指核定的关税计税价格。

(2)实行从量定额办法的应纳税额的计算 进口应税消费品,实行从量定额办法计算应纳税额的,应以进口数量为计税依据计算应纳税额。其计算公式如下:

应纳税额=应税消费品数量×消费税单位税额

(3)实行复合计税办法计算纳税的组成计税价格计算公式 组成计税价格=(关税完税价格+关税+进口数量×消费税定额税率)÷(1-消费税比例税率)

应交消费税=组成计税价格×适用税率+定额税额

【例 3-7】 神州国际公司从国外进口一批化妆品,经海关审定的完税价格为 50 000 元人民币,关税税率为 50%,消费税税率为 30%,增值税率为 17%。款项已支付,化妆品已验收入库,计算进口环节的应交消费税和应交增值税。

【解析】

应交关税=50 000×50%=25 000(元)

消费税计税价格=(50 000+25 000)÷(1-30%)=107 142.86(元)

应交消费税=107 142.86×30%=32 142.86(元)

增值税计税价格=50 000+25 000+32 142.86=107 142.86(元)

应交增值税=107 142.86×17%=18 214.29(元)

提示:进口环节消费税与增值税计税依据相同。

**【例3-8】** 神州国际公司从国外进口卷烟100箱,经海关审定的完税价格为1 500 000元人民币,关税税率为20%,消费税税率为56%,消费税定额税率150/箱(每箱50 000支),增值税率17%。款项已支付,卷烟已验收入库。计算进口环节的应交消费税和应交增值税。

**【解析】**

消费税定额税 $= 100 \times 150 = 15\,000$(元)

组成计税价格 $= (1\,500\,000 + 1\,500\,000 \times 20\% + 15\,000)/(1 - 56\%)$
$= 4\,125\,000$(元)

应交消费税 $= 4\,125\,000 \times 56\% + 15\,000 = 2\,325\,000$(元)

增值税组成计税价格 $= (1\,500\,000 + 1\,500\,000 \times 20\% + 2\,325\,000)$
$= 4\,125\,000$(元)

应交增值税 $= 4\,125\,000 \times 17\% = 701\,250$(元)

## 第三节 消费税的会计核算

### 一、消费税的核算依据

消费税的会计核算依据是销售应税消费品的合法原始凭证,主要包括销售发票、应税凭证和完税凭证。

①销售发票。发票是纳税行为发生的原始依据,发票分增值税专用发票和普通发票两种,都可以作为计算缴纳消费税的依据。

②应税凭证。应税凭证是《消费税纳税申报表》,是用于确定本期应纳、已纳和未纳消费税以及是否正确计算应纳消费税额的记账凭证。

③完税凭证。完税凭证是《税收(消费税专用)缴款书》,企业缴纳消费税后,以加盖收款专用章的"收据联"所载金额,作为完成纳税义务和账务处理的依据。

### 二、消费税核算的账户设置

(1)"应交税费"账户 会计核算上应设置"应交税费"一级账户,下设二级账户"应交消费税"。"应交税费"账户是负债类账户,当企业计算应交消费税时,计入"应交税费——应交消费税"账户的贷方;当企业实际交纳时,计入"应交税费——应交消费税"账户的借方。期末贷方余额反映企业应交未交的消费税税额;期末如果出现借方余额则反映企业多交的消费税额或待抵扣的消费税额。

(2)"营业税金及附加"账户 由于消费税是价内税,其应纳的消费税已在应税消费品实现的销售收入中,因此需要通过损益类账户"营业税金及附加"扣除销售收入中的价内税。"营业税金及附加"是用于核算纳税人应负担的价内流转税及应交的有关费用,如消费税、营业税、资源税、城市维护建设税、土地增值税、教育费附加,其借方反映计算应纳的价内税及附加,贷方反映期末转入"本年利润"的价内税及附加,该账户期末结转后无余额。

### 三、自产自销应税消费品的账务处理

(一)一般销售业务应交消费税的账务处理

销售实现时,按取得的销售收入和增值税额,借记"银行存款"或"应收账款"等账户;按实际的销售收入,贷记"主营业务收入"账户;按取得的增值税额,贷记"应交税费——应交增值税(销项税额)"账户。结转销售产品的生产成本时,借记"主营业务成本"账户,贷记"库存商品"账户。按规定计算应纳消费税额时,借记"营业税金及附加"账户,贷记"应交税费——应交消费税"账户。实际缴纳消费税时,借记"应交税费——应交消费税"账户,贷记"银行存款"账户。

【例3-9】 某企业采取直接收款方式销售化妆品3 000套,开出的增值税专用发票上注明的价款1 000 000元,增值税额为170 000元,该批化妆品的实际生产成本为800 000元,款项均已通过银行收讫。化妆品适用的消费税税率为30%。企业该如何作会计处理。

①销售实现,确认收入时:

借:银行存款　　　　　　　　　　　　　　　1 170 000
　贷:主营业务收入　　　　　　　　　　　　　　　1 000 000
　　　应交税费——应交增值税(销项税额)　　　　170 000

②结转销售成本时:

借:主营业务成本　　　　　　　　　　　　　　800 000
　贷:库存商品　　　　　　　　　　　　　　　　　800 000

③计算应缴纳的消费税时:

应纳消费税额=1 000 000×30%=300 000(元)

借:营业税金及附加　　　　　　　　　　　　　300 000
　贷:应交税费——应交消费税　　　　　　　　　　300 000

④实际缴纳消费税款时:

借:应交税费——应交消费税　　　　　　　　　300 000
　贷:银行存款　　　　　　　　　　　　　　　　　300 000

(二)包装物应交消费税的账务处理

随同应税消费品出售的包装物,无论是否单独计价核算,均应并入应税消费品的销售额中计算缴纳增值税和消费税。应税消费品若采用从量计税,包装物则只计算增值税,不计算消费税;应税消费品若采用从价计税,包装物的增值税和消费税都要计算;应税消费品若采用复合计税,对从价部分,包装物计算消费税,对从量部分,包装物不计算消费税。对出租包装物收取的租金,应缴纳营业税。

出租、出借包装物收取的押金,因逾期未收回包装物而没收的押金,都应计算增值税。是否计算消费税,根据原包装物应税消费品的情况而定;原包装物的应税消费品从量计算消费税的,没收押金时不计算消费税;原包装物的应税消费品是从价

计税的,没收押金时,还要计算消费税;原包装物的应税消费品是复合计算消费税的,没收包装物押金时从价部分计算消费税,从量部分不计算消费税。

(1)**随同产品出售包装物**　随同产品出售不单独计价的包装物,由于其收入已包括在商品销售收入中,其应纳消费税于产品销售一并进行会计处理。随同产品出售但单独计价的包装物,其收入计入"其他业务收入",按规定缴纳的消费税借记"营业税金及附加"贷记"应交税费——应交消费税"。

【例 3-10】　八仙酒厂异地销售粮食白酒,包装物单独计价,销售白酒 20 吨,不含税售价为 5 000 元/吨,开出专用发票,列明价款 100 000 元,增值税 17 000 元。另收取包装费 819 元,开出普通发票。白酒消费税定额税为 0.5 元/500 克,比例税率为 20%。

【解析】

白酒应交消费税 = 20×2 000×0.5+100 000×20% = 40 000(元)

包装物应交消费税 = 819÷1.17×20% = 700×20% = 140(元)

包装物应交增值税 = 819÷1.17×17% = 700×14% = 119(元)

会计分录如下:

　　借:应收账款　　　　　　　　　　　　　　　　117 819

　　　贷:主营业务收入　　　　　　　　　　　　　100 000

　　　　　其他业务收入　　　　　　　　　　　　　　　700

　　　　　应交税费——应交增值税(销项税额)　　17 119

　　借:营业税金及附加　　　　　　　　　　　　　　40 140

　　　贷:应交税费——应交消费税　　　　　　　　40 140

(2)**出租、出借包装物逾期未收回而没收押金的核算**　按规定如果包装物不作价随同产品销售,而是单独收取押金,除酒类产品以外,此项押金并不入销售额计算增值税、消费税。但对逾期未退还的包装物押金和已收取 1 年以上的包装物押金,应并入应税消费品的销售额,按原来包装应税消费品适用的税率计算增值税、消费税。

【例 3-11】　某公司为增值税一般纳税人,将逾期未退还的包装物押金 2 340 元进行转账处理,增值税税率为 17%,消费税税率为 10%。

【解析】

没收押金的不含税收入 = 2 340÷1.17 = 2 000(元)

应交增值税 = 2 000×17% = 340(元)

应交消费税 = 2 000×10% = 200(元)

相应会计分录为:

　　借:其他应付款　　　　　　　　　　　　　　　　2 340

　　　贷:其他业务收入　　　　　　　　　　　　　　2 000

　　　　　应交税费——应交增值税(销项税额)　　　340

借:营业税金及附加　　　　　　　　　　　　　　　200
　　　　贷:应交税费——应交消费税　　　　　　　　　　　　200

### 四、视同销售业务的账务处理

(一)自产自用应税消费品的账务处理

**(1)自产自用应税消费品用于生产应税消费品的核算**　纳税人自产自用的应税消费品,用于连续生产应税消费品的,不缴纳消费税,只需要进行实际成本的核算。

【例3-12】　某企业领用自产库存烟丝(属于自制半成品),用于连续生产卷烟,烟丝的实际成本为85 000元,该企业如何作会计处理。

该企业应作如下会计处理:

　　借:生产成本　　　　　　　　　　　　　　　　　85 000
　　　　贷:库存商品　　　　　　　　　　　　　　　　　85 000

**(2)自产自用应税消费品用于在建工程或者直接转为固定资产**　纳税人将自产的应税消费品用于在建工程或者直接转为固定资产,应于货物移送使用时,按同类消费品的平均销售价格计算应纳消费税和应纳增值税,贷记"应交税费——应交消费税"、"应交税费——应交增值税(销项税额)";按移送使用的货物成本,贷记"库存商品"账户;按应纳增值税、应纳消费税和移送使用货物的成本之和,借记"在建工程"、"固定资产"账户。

【例3-13】　奇瑞汽车制造厂为增值税一般纳税人,2月份将5辆小轿车转作企业自用固定资产。该类小轿车的不含税销售价每辆为12万元,成本价每辆为9万元。小汽车消费税税率为8%。

【解析】
小轿车的应交增值税=120 000×5×17%=102 000(元)
小轿车的应交消费税=120 000×5×8%=48 000(元)
会计分录为:

　　借:固定资产　　　　　　　　　　　　　　　　　600 000
　　　　贷:库存商品　　　　　　　　　　　　　　　　　450 000
　　　　　　应交税费——应交增值税(销项税额)　　　　102 000
　　　　　　应交税费——应交消费税　　　　　　　　　　48 000

(二)以应税消费品作为投资的账务处理

企业以生产的应税消费品作为股权投资,应视同销售缴纳消费税。企业投资时,按股权投资处理办法,借记"长期股权投资"账户,按投资移送应税消费品的售价或组成计税价格,贷记"主营业务收入"账户;按应交增值税,贷记"应交税费——应交增值税(销项税额)"账户;按应交消费税,贷记"应交税费——应交消费税"账户,借记"营业税金及附加"账户;按照移送的货物成本,借记"主营业务成本"账户,贷记"库存商品"账户。

【例3-14】　某公司将自产的应税消费品投资到另一个企业,并为后者开具专用发票,价款 10 000 元,增值税 1 700 元,价税合计 11 700 元。消费税税率为 5%,应纳消费税额为 500 元。若成本为 8 000 元,则企业如何作会计处理。

借:长期股权投资　　　　　　　　　　　　　　　　11 700
　　营业税金及附加　　　　　　　　　　　　　　　　500
　　贷:主营业务收入　　　　　　　　　　　　　　　10 000
　　　　应交税费——应交增值税(销项税额)　　　　1 700
　　　　应交税费——应交消费税　　　　　　　　　　500
借:主营业务成本　　　　　　　　　　　　　　　　　8 000
　　贷:库存商品　　　　　　　　　　　　　　　　　8 000

(三)以应税消费品换取生产资料和消费资料的账务处理

企业以生产的应税消费品用于换取生产资料和消费资料,属于非货币资产交换,应视同销售进行会计处理,应按换出库存商品的公允价值加上应支付的相关税费,借记"原材料"、"材料采购"等账户,贷记"主营业务收入"和"应交税费——应交增值税(销项税额)",同时,按售价计算应交消费税,借记"营业税金及附加",贷记"应交税费——应交消费税",并结转销售成本。

特别注意:纳税人用于换取生产资料和消费资料、投资入股和抵偿债务等方面的应税消费品,应当以纳税人同类应税消费品的最高销售价格作为计税依据计算消费税;而增值税仍以同类商品的平均销售价格作为计税依据。

【例 3-15】某企业为一般纳税人,以其生产的应纳消费税产品换取原材料,应纳消费税产品的售价为 240 000 元。假设应换取的原材料价格、增值税额与应纳消费税产品的售价、增值税额相同,产品成本为 150 000 元。该产品的增值税税率为 17%,消费税税率为 10%。产品已经发出,材料已经到达。根据这项经济业务,企业如何作会计处理。

①应向购买者收取的增值税税额:
应向购买者收取的增值税税额 = 240 000 × 17% = 40 800(元)
②应交消费税 = 240 000 × 10% = 24 000(元)

借:原材料　　　　　　　　　　　　　　　　　　　24 800
　　应交税费——应交增值税(进项税额)　　　　　 40 800
　　贷:主营业务收入　　　　　　　　　　　　　　 24 000
　　　　应交税费——应交增值税(销项税额)　　　 40 800
借:营业税金及附加　　　　　　　　　　　　　　　 24 000
　　贷:应交税费——应交消费税　　　　　　　　　 24 000
借:主营业务成本　　　　　　　　　　　　　　　　150 000
　　贷:库存商品　　　　　　　　　　　　　　　　150 000

(四)企业以生产的应税消费品用于抵偿债务的账务处理

企业以生产的应税消费品清偿债务,应按应付账款的账面余额,借记"应付账款"账户,按用于清偿债务的应税消费品的公允价值,贷记"主营业务收入"账户,按应交增值税销项税额,贷记"应交税费——应交增值税(销项税额)"账户,按应交税消费税额,贷记"应交税费——应交消费税"账户,按其差额,贷记"营业外收入"等账户或借记"营业外支出"等账户。同时按照该用于抵偿债务的应税消费品的账面余额,借记"主营业务成本"账户,贷记"库存商品"账户。

【例3-16】 欣悦小汽车生产企业某月生产小汽车100辆,单位成本50 000元,将其中的10辆用于抵偿所欠汽车零件厂债务700 000元。该型号小汽车当月平均销售价格为78 000元,最高销售价为80 000元。小汽车的消费税税率为5%。计算该笔业务应纳消费税、增值税额并做出相应的会计处理。

【解析】
应纳消费税额=800 000×5%=40 000(元)
增值税销项税额=780 000×17%=132 600(元)
根据有关凭证,做如下会计处理

借:应付账款　　　　　　　　　　　　　　　　700 000
　　营业外支出　　　　　　　　　　　　　　　252 600
　贷:主营业务收入　　　　　　　　　　　　　　780 000
　　　应交税费——应交增值税(销项税额)　　132 600
　　　应交税费——应交消费税　　　　　　　　 40 000
借:主营业务成本　　　　　　　　　　　　　　500 000
　贷:库存商品　　　　　　　　　　　　　　　　500 000

**五、委托加工应税消费品的账务处理**

委托加工的应税消费品由受托方代收代缴消费税,当受托方代收税款后,形成与税务部门的负债,通过"应交税费——应交消费税"账户核算,借记"应收账款"、"银行存款"等账户,贷记"应交税费——应交消费税"账户。

委托方加工物资收回后,直接用于销售的,在销售环节不再缴纳消费税,应将代收代缴的消费税计入委托加工物资的成本,借记"委托加工物资"等账户,贷记"应付账款"、"银行存款"、等账户;委托加工物资收回后用于连续生产的,在生产出产品并销售时缴纳消费税,为了避免重复纳税,原来由受托方代收代缴的消费税可以按规定准予抵扣,应计入"应交税费——应交消费税"账户借方,抵减应交的消费税,即按代收代缴的消费税,借记"应交税费——应交消费税"账户,贷记"应付账款"、"银行存款"等账户。

【例3-17】 某企业发生下列经济业务:委托A企业(主营业务为对外提供加工劳务)加工一批应税消费品,加工所需的原材料成本为32 000元,受托方代垫辅助材料2 000元(不含增值税),应收取加工费8 000元(不含增值税),该应税消费品适用的消费税税率为30%。受托方没有同类消费品的销售价格,委托方以银行存款付清全部款项。加工物资收回后,一半用于销售,销售价格为70 000(不含税),适用的消费税税率为45%;一半用于连续生产应税消费品。委托方和受托方应交增值税和应交消费税的计算,委托加工业务的账务处理如下:

(1)受托方:

受托方一方面是增值税纳税人,另一方面又是委托方消费税的代扣代缴义务人,在委托方收回加工物资时,收取的金额包括加工费、代垫辅助材料费、增值税,及代收代缴的消费税。其账务处理如下:

应纳增值税=(8 000+2 000)×17%=1 700(元)
消费税的组成计税价格=(32 000+8 000+2 000)÷(1-30%)=60 000(元)
应代收代缴的消费税=60 000×30%=18 000(元)

| | |
|---|---|
| 借:银行存款 | 29 700 |
| 贷:主营业务收入 | 8 000 |
| 其他业务收入 | 2 000 |
| 应交税费——应交增值税(销项税额) | 1 700 |
| 应交税费——应交消费税 | 18 000 |

(2)委托方:

①发出加工所需材料:

| | |
|---|---|
| 借:委托加工物资 | 32 000 |
| 贷:原材料 | 32 000 |

②支付加工费和辅助材料费:

| | |
|---|---|
| 借:委托加工物资 | 10 000 |
| 应交税费——应交增值税(进项税额) | 1 700 |
| 贷:银行存款 | 11 700 |

③向受托方支付消费税税额:

| | |
|---|---|
| 借:委托加工物资 | 18 000 |
| 贷:银行存款 | 18 000 |

④收回的委托加工物资一半用作原材料入账:

| | |
|---|---|
| 借:原材料 | 21 000 |
| 应交税费——应交消费税 | 9 000 |
| 贷:委托加工物资 | 30 000 |

⑤收回的另一半物资用于直接销售,取得销售收入并结转成本:

| | |
|---|---|
| 借:银行存款 | 81 900 |
| 贷:主营业务收入 | 70 000 |
| 应交税费——应交增值税(销项税额) | 11 900 |
| 借:主营业务成本 | 30 000 |
| 贷:委托加工物资 | 30 000 |

## 六、进口应税消费品的账务处理

应税消费品进口时,由海关代征的进口的消费税,应计入进口消费品的成本中,根据海关完税凭证上注明的消费税税额,借记"固定资产"、"材料采购"、"库存商品"、"应交税费——应交增值税(进项税额)"等账户,贷记"银行存款"等账户。

**【例3-18】** 美仑化妆品厂进口化妆品原料一批,关税完税价格为12 000美元,已缴关税28 000元人民币,假定当日汇率为1美元换8.30元人民币,货物尚未运到,款已付。则该化妆品厂如何作会计处理。

组成计税价格=(12 000×8.30+28 000)÷(1-30%)=182 285.71(元)
应纳消费税税额=182 285.71×30%=54 685.71(元)
应纳增值税进项税额=182 285.71×17%=30 988.57(元)
会计分录如下:
  借:在途物资          182 285.71
    应交税费——应交增值税(进项税额)  30 988.57
  贷:银行存款          213 274.28

## 第四节 消费税的纳税申报与缴纳

### 一、消费税纳税义务的发生时间

**(1)生产销售环节**
①纳税人采用赊销和分期收款结算方式的,其纳税义务的发生时间,为销售合同规定的收款日期的当天。
②纳税人采取预收货款结算方式的,其纳税义务的发生时间,为发出应税消费品的当天。
③纳税人采取托收承付和委托银行收款方式销售的应税消费品,其纳税义务的发生时间,为发出应税消费品并办妥托收手续的当天。
④纳税人采取其他销售方式的,其纳税义务的发生时间,为收讫销售款或者索取销售款凭据的当天。
⑤纳税人自产自用消费品,其纳税义务的发生时间,为移送使用的当天。
**(2)委托加工环节** 纳税人委托加工的应税消费品,其纳税义务的发生时间,为纳税人提货的当天。
**(3)进口环节** 纳税人进口的应税消费品,其纳税义务的发生时间,为报关进口的当天。

### 二、纳税地点

纳税人销售的应税消费品,以及自产自用的应税消费品,除国务院财政、税务主管部门另有规定外,应当向纳税人机构所在地或者居住地的主管税务机关申报纳税。

纳税人到外县(市)销售或者委托外县(市)代销自产应税消费品的,应于应税消费品销售后,向机构所在地或者居住地主管税务机关申报纳税。

纳税人的总机构与分支机构不在同一县(市)的,应当分别向各自机构所在地的主管税务机关申报纳税;经财政部、国家税务总局或者其授权的财政、税务机关批准,可以由总机构汇总向总机构所在地的主管税务机关申报纳税。

委托加工的应税消费品,除受托方为个人外,由受托方向机构所在地或者居住地的主管税务机关缴纳消费税税款。委托个人加工的应税消费品,由委托方向其机构所在地或者居住地主管税务机关申报纳税。

进口的应税消费品,应当向报关地海关申报纳税。进口的应税消费品,由进口人或者其代理人向报关地海关申报纳税。

### 三、纳税期限

消费税的纳税期限分别为1日、3日、5日、10日、15日、1个月或者1个季度。纳税人的具体纳税期限,由主管税务机关根据纳税人应纳税额的大小分别核定;不能按照固定期限纳税的,可以按次纳税。

纳税人以1个月或者1个季度为1个纳税期的,自期满之日起15日内申报纳税;以1日、3日、5日、10日或者15日为1个纳税期的,自期满之日起5日内预缴税款,于次月1日起15日内申报纳税并结清上月应纳税款。

纳税人进口应税消费品,应当自海关填发海关进口消费税专用缴款书之日起15日内缴纳税款。

### 四、纳税申报

(一)消费税纳税申报说明

1)在中华人民共和国境内生产、委托加工、进口属于征税范围的应税消费品的单位和个人,均应按规定到主管税务机关办理消费税纳税申报。

2)纳税人在办理纳税申报时,如需办理消费税税款抵扣手续,除按有关规定提供纳税申报所需资料外,还应当提供以下资料:

①外购应税消费品连续生产应税消费品的,提供外购应税消费的增值税专用发票(抵扣联)原件和复印件。如果外购应税消费品的增值税专用发票属于汇总填开的,除提供增值税专用发票(抵扣联)原件和复印件外,还应提供随同增值税专用发票取得的由销售方开具并加盖财务专用章或发票专用章的销货清单原件和复印件。

②委托加工收回应税消费品连续生产应税消费品的,提供"代扣代收税款凭证"原件和复印件。

③进口应税消费品连续生产应税消费品的,提供"海关进口消费税专用缴款书"原件和复印件。主管税务机关在受理纳税申报后将以上原件退还纳税人,复印件留存。

(二)消费税的纳税申报表填制

为了在全国范围内统一规范消费税纳税申报资料,加强消费税管理的基础工作,2008年3月国家税务总局制定了《烟类应税消费品消费税纳税申报表》、《酒及酒精消费税纳税申报表》、《成品油消费税纳税申报表》、《小汽车消费税纳税申报表》、《其他应税消费品消费税纳税申报表》（以下统一称申报表），申报表自 2008 年 4 月份办理税款所属期为 3 月份的消费税纳税申报时启用。原消费税纳税申报表于 2008 年 6 月 30 日起停止使用。

这里附上《酒及酒精消费税纳税申报表》及其附表（见表 3-4 至表 3-6）和《其他应税消费品消费税纳税申报表》及其主要附表（见表 3-7、表 3-8）。

**表 3-4　酒及酒精消费税纳税申报表**

税款所属期：　　年　　月　　日至　　年　　月　　日
纳税人名称（公章）：　　　纳税人识别号：□□□□□□□□□□□□□□□
填表日期：　　年　　月　　日　　　　　　　　　　金额单位：元（列至角分）

| 项目 应税消费品 | 适用税率 | | 销售数量 | 销售额 | 应纳税额 |
|---|---|---|---|---|---|
| | 定额税率 | 比例税率 | | | |
| 粮食白酒 | 0.5 元/斤 | 20% | | | |
| 薯类白酒 | 0.5 元/斤 | 20% | | | |
| 啤酒 | 250 元/吨 | — | | | |
| 啤酒 | 220 元/吨 | — | | | |
| 黄酒 | 240/吨 | | | | |
| 其他酒 | — | 10% | | | |
| 酒精 | — | 5% | | | |
| 合计 | — | — | | | |
| 本期准予抵减税额： | | | 声明<br>　　此纳税申报表是根据国家税收法律的规定填报的，我确定它是真实的、可靠的、完整的。<br>经办人（签章）：<br>财务负责人（签章）：<br>联系电话：<br><br>（如果你已委托代理人申报，请填写）<br>授权声明<br>　　为代理一切税务事宜，现授权＿＿＿＿（地址）＿＿＿＿为本纳税人的代理申报人，任何与本申报表有关的往来文件，都可寄予此人。<br>授权人签章： | | | | |
| 本期减（免）税额： | | | | | |
| 期初未缴税额： | | | | | |
| 本期缴纳前期应纳税额： | | | | | |
| 本期预缴税额： | | | | | |
| 本期应补（退）税额： | | | | | |
| 期末未缴税额： | | | | | |

以下由税务机关填写

　　受理人（签章）：　　　　受理日期：　　年　　月　　日　　　受理税务机关（章）：

填表说明：

①本表仅限酒及酒精消费税纳税人使用。

②本表"销售数量"为《中华人民共和国消费税暂行条例》、《中华人民共和国消费税暂行条例实施细则》及其他法规、规章规定的当期应申报缴纳消费税的酒及酒精销售（不含出口免税）数量。计量单位：粮食白酒和薯类白酒为斤（如果实际销售商品按照体积标注计量单位，应按 500 毫升为 1 斤换算），啤酒、黄酒、其他酒和酒精为吨。

③本表"销售额"为《中华人民共和国消费税暂行条例》、《中华人民共和国消费税暂行条例实施细则》及其他法规、规章规定的当期应申报缴纳消费税的酒及酒精销售（不含出口免税）收入。

④根据《中华人民共和国消费税暂行条例》和《财政部国家税务总局关于调整酒类产品消费税政策的通知》（财税［B001184 号］）的规定，本表"应纳税额"计算公式如下：

粮食白酒、薯类白酒

应纳税额＝销售数量×定额税率＋销售额×比例税率

啤酒、黄酒

应纳税额＝销售数量×定额税率

其他酒、酒精

应纳税额＝销售额×比例税率

⑤本表"本期准予抵减税额"按本表附件 1 的本期准予抵减税款合计金额填写。

⑥本表"本期减（免）税额"不含出口退（免）税额。

⑦本表"期初未缴税额"填写本期期初累计应缴未缴的消费税额，多缴为负数。其数值等于上期"期末未缴税额"。

⑧本表"本期缴纳前期应纳税额"填写本期实际缴纳入库的前期消费税额。

⑨本表"本期预缴税额"填写纳税申报前已预先缴纳入库的本期消费税额。

⑩本表"本期应补（退）税额"计算公式如下，多缴为负数：

本期应补（退）税额＝应纳税额（合计栏金额）－本期准予抵减税额－本期减（免）税额－本期预缴税额

⑪本表"期末未缴税额"计算公式如下，多缴为负数：

期末未缴税额＝期初未缴税额＋本期应补（退）税额－本期缴纳前期应纳税额

⑫本表为 A4 竖式，所有数字小数点后保留两位。一式两份，一份纳税人留存，一份税务机关留存。

### 表 3-5　附 1　本期准予抵减税额计算表

税款所属期：　　年　　月　　日至　　年　　月　　日

纳税人名称（公章）：　　　　纳税人识别号：

填表日期：　　年　　月　　日　　　　　　　　　　　单位：吨、元（列至角分）

| 一、当期准予抵减的外购啤酒液已纳税款计算 |
| --- |
| 1.期初库存外购啤酒液数量： |
| 2.当期购进啤酒液数量： |
| 3.期末库存外购啤酒液数量： |
| 4.当期准予抵减的外购啤酒液已纳税款： |
| 二、当期准予抵减的进口葡萄酒已纳税款： |
| 三、本期准予抵减税款合计： |

表3-6　附：准予抵减消费税凭证明细

| | 号　码 | 开票日期 | 数　量 | 单　价 | 定额税率(元)/吨 |
|---|---|---|---|---|---|
| 啤酒(增值税专用发票) | | | | | |
| | | | | | |
| | 合　计 | — | | — | |
| | 号　码 | 开票日期 | 数　量 | 完税价格 | 税款金额 |
| 葡萄酒(海关进口消费税专用缴款书) | | | | | |
| | | | | | |
| | 合　计 | — | | | |

填表说明：

①本表作为《酒及酒精消费税纳税申报表》的附报资料，由以外购啤酒液为原料连续生产啤酒的纳税人或以进1∶3葡萄酒为原料连续生产葡萄酒的纳税人填报。

②根据《国家税务总局关于用外购和委托加工收回的应税消费品连续生产应税消费品征收消费税问题的通知》(国税发[1995]94号)和《国家税务总局关于啤酒集团内部企业间销售(调拨)啤酒液征收消费税问题的批复》(国税函[2003]382号)的规定，本表"当期准予抵减的外购啤酒液已纳税款"计算公式如下：

当期准予抵减的外购啤酒液已纳税款＝(期初库存外购啤酒液数量＋当期购进啤酒液数量－期末库存外购啤酒液数量)×外购啤酒液适用定额税率

其中，外购啤酒液适用定额税率由购入方取得的销售方销售啤酒液所开具的增值税专用发票上记载的单价确定。适用定额税率不同的，应分别核算外购啤酒液数量和当期准予抵减的外购啤酒液已纳税款，并在表中填写合计数。

③根据《国家税务总局关于印发〈葡萄酒消费税管理办法(试行)〉的通知》(国税发[2006]66号)的规定，本表"当期准予抵减的进口葡萄酒已纳税款"为纳税人进口葡萄酒取得的《海关进口消费税专用缴款书》注明的消费税款。

④本表"本期准予抵减税款合计"应与《酒及酒精消费税纳税申报表》中对应项目一致。

⑤以外购啤酒液为原料连续生产啤酒的纳税人应在"附：准予抵减消费税凭证明细"栏据实填写购入啤酒液取得的增值税专用发票上载明的"号码"、"开票日期"、"数量"、"单价"等项目内容。

⑥以进口葡萄酒为原料连续生产葡萄酒的纳税人应在"附：准予抵减消费税凭证明细"栏据实填写进口消费税专用缴款书上载明的"号码"、"开票日期"、"数量"、"完税价格"、"税款金额"等项目内容。

⑦本表为A4竖式，所有数字小数点后保留两位。一式两份，一份纳税人留存，一份税务机关留存。

## 第三章

**表 3-7 其他应税消费品消费税纳税申报表**

税款所属期： 年 月 日 至 年 月 日

纳税人名称（公章）： 纳税人识别号：☐☐☐☐☐☐☐☐☐☐☐☐☐☐☐

填表日期 年 月 日 金额单位：元（列至角分）

| 项目<br>应税消费品名称 | 适用税率 | 销售数量 | 销售额 | 应纳税额 |
|---|---|---|---|---|
|  |  |  |  |  |
|  |  |  |  |  |
|  |  |  |  |  |
| 合 计 |  |  |  |  |

| 本期准予抵减税额： | 声明 |
|---|---|
|  | 此纳税申报表是根据国家税收法律的规定填报的，我确定它是真实的、可靠的、完整的。 |
| 本期减（免）税额： | 经办人（签章）： |
| 期初未缴税额： | 财务负责人（签章）：<br>联系电话： |
| 本期缴纳前期应纳税额： | （如果你已委托代理人申报，请填写）<br>授权声明 |
| 本期预缴税额： | 为代理一切税务事宜，现授权 ____ （地址）____ 为本纳税人的代理申报人，任何与本申报表有关的往来文件，都可寄予此人。 |
| 本期应补（退）税额： |  |
| 期末未缴税额： | 授权人签章： |

以下由税务机关填写

受理人（签章）： 受理日期： 年 月 日 受理税务机关（章）：

填表说明：

①本表限化妆品、贵重首饰及珠宝玉石、鞭炮焰火、汽车轮胎、摩托车、高尔夫球及球具、高档手表、游艇、木制一次性筷子、实木地板等消费税纳税人使用。

②本表"应税消费品名称"和"适用税率"按照以下内容填写：

化妆品：30%；贵重首饰及珠宝玉石：10%；金银首饰（铂金首饰、钻石及钻石饰品）：5%；鞭炮焰火：15%；汽车轮胎（除子午线轮胎外）：3%；汽车轮胎（限子午线轮胎）：3%（免税）；摩托车（排量＞250毫升）：10%；摩托车（排量≤250毫升）：3%；高尔夫球及球具：10%；高档手表：20%；游艇：10%；木制一次性筷子：5%；实木地板：5%。

③本表"销售数量"为《中华人民共和国消费税暂行条例》、《中华人民共和国消费税暂行条例实施细则》及其他法规、规章规定的当期应申报缴纳消费税的应税消费品销售（不含出口免税）数量。计量单位是：汽车轮胎为套；摩托车为辆；高档手表为只；游艇为艘；实木地板为平方米；木制一次性筷子为万双；化妆品、贵重首饰及珠宝玉石（含金银首饰、铂金首饰、钻石及钻石饰品）、鞭炮焰火、高尔夫球及

球具按照纳税人实际使用的计量单位填写并在本栏中注明。

④本表"销售额"为《中华人民共和国消费税暂行条例》、《中华人民共和国消费税暂行条例实施细则》及其他法规、规章规定的当期应申报缴纳消费税的应税消费品销售(不含出口免税)收入。

⑤根据《中华人民共和国消费税暂行条例》的规定,本表"应纳税额"计算公式如下:

$$应纳税额＝销售额×适用税率$$

⑥本表"本期准予扣除税额"按本表附件1的本期准予扣除税款合计金额填写。

⑦本表"本期减(免)税额"不含出口退(免)税额。

⑧本表"期初未缴税额"填写本期期初累计应缴未缴的消费税额,多缴为负数。其数值等于上期"期末未缴税额"。

⑨本表"本期缴纳前期应纳税额"填写本期实际缴入库的前期消费税额。

⑩本表"本期预缴税额"填写纳税申报前已预先缴入库的本期消费税额。

⑪本表"本期应补(退)税额"计算公式如下,多缴为负数:

本期应补(退)税额＝应纳税额(合计栏金额)－本期准予扣除税额－本期减(免)税额－本期预缴税额

⑫本表"期末未缴税额"计算公式如下,多缴为负数:

期末未缴税额＝期初未缴税额＋本期应补(退)税额－本期缴纳前期应纳税额

⑬本表为A4竖式,所有数字小数点后保留两位。一式两份,一份纳税人留存,一份税务机关留存。

**表 3-8  附1 本期准予扣除税额计算表**

税款所属期：    年  月  日至    年  月  日

纳税人名称(公章)：          纳税人识别号：

填表日期：  年  月  日                         金额单位:元(列至角分)

| 项目 | 应税消费品名称 |  |  | 合计 |
|---|---|---|---|---|
| 当期准予扣除的委托加工应税消费品已纳税款计算 | 期初库存委托加工应税消费品已纳税款 |  |  | — |
|  | 当期收回委托加工应税消费品已纳税款 |  |  | — |
|  | 期末库存委托加工应税消费品已纳税款 |  |  | — |
|  | 当期准予扣除委托加工应税消费品已纳税款 |  |  |  |
| 当期准予扣除的外购应税消费品已纳税款计算 | 期初库存外购应税消费品买价 |  |  | — |
|  | 当期购进应税消费品买价 |  |  | — |
|  | 期末库存外购应税消费品买价 |  |  | — |
|  | 外购应税消费品适用税率 |  |  | — |
|  | 当期准予扣除外购应税消费品已纳税款 |  |  |  |
| 本期准予扣除税款合计 |  |  |  |  |

**填表说明：**

①本表作为《其他应税消费品消费税纳税申报表》的附报资料,由外购或委托加工收回应税消费品后连续生产应税消费品的纳税人填报。

②本表"应税消费品名称"填写化妆品、珠宝玉石、鞭炮焰火、汽车轮胎、摩托车(排量＞250毫升)、摩托车(排量≤250毫升)、高尔夫球及球具、木制一次性筷子、实木地板。

③根据《国家税务总局关于用外购和委托加工收回的应税消费品连续生产应税消费品征收消费税问题的通知》(国税发[1995]394号)的规定,本表"当期准予扣除的委托加工应税消费品已纳税款"计算公式如下:

当期准予扣除的委托加工应税消费品已纳税款＝期初库存委托加工应税消费品已纳税款＋当期收回委托加工应税消费品已纳税款－期末库存委托加工应税消费品已纳税款

④根据《国家税务总局关于用外购和委托加工收回的应税消费品连续生产应税消费品征收消费税问题的通知》(国税发[1995]394号)的规定,本表"当期准予扣除的外购应税消费品已纳税款"计算公式如下:

当期准予扣除的外购应税消费品已纳税款＝(期初库存外购应税消费品买价＋当期购进应税消费品买价－期末库存外购应税消费品买价)×外购应税消费品适用税率

⑤本表"本期准予扣除税款合计"为本期外购及委托加工收回应税消费品后连续生产应税消费品准予扣除应税消费品已纳税款的合计数,应与《其他应税消费品消费税纳税申报表》中对应项目一致。

⑥本表为A4竖式,所有数字小数点后保留两位。一式两份,一份纳税人留存,一份税务机关留存。

## 第五节 消费税的出口退税

### 一、出口应税消费品的退(免)税基本政策

消费税应税消费品的退(免)税,与增值税的规定基本相同。出口应税消费品退(免)消费税政策仍然分为三种情况:出口免税并退税、出口免税但不退税和出口不免税也不退税,但每一项政策的具体适用范围与增值税有所不同。在消费税中,这三项出口退(免)政策分别适用于三类企业:

①出口免税并退税政策适用于有出口经营权的外贸企业购进后直接出口的应税消费品,以及外贸企业受其他外贸企业的委托代理出口的应税消费品。

②出口免税但不退税政策适用于有出口经营权的生产性企业自营出口或生产企业委托外贸企业代理出口自产的应税消费品。

③不免税也不退税政策适用于除生产企业、外贸企业以外的其他企业出口的应税消费品。

### 二、出口应税消费品退税率

出口应税消费品的退税率即应税消费品的征税率。需要说明的是企业应该将不同税率的出口应税消费品分开核算和申报,凡是划分不清适用税率的,一律从低适用税率计算应退消费税税额。

### 三、出口应税消费品应纳税额计算

①从价定率方法计征消费税的应税消费品,应按照外贸企业从工厂购进货物时

缴纳消费税的价格计算应退消费税税款。其公式为：

应退消费税税款＝出口货物的工厂销售额×税率

②从量定额方法计征消费税的应税消费品，应按照货物购进和报关出口的数量计算应退消费税税款。其公式为：

应退消费税税款＝出口数量×单位税额

③复合计税方法计征消费税的应税消费品。其公式为：

应退消费税税款＝出口货物的工厂销售额×税率＋出口数量×单位税额

## 四、出口应税消费的会计核算

**(1)生产企业直接出口**　生产企业直接出口或通过外贸企业出口的应税消费品，按规定直接予以免税的，可不计算应交消费税。

**(2)委托外贸企业代理出口**　委托外贸企业代理出口应税消费品的生产性企业，应在计算消费税时，按应交消费税处理，借记"应收出口退税"，贷记"应交税费——应交消费税"；收到退回的税款时，借记"银行存款"，贷记"应收出口退税"；发生退关、退货而补交已退的消费税时，做相反的会计分录。

**(3)外贸企业自营出口应税消费品**　自营出口是指外贸企业以自己的名义购进货物后直接销售到国外。自营出口应税消费品的外贸企业，应在应税消费品报关出口后申请出口退税时，借计"应收出口退税"账户，贷计"主营业务成本"账户。在实际收到出口退税款时，借计"银行存款"账户，贷计"应收出口退税"账户。发生退关或退货而补缴已退的消费税时，则作两笔相反的会计分录。

**【例3-19】** 腾飞进出口公司2010年5月报关出口啤酒50吨，每吨出口价折合人民币1500元，已收到外方付款并申请出口退税。6月份，公司收到税务机关退还的消费税。7月份，有10吨啤酒因质量问题发生退货。账务处理如下：

①5月份申请出口退税时：

　　借：应收出口退税　　　　　　　　　　11 000
　　　　贷：主营业务成本　　　　　　　　　　　　11 000

②6月份收到出口退税款时：

　　借：银行存款　　　　　　　　　　　　11 000
　　　　贷：应收出口退税　　　　　　　　　　　　11 000

③7月份发生退关时，应补缴税款2 200元，则账务处理为：

　　借：应收出口退税　　　　　　　　　　2 200
　　　　贷：银行存款　　　　　　　　　　　　　　2 200
　　借：主营业务成本　　　　　　　　　　2 200
　　　　贷：应收出口退税　　　　　　　　　　　　2 200

## 第六节 消费税的税务筹划

消费税的税务筹划主要包括关联企业转让定价、利用征税环节、选择合理的加工方式、销售方式、包装物和税率差异等筹划内容。

### 一、利用征收环节的税务筹划

消费税的征收环节是一次性征收,除金银首饰、钻石及饰品外,零售环节不征税。消费税的应税行为发生在生产领域而非流通领域。如果企业集团内设立独立核算的销售机构,生产应税消费品的企业以较低的价格将应税消费品销售给与其关联的销售机构,则可降低生产企业的销售额,从而减少应交消费税税额。

【案例分析】 太白酒业集团公司下属酒厂专营一知名品牌粮食白酒,主要销售给全国各地的批发商。另有部分白酒是本市的一些零售户、酒店、消费者自行到工厂直接购买的。按去年的销售状况,企业直接的销售量大约为10 000箱(每箱12瓶,每瓶0.5千克),企业销售给批发商的价格400元/箱,直接销售给零售户、酒店和消费者的单价为500元/箱,粮食白酒的税率为20%,从量定额为0.5元/斤。

筹划前,全年这部分白酒应纳的消费税额为:

$10\,000 \times 12 \times 0.5 + 10\,000 \times 500 \times 20\% = 1\,060\,000(元)$

税法规定,除金银首饰、钻石及饰品外,消费税的纳税环节是生产领域,零售环节不征税。如果在公司下设立一独立核算的经销部,销售自产白酒,由于独立核算的销售机构处于流通领域,因此只缴纳增值税,不缴纳消费税。集团公司增设经营部后,按其销售给其他批发商的价格400元/箱与经销部结算,经销部再以每箱500元的价格对外销售。采用此方案后,应纳的消费税计算如下:

应纳的消费税 $= 10\,000 \times 12 \times 0.5 + 10\,000 \times 400 \times 20\% = 860\,000(元)$

经过筹划后可节约消费税:$1\,060\,000 - 860\,000 = 200\,000(元)$

采用此方案应当注意:由于独立核算的经销部与生产企业之间存在关联关系,《税收征管法》第二十四条规定:"企业或者外国企业在中国境内设立的从事生产经营的机构、场所与其关联企业之间的业务往来,应当按照独立企业之间的业务往来收取或者支付价款、费用;不按照独立企业之间的业务往来收取或者支付价款、费用,而减少其应纳税收入或者所得额的,税务机关有权进行合理调整。"因此,工厂销售给独立核算的经销部的价格,应当参照销售给其他商家当期的平均价格确定,如果销售价格"明显偏低",主管税务机关将会对价格重新进行调整。

### 二、合理选择加工方式的税务筹划

税法规定,委托加工的应税消费品,收回后用于连续生产应税消费品的,所纳税款准予按规定抵扣;收回后直接对外销售的,不再征收消费税。可见在委托加工与自行加工之间存在着一定的筹划空间,因此,纳税人可以选择合理的加工方式进行税务筹划。

**【案例分析】** 腾云卷烟厂有一批需要加工的价值100万元的烟叶,由于不同的加工方式,其承担的税负不同,公司的三位领导制定了以下三种方案。

领导甲:委托红叶厂将烟叶加工成400标准箱某品牌卷烟后直接出售,支付加工费160万元。

领导乙:委托红叶厂将烟叶加工成烟丝,协议规定加工费75万元,加工的烟丝运回甲厂后继续加工成400标准箱某品牌卷烟,预计加工成本、费用95万元。

领导丙:腾云卷烟厂自行加工,其加工成本、费用预计175万元。该批卷烟售价为700万元。

烟丝消费税税率30%,卷烟消费税税率45%。所得税税率25%,定额税率为150元/箱。

方案分析:生产销售卷烟首先按销售数量每箱征收150元的定额消费税。考虑到无论采用哪种方案,其销售量都不变,故其应纳定额税可以不作考虑。

领导甲:腾云厂收回卷烟时,向受托方支付其代收代缴的消费税:

应纳消费税=(100+160)÷(1-45%)×45%=212.73(万元)

由于委托加工应税消费品直接对外出售,腾云卷烟厂销售卷烟时不再缴纳消费税,其税后利润为:

税后利润=(700-100-160-212.73)×(1-25%)=170.45(万元)

领导乙:腾云卷烟厂向红叶卷烟厂支付加工费时,向受托方支付其代收代缴的消费税:

应纳消费税=(100+75)÷(1-30%)×30%=75(万元)

腾云卷烟厂销售卷烟后,应缴纳的消费税:

应纳消费税=700×45%-75=240(万元)

税后利润=(700-100-75-75-95-240)×(1-25%)=86.25(万元)

领导丙:腾云卷烟厂销售卷烟时缴纳消费税:

应纳消费税=700×45%=315(万元)

税后利润=(700-100-175-315)×(1-25%)=82.5(万元)

从以上分析可知,在各因素相同的情况下,自行加工方式的税后利润最少,其税负最重。而彻底的委托加工又比委托加工收回后再自行加工税负要低。这主要是因为委托加工和自行加工的应纳消费品的税基不同。

### 三、以物易物、以物抵债、以物投资的税务筹划

税法规定:从价计征的应税消费品用于以物易物、以物抵债、以物投资时应当以纳税人同类应税消费品的最高销售价格作为计税依据计算消费税。纳税人发生上述业务时,应采用先销售后入股(换货、抵债)的方式,可以降低税基,达到少缴消费税的目的。

**【案例分析】** 长虹汽车制造厂当月对外销售同型号的小汽车共有三种价格,以

3.5万元的不含税单价销售15辆,以4万元的不含税单价销售15辆,以4.5万元的不含税单价销售20辆。当月以2辆同型号小汽车换取原材料。双方按当月加权平均价格确定小汽车的单价,小汽车消费税税率5%。

小汽车换取原材料应纳的消费税=4.5×2×5%=0.45(万元)

如果该企业按照当月的加权平均单价将这2辆小汽车销售后,再购买原材料,则,

应纳消费税=(3.5×15+4×15+4.5×20)÷(15+15+20)×2×5%
         =0.405(万元)

可节税 0.45−0.405=0.045(万元)

### 四、包装物的税务筹划

税法规定:应税消费品连同包装销售的,无论包装物是否单独计价,也不论在会计上如何核算,实行从价定率计算消费税部分,均应并入应税消费品的销售额征收消费税。如果包装物不作价随同产品销售,而是收取押金,则此项押金不并入应税消费品的销售额中征税。因此,企业可通过先销售、后包装的形式降低应税销售额,从而降低消费税税负。

【案例分析】 哈利日化厂生产各种日化用品,本月将生产的化妆品、护肤护发品、香皂、小工艺品组成成套消费品销售,每套消费品由一瓶香水(52元)、一瓶指甲油(18元)、一支口红(36元)、一瓶洗面奶(28元)、一瓶浴液(19元)、一瓶摩丝(31元)、一块香皂(8元)、化妆工具及小工艺品(12元)、包装盒(12元)组成。预计本月将销售1500套。化妆品的消费税税率为30%。

如将商品包装后再销售给商家,则应纳消费税为:

应纳消费税=(52+18+36+28+19+31+8+12+12)×30%×1500
         =97 200(元)

如进行税务筹划,将上述商品先分别销售给商家,再由商家包装后对外销售,这样工厂仅就化妆品按30%的税率缴纳消费税。由于消费税是在生产销售环节纳税,商家处于销售环节,销售这些商品时,只缴纳增值税,不再缴纳消费税,因此这一方案对商家的利润并无影响。采用此方案后,工厂应纳的消费税为:

应纳消费税=(52+18+36)×30%×1500=47 700(元)

筹划后节约消费税=97 200−47 700=49 500(元)

### 五、利用税率差异的税务筹划

企业应建立健全会计核算制度,对不同税率的应税消费品分别设置明细账进行核算,这样就可以按不同税率计算缴纳消费税。如果不进行分别核算,非应税消费品也要纳税,而且是从高适用税率纳税,低税率消费品也将采用高税率缴纳消费税,这样会大量增加企业的税收负担。所以,企业进行税务筹划时,应充分考虑各方面因素,尽量将不同税率的产品分别核算。

【案例分析】 哈利日化厂生产各种日化用品,本月销售情况如下:销售香皂收

入20万元,销售洗衣粉收入23万元,销售空气清新剂收入18万元,销售家用灭蚊剂收入11万元,销售护肤用品收入25万元,销售护发用品收入16万元,销售香水收入25万元,销售其他化妆品收入36万元。

若企业未分别核算各种收入的应纳消费税为:

应纳消费税=(20+23+18+11+25+16+25+36)×30%=52.2(万元)

若企业分别核算各种收入的应纳的消费税为:

应纳消费税=(25+36)×30%=18.3(万元)

筹划后节约消费税:52.2-18.3=33.9(万元)

###  回顾、思考、回答:检验一下你弄清下列问题了吗?

1. 想一想,消费税与增值税有哪些异同?对哪些人征收?对哪些商品在哪些环节征收?

2. 消费税的税率是如何构成的?如何根据应税消费品选择适合的税率?

3. 消费税有哪些税收优惠政策?想一想你所在的单位可以享受优惠的有哪些消费品?

4. 纳税人自产自销应税消费品应如何计算和核算消费税?

5. 纳税人委托加工应税消费品应如何计算和核算消费税?

6. 纳税人进口应税消费品应如何计算和核算消费税?

7. 纳税人委托外单位加工应税消费品,应如何计算和核算消费税?

8. 纳税人出租出借包装物应如何计算和核算消费税?没收预期未退回包装物押金的消费税和增值税如何处理?

9. 消费税的筹划应从哪几方面进行?

# 第四章 营业税纳税实务

**读者导航**

营业税是对除商品流通业以外的第三产业,提供应税劳务的营业额征收的一个重要流转税。本章主要介绍营业税的基本规定、营业税应纳税额的计算和核算,营业税的纳税申报和营业税的税务筹划等内容。通过本章学习,您应熟知营业税法的基本规定,能够进行营业税应纳税额的计算和账务处理、纳税申报与税款缴纳,运用营业税税务筹划方法进行营业税的筹划安排。

## 第一节 营业税基本规定

### 一、营业税的含义和特征

营业税是对在我国境内提供应税劳务、转让无形资产或销售不动产的单位和个人所取得的营业额缴纳的一种流转税。营业税按营业额全额计税,按行业设计税目和税率,具有计征简便、便于征管和税负公平合理的特点。我国现行营业税法规是2008年11月15日由国务院修订通过的《中华人民共和国营业税暂行条例》和2008年12月15日修订通过的《中华人民共和国营业税暂行条例实施细则》,于2009年1月1日起实施。

### 二、营业税的纳税人

**(1)营业税的纳税人** 为在我国境内提供营业税暂行条例规定的应税劳务、转让无形资产或销售不动产的单位和个人。负有营业税纳税义务的单位为发生应税行为并收取货币、货物或者其他经济利益的单位,但不包括单位依法不需要办理税务登记的内设机构。

为明确纳税责任,营业税实施细则对下列特殊行为的纳税人作了具体的规定:单位以承包、承租、挂靠方式经营的,承包人、承租人、挂靠人(以下统称承包人)发生应税行为,承包人以发包人、出租人、被挂靠人(以下统称发包人)名义对外经营并由发包人承担相关法律责任的,以发包人为纳税人;否则以承包人为纳税人。

中央铁路运营业务的纳税人为铁道部,合资铁路运营业务的纳税人为合资铁路公司,地方铁路运营业务的纳税人为地方铁路管理机构,基建临管线运营业务的纳税人为基建临管线管理机构。

**(2)营业税的扣缴义务人**　　在现实生活中,有些具体情况难以确定纳税人,因此规定了扣缴义务人,扣缴义务人负有代扣代缴税款的义务。营业税的扣缴义务人主要有以下几种:

①委托金融机构发放贷款的,以受托发放贷款的金融机构为扣缴义务人。

②建筑安装业务实行总承包、分包或者转包的,以总承包人为扣缴义务人。

③境外的单位或者个人在境内提供应税劳务、转让无形资产或者销售不动产,在境内未设有经营机构的,以其境内代理人为扣缴义务人;在境内没有代理人的,以受让方或者购买方为扣缴义务人。

④单位和个人进行演出由他人售票的,其应纳税款以售票者为扣缴义务人;演出经纪人为个人的,其应纳税款也以售票者为扣缴义务人。

⑤个人转让专利、非专利技术、商标权、著作权、商誉等无形资产的,其应纳税款以受让方为扣缴义务人。

⑥分保险业务,其应纳税款以初保人为扣缴义务人。

⑦国务院财政、税务主管部门规定的其他扣缴义务人。

### 三、营业税的征税范围

**(1)营业税征税范围一般规定**　　根据《中华人民共和国营业税暂行条例》和实施细则规定,凡在中华人民共和国境内提供应税劳务、转让无形资产和销售不动产的行为,均为营业税的征收范围。在中华人民共和国"境内"是指税收行政管辖权的区域。具体含义为:提供或者接受应税劳务的单位或者个人在境内;所转让的无形资产(不含土地使用权)的接受单位或者个人在境内;所转让或者出租土地使用权的土地在境内;所销售或者出租的不动产在境内。

营业税的应税行为是指有偿提供应税劳务、有偿转让无形资产所有权或使用权、有偿转让不动产所有权的行为。单位或个人将不动产或者本单位土地使用权无偿赠送其他单位和个人;单位或个人自己新建建筑物后销售,其所发生的自建行为,视同销售不动产,征收营业税。但单位或个体经营者聘用的员工为本单位或雇主提供加工、修理修配劳务的,不属于营业税征税范围。

**(2)混合销售行为和兼营行为**　　一项销售行为如果既涉及应税劳务又涉及货物,为混合销售行为。从事货物的生产、批发或者零售的企业、企业性单位和个体工商户的混合销售行为,视为销售货物,不缴纳营业税;其他单位和个人的混合销售行为,视为提供应税劳务,缴纳营业税。

以上所说的从事货物的生产、批发或零售的企业、企业性单位及个体经营者,包括以从事货物的生产、批发或零售为主,并兼营非应税劳务的企业、企业性单位及个体经营者在内。具体是指纳税人的年货物销售额与非增值税应税劳务营业额的合计数中,年货物销售额超过50%,非增值税应税劳务营业额不到50%。

纳税人的下列混合销售行为,应当分别核算应税劳务的营业额和货物的销售额,其应税劳务的营业额缴纳营业税,货物销售额不缴纳营业税;未分别核算的,由主管税务机关核定其应税劳务的营业额;提供建筑业劳务的同时销售自产货物的行为;财政部、国家税务总局规定的其他情形。

纳税人兼营应税行为和货物或者非应税劳务的,应当分别核算应税行为的营业额和货物或者非应税劳务的销售额,其应税行为营业额缴纳营业税,货物或者非应税劳务销售额不缴纳营业税;未分别核算的,由主管税务机关核定其应税行为营业额。

### (3)其他相关规定

①单位或个人新建建筑物后销售,其自建行为视为提供应税劳务,应按照建筑业税目征收营业税,同时按照不动产税目征收营业税。

②转让不动产有限产权或永久使用权,以及单位将不动产无偿赠送他人,应视同销售不动产,征收营业税。对个人无偿赠送不动产的行为不征收营业税。

③以无形资产、不动产投资入股,参与接受投资方的利润分配、共同承担投资风险的行为,不征营业税。

④土地所有者(国家)出让土地使用权和土地使用者将土地使用权归还土地所有者的行为,不征营业税。

## 四、营业税的税目和税率

### (1)营业税的税目

①交通运输业是指使用运输工具或人力、畜力将货物或旅客送达目的地,使其空间位置得到转移的业务活动。具体包括陆路运输、水路运输、航空运输、管道运输和装卸搬运五大类。

凡与运营业务有关的各项劳务活动,均属交通运输业的税目征收范围。具体包括:通用航空业务,航空地面服务,打捞,理货,港务局提供的引航、系解缆、停泊、移泊等劳务及引水员交通费、过闸费、货物港务费等。对远洋运输企业从事程租、期租业务和航空运输企业从事湿租业务取得的收入,也按"交通运输业"税目征收营业税。

②建筑业是指建筑安装工程作业等,具体包括建筑、安装、修缮、装饰和其他工程作业。

③金融保险业是具体包括金融业和保险业。

金融业是指经营货币资金融通活动的业务,包括贷款、融资租赁、金融商品转让、金融经纪业和其他金融业务。保险业是指将通过契约形式集中起来的资金,用以补偿被保险人经济利益的活动。

④邮电通信业是指专门办理信息传递的业务,包括邮政、电信。

邮政是指传递实物信息的业务,包括传递函件或包件(含快递业务)、邮汇、报刊发行、邮务物品销售、邮政储蓄及其他邮政业务。电信是指用各种电传设备传输电信号而传递信息的业务,包括电报、电传、电话、电话机安装、电信物品销售及其他电信业务。

⑤文化体育业是指经营文化、体育活动的业务,包括文化业和体育业。

⑥娱乐业是指为娱乐活动提供场所和服务的业务,包括经营歌厅、舞厅、卡拉OK歌舞厅、音乐茶座、台球、高尔夫球、保龄球场、网吧、游艺场等娱乐场所为顾客娱乐活动提供服务的业务。娱乐场所为顾客提供的饮食服务及其他各种服务也按照娱乐业征税。

⑦服务业是指利用设备、工具、场所、信息或技能为社会提供服务的业务,包括代理业、旅店业、饮食业、旅游业、仓储业、租赁业、广告业和其他服务业。

⑧转让无形资产是指转让无形资产的所有权或使用权的行为,包括转让土地使用权、商标权、专利权、非专利技术、出租电影拷贝、转让著作权和转让商誉。自2003年1月1日起,以无形资产投资入股,参与接受投资方的利润分配并共同承担投资风险的行为,不征收营业税,在投资后转让其股权的也不再征收营业税。

⑨销售不动产是指有偿转让不动产所有权的行为,包括销售建筑物或构筑物和销售其他土地附着物。在销售不动产时连同不动产所占土地的使用权一并转让的行为,比照销售不动产征收营业税。自2003年1月1日起,以不动产投资入股,参与接受投资方利润分配并共同承担投资风险的行为,不征营业税,在投资后转让其股权的也不再征收营业税。单位将不动产无偿赠与他人,视同销售不动产征收营业税,对个人无偿赠送不动产的行为,不征营业税。

**(2)营业税税率** 现行营业税根据不同行业和经营项目,共设置了9个税目,分别为交通运输业、建筑业、金融保险业、邮电通信业、文化体育业、娱乐业、服务业、转让无形资产、销售不动产。现行营业税根据不同行业和经营项目,设置了两档比例税率和一个幅度比例税率。营业税税目、税率见表4-1。

表4-1 营业税税目、税率表

| 税　　目 | 税　　率 |
| --- | --- |
| 一、交通运输业 | 3% |
| 二、建筑业 | 3% |
| 三、金融保险业 | 5% |
| 四、邮电通信业 | 3% |
| 五、文化体育业 | 3% |
| 六、娱乐业 | 5%~20% |
| 七、服务业 | 5% |
| 八、转让无形资产 | 5% |
| 九、销售不动产 | 5% |

从2001年5月1日起,歌厅、舞厅、卡拉OK歌舞厅(包括夜总会、练歌房)、音乐茶座(包括酒吧)、台球、高尔夫球、保龄球、游艺(如射击、狩猎、跑马、游戏机、卡丁车、热气球、动力伞、射箭、飞镖等)等娱乐行为的营业税统一按20%的税率执行;从2004年7月1日起台球、保龄球减按5%的税率征收营业税,税目仍属于"娱乐业"。

营业税的税目、税率在执行过程中的调整权限在于国务院。纳税人兼有不同税目应税行为的,应分别核算不同税目的销售额;不分别核算或者不能准确提供销售额的,从高适用税率。

### 五、营业税的税收优惠

纳税人营业税未达到营业税起征点的,免征营业税;达到起征点的,依照营业额全额计算缴纳营业税。按期纳税的,其起征点为月营业收入额1 000～5 000元;按次纳税的,其起征点为次(日)营业额100元。

**(1)营业税暂行条例规定的免税项目**

①托儿所、幼儿园、养老院、残疾人福利机构提供的育养服务、婚姻介绍、殡葬服务。

②残疾人员个人为社会提供的劳务。

③医院、诊所和其他医疗机构提供的医疗服务。

④学校和其他教育机构提供的教育劳务,学生勤工俭学提供的劳务。

⑤农业机耕、排灌、病虫害防治、植保、农牧保险以及相关技术培训业务,家禽、牲畜、水生动物的配种和疾病防治。

⑥纪念馆、博物馆、文化馆、美术馆、展览馆、书画院、图书馆、文物保护单位举办文化活动的门票收入(指销售第一道门票的收入),宗教场所举办文化、宗教活动的门票收入。

⑦境内保险机构为出口货物提供的保险产品,包括出口货物保险和出口信用保险。

除以上规定外,营业税的免税、减税项目由国务院规定,任何地区、部门均不得规定免税、减税项目。纳税人兼营免税、减税项目的,应当分别核算免税、减税项目的营业额;未分别核算营业额的,不得免税、减税。

**(2)国务院规定的免税项目**

①个人转让著作权。

②将土地使用权转让给农业生产者用于农业生产。

③单位和个人(包括外商投资企业、外商投资设立的研究开发中心、外国企业和外籍个人)从事技术转让、技术开发业务和与之相关的技术咨询、技术服务取得的收入。

④中国人民银行对金融机构的贷款业务,不征营业税。

⑤自2011年1月28日起,个人将购买不足5年的住房对外销售的,全额征收

营业税;个人将购买超过2年(含2年)的非普通住房对外销售的,按照其销售收入减去购买房屋的价款后的差额征收营业税;个人将购买超过5年(含5年)的普通住房对外销售的,免征营业税。个人自建自住房,免征营业税;企业、行政事业单位按房改成本价、标准价出售住房的收入免征营业税。

⑥对按政府规定价格出租的公有住房和廉租房暂免征收营业税;对个人按市场价格出租的居民住房,暂按3%的税率征收营业税。

⑦对高校后勤实体经营学生公寓和教师公寓及为高校教学提供后勤服务取得的租金和服务性收入,免征营业税。但对利用学生公寓或教师公寓等高校后勤服务设施向社会人员提供服务取得的租金和其他各种服务性收入,按现行规定计征营业税。

⑧对政府举办的职业学校设立的主要为在校学生提供实习场所,并由学校出资自办、学校负责经营管理、经营收入归学校所有的企业,对其从事营业税暂行条例"服务业"税目规定的服务项目(广告业、桑拿、按摩、氧吧等除外)取得的收入,免征营业税。

## 第二节 营业税的税款计算

### 一、营业税计税依据的确定方式

营业税的计税依据是提供应税劳务的营业额、转让无形资产的转让额或销售不动产的销售额,统称为营业额。营业税的营业额一般按以下三种方式确定:

**(1)直接以应税收入全额作为营业额** 以纳税人提供应税劳务向对方收取的全部价款和价外费用作为营业额。其中价外费用包括随同价款向对方收取的手续费、补贴、基金、集资费、返还利润、奖励费、违约金、滞纳金、延期付款利息、赔偿金、代收款项、代垫款项、罚息及其他各种性质的价外收费,不包括符合条件代为收取的政府性基金或者行政事业性收费。

纳税人按营业额计算缴纳营业税后因发生退款减除营业额的,应当退还已缴纳营业税税款,或者从纳税人以后应缴纳营业税税款中减除。

在提供营业税应税劳务、转让无形资产、销售不动产时,如果将价款与折扣额在同一张发票上注明的,以折扣后的价款为营业额;如果将折扣另开发票的,不论其在财务上如何处理,均不得从营业额中减除。

**(2)以应税收入与应税减除项目差额作为营业额** 通过正列举,规定一些项目的若干费用可扣除。如广告公司付给媒体的广告发布费可扣除,旅行社代游客支付的门票、交通费等费用可扣除等。计算公式为:

计税营业额 = 营业额 - 允许扣除项目金额

扣除依据为合法有效凭证,包括纳税人开具的发票、财政票据、签收单据及国家税务总局规定的其他合法有效凭证,如果取得的凭证不符合法律、行政法规或者国务院税务主管部门有关规定的,该项目金额不得扣除。

**(3)以组成计税价格作为营业额** 如果纳税人提供应税劳务、转让无形资产或者销售不动产价格明显偏低而无正当理由的,主管税务机关有权按下列顺序核定其营业额:

①按纳税人当月提供的同类应税劳务或销售不动产的平均价格核定。

②按纳税人最近时期提供的同类应税劳务或销售同类不动产的平均价格核定。

③按组成计税价格计算确定营业额。计算公式为:

计税营业额＝营业成本或工程成本×(1＋成本利润率)÷(1－营业税税率)

纳税人取得的外汇收入在计算营业额时,应当按外汇市场价格折合成人民币计算,其营业额的人民币折合率可以选择营业额发生的当天或当月1日的国家外汇牌价(原则上为中间价)。

## 二、应纳营业税额的计算

### (一)应税劳务营业税计算

**(1)交通运输业营业税的计算** 运输企业实际取得的全部价款和价外费用(包括客运收入、货运收入、装卸搬运收入、其他运输业务收入及运输票价中包含的保险费收入和各种建设基金等)为营业额计算缴纳营业税。纳税人将承揽的运输业务分给其他单位或者个人的,以其取得的全部价款和价外费用扣除其支付给其他单位或者个人的运输费用后的余额为营业额。扣减营业额时,必须持有接受的单位或个人开具的发票等合法有效凭证。

**【例4-1】** 迅驰运输公司8月份运营售票收入总额为600万元,从中支付联运业务的金额为100万元。计算该企业的本月应纳营业税额。

**【解析】** 境内联合运输业务,按税法规定可以扣除联运支出。

应纳营业税额＝(600－100)×3‰＝15(万元)

**(2)建筑业应纳营业税的计算** 建筑业以承接建筑、安装、修缮、装饰和其他工程作业向建设单位收取的全部价款及价外费用为营业额计算缴纳营业税。但另有几种特殊规定:

1)建筑业的总承包人将建筑工程分包给其他单位的,以其取得的全部价款和价外费用扣除其支付给其他单位的分包款后的余额为营业额计算缴纳营业税。同时总承包人应扣缴分包人或转包人应缴的营业税。

2)纳税人提供建筑业劳务(不含装饰劳务)的,其营业额应当包括工程所用原材料、设备及其他物资和动力价款在内,但不包括建设方提供的设备的价款。

纳税人采用清包工形式提供的装饰劳务(指工程所需的主要原材料和设备由客户自行采购,纳税人只向客户收取人工费、管理费及辅助材料费等费用的装饰劳务),按照其向客户实际收取的人工费、管理费和辅助材料费等收入(不含客户自行采购的材料价款和设备价款)确认计税营业额,计算缴纳营业税。

3)纳税人从事安装工程作业,凡安装的设备价值作为安装产值的,其计税营业额应包括设备价值;若安装的设备价值不作为安装产值的,其计税营业额不包括设备的价值。

4)建筑安装企业向建设单位收取的临时设施费、劳动保护费、施工机构迁移费、材料差价款、抢工费、全优工程奖和提前竣工奖应计入计税营业额征收营业税。建筑安装企业由于自身的原因,向建设单位支付的工程质量罚款和延误工期损失,不得从工程收入中扣除。

5)纳税人自行建造建筑物后销售的,其自建行为应视同提供建筑业应税劳务,由主管税务机关核定营业额。

自建行为是指纳税人自己建造房屋的行为。纳税人自建自用、自建出租、自建投资入股的房屋不纳税;如纳税人将自建的房屋对外销售,其自建行为应按建筑业缴纳营业税,再按销售不动产征收营业税。

纳税人提供应税劳务,转让无形资产或销售不动产的价格明显偏低并无正当理由的,自建行为和单位将不动产赠与他人无营业额时,主管税务机关规定顺序核定营业额。

①按纳税人最近时期发生的同类应税行为的平均价格核定。
②按其他纳税人最近时期发生的同类应税行为的平均价格核定。
③按组成计税价格公式核定:

组成计税价格=营业成本或工程成本×(1+成本利润率)÷(1-营业税税率)

公式中的成本利润率,由省、自治区、直辖市税务局确定。

【例4-2】 甲建筑公司以16 000万元的总承包额中标为某房地产开发公司承建一幢写字楼之后,将该写字楼工程的装饰工程以7 000万元分包给乙建筑公司。工程完工后,房地产开发公司用其自有的市值4 000万元的两幢普通住宅楼抵顶了应付给甲建筑公司的工程劳务费;甲建筑公司将一幢普通住宅楼自用,另一幢市值2 200万元的普通住宅抵顶了应付给乙建筑公司的工程劳务费。要求:请分别计算有关各方应缴纳和应代扣代缴的营业税税款。

【解析】 (1)甲建筑公司应缴纳营业税=(16 000-7 000)×3%=270(万元)
　　　　　　代扣代缴营业税=7 000×3%=210(万元)
　　　　　(2)房地产开发公司售房缴营业税=4 000×5%=200(万元)
　　　　　(3)甲建筑公司售房缴营业税=2 200×5%=110(万元)

**(3)金融保险业营业税的计算**

1)金融业。金融业的计税营业额是指贷款利息、金融商品转让收益、融资租赁收益及从事金融经纪业和其他金融业务的手续费收入。根据取得收入的方式不同,金融业营业额的确定有以下几种不同情况:

①贷款业务。除人民银行对金融机构的贷款业务不征营业税外,其他不论是否

为金融机构,只要发生将资金贷与他人使用的行为,都应视为发生贷款行为,按贷款业务征收营业税,一律以利息收入全额为计税营业额(包括各种加息、罚息等)。

②金融机构从事金融商品转让,即从事外汇、有价证券、非货物期货等金融商品买卖业务,以卖出价减去买入价后的余额为计税营业额。这里的买入价是指购进原价,不得包括购进过程中支付的各种费用和税金,但股票、债券的买入价要减去股票、债券持有期间取得的红利收入。卖出价是指卖出原价,不得扣除卖出过程中支付的任何费用和税金。

金融机构从事金融商品转让业务,应分成股票、债券、外汇、其他金融商品四类,每类金融商品买卖可在同一会计年度末,将不同纳税期出现的正差和负差按同一会计年度汇总的方式计算并缴纳营业税,如果汇总计算应缴的营业税税额小于本年已缴纳的营业税税额,可以向税务机关申请办理退税,但不属同一类的金融商品的正负差不得相抵,不属同一个会计年度的正负差也不得相抵。

非金融机构和个人买卖外汇、有价证券或期货,不征收营业税。

③经中国人民银行、外经贸部和国家经贸委批准经营融资租赁业务的单位从事融资租赁业务的,以其向承租者收取的全部价款和价外费用(包括残值)减去出租方承担的出租货物的实际成本后的余额,以直线法折算出本期营业额。计算公式为:

本期营业额=(应收取的全部价款和价外费用-实际成本)×

(本期天数÷总天数)

实际成本=货物购入原价+关税+增值税+消费税+运杂费+

安装费+保险费+贷款利息

其他单位从事融资租赁业务,租赁货物的所有权转让给承租方的,征收增值税,不征收营业税;租赁货物的所有权未转让给承租方的,应按"服务业"税目中的"租赁业"项目征收营业税。

④金融经纪业和其他金融业务(中间业务)的计税营业额为金融机构收取的手续费。

金融企业从事受托收款业务,如代收电话费、水电煤气费、信息费、学杂费、寻呼费、社保统筹费、交通违章罚款、税款等,以全部收入减去支付给委托方价款后的余额为营业额。

2)保险业的计税营业额是指利息收入、保费收入以及其他收入之和。具体几类业务营业额的确定如下:

①初保业务以向被保险人收取的全部保险费为营业额。

②储金业务(保险资金的利息收入作为保费收入)以纳税人在纳税期内的储金平均余额乘以1年期存款的月利率为营业额。储金平均余额为纳税期期初储金余额与期末余额之和乘以50%。

③保险企业开展无赔偿奖励业务的,以向投保人实际收取的保费为营业额。

④境内保险人向境外再保险人办理分保,以全部保费收入减去分保保费后的

余额为营业额,并由境内保险人扣缴支付给境外再保险人分保收入应缴纳的营业税。

保险公司开展的1年期以上的返还性人寿保险业务的保费收入,免征营业税;保险公司办理的出口信用保险业务和出口信用担保业务,不征收营业税;对保险企业取得的追偿款不征收营业税;对保险公司的摊回分保业务,不征营业税。

【例4-3】 某商业银行第三季度吸收存款800万元;取得自有资金贷款利息收入60万元;办理结算业务手续费收入20万元;销售凭证、支票的收入10万元;办理贴现的输入20万元;转贴现收入15万元;转让某种债券收入120万元,其买入价为100万元;代收水电费300万元,支付委托方价款290万元,出纳长款1万元。计算该银行本季度的应缴纳营业税款。

【解析】 按照营业税有关规定,吸收存款、转贴现和出纳长款等收入,不征营业税;所以该银行本季度的应交营业税为:

$$(60+20+10+20+120-100+300-290)\times 5\% = 7(万元)$$

【例4-4】 某保险公司2009年1月发生下列业务:
(1)以储金方式开展家庭财产保险业务,纳税期初储金余额500万元,当期发生储金业务收入400万元,当期一年期存款利息为2.12%;
(2)取得车辆保险收入20万元,另有无赔偿奖励支出1万元;
(3)初保业务取得保费收入200万元,付给分保人保费收入50万元;
(4)取得保险追偿款100万元。
要求:计算当月该保险公司应纳的营业税。

【解析】
(1)期末储金余额=500+400=900(万元)
   储金方式收入应纳营业税=(500+900)×50%×2.12%÷12×5%
   　　　　　　　　　　　=0.06(万元)
(2)车辆保险收入应纳营业税=20×5%=1(万元)
   注意不能扣除保单之外的无赔偿奖励支出。
(3)初保业务应纳营业税=200×5%=10(万元)
   初保人按全额计税后,不再扣缴分保人的营业税。
(4)保险追偿款不缴纳营业税。

**(4)邮电通信业应纳税额的计算** 邮电通信业包括邮政业务和电信业务。邮政业务包括提供传递函件或包件、邮汇、报刊发行、邮务物品销售、邮政储蓄和其他邮政业务,应视为混合销售行为,按主营业务确定纳税行为,计算缴纳营业税。电信业务包括提供电报、电话、电传、电话机安装、电信物品销售、其他电信业务,按主营业务确定纳税行为,计算缴纳营业税。邮政电信以外的单位和个人从事上述业务,则计算缴纳增值税。电信局提供网上服务而取得的收入,应按邮电通信业营业税率3%计算缴纳营业税。而上网培训、饮料消费收入,则应分别按文化体育业和服务业的规定,计算缴纳营业税。

邮政电信单位与其他单位合作,共同为用户提供邮政电信业务及其他服务并由邮政电信单位统一收取价款的,以全部收入减去支付给合作方价款后的余额为营业额,计算缴纳营业税款。

电信单位销售的各种有价电话卡,由于其计费系统只能按有价电话卡面值出账并按有价电话卡面值确认收入,不能直接在销售发票上注明折扣折让额,应以按面值确认的收入减去当期财务会计上体现的销售折扣折让后的余额为营业额,计算缴纳营业税款。

【例 4-5】 某市电信部门10月份发生下列业务:长途话费收入1300万元;市内电话收入:月租费收入1200万元,通话费收入3600万元,电话咨询服务收入280万元;宽带业务等收入42万元。试计算该电信局10月应纳营业税额。

【解析】 应纳营业税额=(1300+1200+3600+280+42)×3%
= 192.66(万元)

(5)**文化体育业应纳营业税的计算**　文化体育业的计税营业额是指纳税人经营文化业、体育业取得的全部收入,包括演出收入、播映收入、其他文化收入以及经营游乐场所收入和体育收入。单位或个人演出取得的收入应按"文化体育业"缴纳营业税,但为演出提供场所的单位、演出公司或者经纪人不是文化体育业的纳税人,其中提供演出场地的单位的场租收入应按"服务业"中的"租赁业"缴纳营业税,演出公司或者经纪人的收入应按"服务业"中的"代理业"缴纳营业税。

(6)**娱乐业应纳营业税的计算**　娱乐业的计税营业额为经营娱乐业向顾客收取的各项费用,包括门票收费、台位费、点歌费、烟酒、饮料、茶水、鲜花、小吃等收费及经营娱乐业的其他各项收费。对娱乐业提供的饮食服务以及饮食服务场所提供的娱乐服务均按娱乐业征税。

【例 4-6】 欣欣综合娱乐服务公司6月份发生的业务如下:歌舞厅门票收入5万元,点歌收入0.3万元,烟酒饮料收入1万元。保龄球馆收入4万元,开办网吧收入7万元,餐厅收入30万元。要求计算该公司本月应交营业税款。

【解析】 餐厅收入属于服务业,其他收入均属于娱乐业,但保龄球馆收入适用5%的税率。

应交营业税=(5+0.3+1+7)×20%+(30+4)×5%=4.36(万元)

(7)**服务业应纳营业税的计算**　服务业的计税营业额是指纳税人提供代理业、旅店业、饮食业、旅游业、仓储业、广告业或其他服务业的应税劳务向对方收取的全部价款和价外费用。其中对部分行业作了如下规定:

①旅游企业从事旅游业务的,以其取得的全部价款和价外费用扣除替旅游者支付给其他单位或者个人的住宿费、餐费、交通费、旅游景点门票和支付给其他接团旅游企业的旅游费后的余额为营业额,计算缴纳营业税。

旅游企业利用自己的交通工具、饮食服务设施为游客提供必需的吃、住、行服务所发生的费用不得扣除。

②自营广告业务应以取得的收入全额为计税营业额,计算缴纳营业税。

从事广告代理业务的,以其全部收入减去支付给其他广告公司或广告发布者(包括媒体、载体)的广告发布费后的余额为营业额,计算缴纳营业税。

③从事物业管理的单位,以与物业管理有关的全部收入减去代业主支付的水、电、燃气以及代承租者支付的水、电、燃气、房屋租金的价款后的余额为计税营业额,计算缴纳营业税。

④代理业以纳税人从事代理业务向委托方实际收取的报酬为计税营业额,计算缴纳营业税。

(二)转让无形资产营业税的计算

转让无形资产的计税营业额是指转让无形资产向对方收取的全部价款及价外费用。具体应注意以下几点:

①以无形资产投资入股,参与受资方的利润分配,共担风险的行为免征营业税;以无形资产投资为条件,按销售额或营业额的一定比例提取应得的转让费或取得固定收入的,由于其不承担风险,不属于投资入股行为,应按"转让无形资产"税目征收营业税。

②以地换房和以房换地是指一方提供土地使用权,另一方提供资金,合作建房并按协议分配住房的行为。以地换房行为按"转让无形资产——转让土地使用权"税目征税,而以房换地行为按"销售不动产"税目征税。

③单位和个人转让其受让的土地使用权,以全部收入减去土地使用权的受让原价后的余额为营业额。

④单位和个人转让抵债所得的土地使用权的,以全部收入减去抵债时该项土地使用权作价后的余额为营业额,计算缴纳营业税。

(三)销售不动产的营业税的计算

销售不动产的计税营业额是指销售不动产的销售额,包括向对方收取的全部价款及价外费用。具体应注意以下几点:

①以不动产投资入股,参与投资方利润分配,共担风险的行为免征营业税。以不动产投资入股,收取固定收入的,由于其不承担风险,应按"服务业"中的"租赁业"项目征收营业税。

②以房换房行为属于销售不动产,应征营业税。

③单位和个人销售其购置的不动产,以全部收入减去不动产的购置原价后的余额为营业额,计算缴纳营业税。

④单位和个人销售抵债所得的不动产的,以全部收入减去抵债时该项不动产作价后的余额为营业额,计算缴纳营业税。

⑤单位或者个人将不动产或者土地使用权无偿赠送其他单位或者个人,视同销售不动产或转让土地使用权,由主管税务机关核定营业额计征营业税。

## 第三节　营业税的会计核算

### 一、账户设置

营业税是价内税，不实行税款抵扣。依据这一特点，会计处理只需对应缴纳及已缴纳的营业税进行核算，为此设置"应交税费——应交营业税"账户。其贷方登记纳税人计算出应缴纳的营业税；借方登记已缴纳的营业税；贷方余额表示尚未缴纳的营业税，借方余额表示多缴纳的营业税。

### 二、营业税的账务处理

#### （一）应税劳务的账务处理

从事交通运输业、建筑业、邮电通信业、金融保险业、文化体育业、娱乐业、服务业营业税应税劳务的各企业，在取得应缴纳营业税的各项劳务收入时，应借记"银行存款"等账户，贷记"主营业务收入"、"其他业务收入"等账户，计提该项劳务应缴纳的营业税时，应借记"营业税金及附加"，贷记"应交税费——应交营业税"账户。

【例4-7】 某运输企业取得客运收入100万元，货运收入80万元，其中包括一项跨省货运业务，运至外省后由外省某运输公司转运，支付运费20万元。该运输企业应作会计分录如下：

①确认收入实现时：

  借：银行存款　　　　　　　　　　　　　　　1 800 000

    贷：主营业务收入　　　　　　　　　　　　1 600 000

      应付账款　　　　　　　　　　　　　200 000

②计提营业税时：

应纳营业税税额＝(100＋80－20)×3％＝48(万元)

  借：营业税金及附加　　　　　　　　　　　　480 000

    贷：应交税费——应交营业税　　　　　　　480 000

#### （二）转让无形资产营业税的账务处理

转让无形资产是指转让无形资产所有权或使用权的行为，包括转让土地使用权、转让商标权、转让专利权、转让非专利技术、转让著作权和转让商誉。转让无形资产使用权取得的使用费应计入"其他业务收入"，计提的营业税则相应计入"营业税金及附加"。转让无形资产所有权应按转让价格借记"银行存款"等账户，按已计提的减值准备借记"无形资产减值准备"账户，按无形资产账面余额贷记"无形资产"账户，按转让收入计算出营业税贷记"应交税费——应交营业税"，借贷方差额作为转让净收益或净损失分别计入"营业外收入"或"营业外支出"。

【例4-8】 某公司将其拥有的某项专利技术转让，取得转让收入10万元。该专利技术的账面余额为7万元，已计提减值准备1万元。该公司应作会计分录如下：

应纳营业税税额＝100 000×5％＝5 000(元)

借：银行存款　　　　　　　　　　　　　　　　　100 000
　　无形资产减值准备　　　　　　　　　　　　　 10 000
　　贷：无形资产　　　　　　　　　　　　　　　　　70 000
　　　　应交税费——应交营业税　　　　　　　　　　5 000
　　　　营业外收入　　　　　　　　　　　　　　　　35 000

（三）销售不动产营业税的账务处理

销售不动产是指有偿转让不动产所有权的行为，包括销售建筑物或销售其他土地附着物。房地产开发企业销售不动产取得的收入属于"主营业务收入"，计提的营业税应相应计入"营业税金及附加"。房地产开发企业自建自售时，其自建行为应按建筑业3％的税率计算营业税，出售房地产则按销售不动产5％的税率计算营业税。房地产开发企业销售不动产取得预收款时，应确认营业税纳税义务发生，缴纳营业税。房地产开发企业之外的企业销售不动产不是商品销售，而是财产处置，比如企业处置作为固定资产使用的房屋建筑物及其附着物，应通过"固定资产清理"账户核算。

【例4-9】　某企业将一处闲置不用的厂房转让，该厂房账面原价为86 000元，已提折旧28 000元，双方协商售价63 000元，建筑物拆除时，以现金支付拆除费用500元。该企业应作会计分录如下：(不考虑营业税外的其他税费)

①结转固定资产账面净值时：

借：固定资产清理　　　　　　　　　　　　　　　　58 000
　　累计折旧　　　　　　　　　　　　　　　　　　28 000
　　贷：固定资产　　　　　　　　　　　　　　　　　86 000

②取得转让收入时：

借：银行存款　　　　　　　　　　　　　　　　　　63 000
　　贷：固定资产清理　　　　　　　　　　　　　　　63 000

③计提营业税时：

应纳营业税税额＝63 000×5％＝3 150(元)

借：固定资产清理　　　　　　　　　　　　　　　　3 150
　　贷：应交税费——应交营业税　　　　　　　　　　3 150

④支付拆除费时：

借：固定资产清理　　　　　　　　　　　　　　　　　500
　　贷：库存现金　　　　　　　　　　　　　　　　　　500

⑤结转转让净收益时：

借：固定资产清理　　　　　　　　　　　　　　　　1 350
　　贷：营业外收入　　　　　　　　　　　　　　　　1 350

### (四)代扣代缴营业税的账务处理

营业税中规定了不少扣缴义务人,由于扣缴义务人是款项的支付方,其代扣代缴营业税时,可借记"应付账款"账户,贷记"应交税费——应交营业税"账户。

【例4-10】 某建筑公司承包一项工程取得承包收入200万元,其中支付给某工程队分包工程价款50万元。该建筑公司应作会计分录如下:

①确认收入实现时:
借:银行存款　　　　　　　　　　　　　　　2 000 000
　贷:主营业务收入　　　　　　　　　　　　1 500 000
　　　应付账款　　　　　　　　　　　　　　　500 000

②计提及代扣代缴营业税时:
应纳营业税税额=(2 000 000-500 000)×3‰=45 000(元)
应代扣代缴营业税税额=500 000×3‰=15 000(元)
借:营业税金及附加　　　　　　　　　　　　　45 000
　　应付账款　　　　　　　　　　　　　　　　15 000
　贷:应交税费——应交营业税　　　　　　　　45 000
　　　　　　　——代扣代缴营业税　　　　　　15 000

③将扣除代扣营业税后的分包款支付给工程队时:
借:应付账款　　　　　　　　　　　　　　　　485 000
　贷:银行存款　　　　　　　　　　　　　　　485 000

## 第四节　营业税的纳税申报与缴纳

### 一、营业税征收管理

#### (一)纳税义务发生时间的确定

营业税纳税义务发生时间一般规定为纳税人提供应税劳务、转让无形资产或者销售不动产并收讫营业收入款项或者取得索取营业收入款项凭据的当天(即书面合同确定的付款日期的当天;未签订书面合同或者书面合同未确定付款日期的,为应税行为完成的当天)。营业税扣缴义务发生时间为纳税人营业税纳税义务发生的当天。国务院财政、税务主管部门另有规定的,从其规定。

但由于不同业务款项结算方式和收取时间不尽一致,因此,税法对一些特殊的经营业务作了特殊规定:

①纳税人转让土地使用权或销售不动产,采用预收款方式的,其纳税义务发生时间为收到预收款当天。纳税人提供建筑业或者租赁业劳务,采用预收款方式的,其纳税义务发生时间为收到预收款的当天。

②单位将不动产或者土地使用权无偿赠送其他单位或者个人的,其纳税义务发

生时间为不动产所有权、土地使用权转移的当天。

③单位或个人自建建筑物后再销售的,其自建行为的纳税义务发生时间为销售自建建筑物的纳税义务发生时间。

(二)纳税地点的确定

营业税的纳税地点原则上按机构所在地或者居住地原则确定,具体规定如下:

①纳税人提供应税劳务应当向其机构所在地或者居住地的主管税务机关申报纳税。但是,纳税人提供的建筑业劳务以及国务院财政、税务主管部门规定的其他应税劳务,应当向应税劳务发生地的主管税务机关申报纳税。

②纳税人转让无形资产应当向其机构所在地或者居住地的主管税务机关申报纳税。但是,纳税人转让、出租土地使用权,应当向土地所在地的主管税务机关申报纳税。

③纳税人销售、出租不动产应当向不动产所在地的主管税务机关申报纳税。

④扣缴义务人应当向其机构所在地或者居住地的主管税务机关申报缴纳其扣缴的税款。

纳税人应当向应税劳务发生地、土地或者不动产所在地的主管税务机关申报纳税,如果自应当申报纳税之月起超过6个月没有申报纳税的,由其机构所在地或者居住地的主管税务机关补征税款。

(三)纳税期限的确定

营业税的纳税期限分别为5日、10日、15日、1个月或者1个季度,纳税人的具体纳税期限,由主管税务机关根据纳税人应纳税额的大小分别核定;不能按照固定期限纳税的,可以按次纳税。

纳税人以1个月或者1个季度为一个纳税期的,自期满之日起15日内申报纳税;以5日、10日或者15日为一个纳税期的,自期满之日起5日内预缴税款,于次月1日起15日内申报纳税并结清上月应纳税款。银行、财务公司、信托投资公司、信用社、外国企业常驻代表机构的纳税期限为1个季度。扣缴义务人的解缴税款期限,比照上述规定执行。

## 二、营业税的申报

纳税人不论当期有无营业额,均应按期填制《营业税纳税申报表》,并于次月1日起至10日内向主管税务机关申报纳税。营业税纳税申报表一式三份:一份纳税人留存,一份主管税务机关留存,一份征收部门留存。从2006年3月1日起《营业税纳税申报表》采用新格式,见表4-2。

## 第四章

纳税人识别名：　　　　　　　　　　　　　　　　　　　　　　　　　　　纳税人名称（公章）

税款所属时间：自　年　月　日至　年　月　日　　填表日期：　年　月　日　　金额单位：元（列至角分）

### 表 4-2 营业税纳税申报表
（适用于查账征收的营业税纳税人）

| 税　目 | 营业额 | 应税减除项目金额 | 应税营业额 | 免税收入 | 税率(%) | 本期税款计算 | | | 期初前期欠缴税额 | 期初前期多缴税额 | 本期已缴税额 | | | | 本期应缴明末应缴税额 | 本期期末应缴税额计算 | |
|---|---|---|---|---|---|---|---|---|---|---|---|---|---|---|---|---|---|
| | | | | | | 小计 | 本期应纳税额 | 免(减)税额 | | | 小计 | 已缴本期应纳税额 | 本期已被扣缴税额 | 本期已缴次税额 | 小计 | 本期明末应缴税额 | 本期期末应缴次税额 |
| | 1 | 2 | 3 | 4=2-3 | 5 | 6 | 7=8+9 | 8=(4-5)×6 | 9=5×6 | 10 | 11 | 12=13+14+15 | 13 | 14 | 15 | 16=17+18 | 17=8-13-14 | 18=10-11-15 |
| 交通运输业 | | | | | | | | | | | | | | | | | | |
| 建筑业 | | | | | | | | | | | | | | | | | | |
| 邮电通信业 | | | | | | | | | | | | | | | | | | |
| 服务业 | | | | | | | | | | | | | | | | | | |
| 娱乐业 | | | | | | | | | | | | | | | | | | |
| 金融保险业 | | | | | | | | | | | | | | | | | | |
| 文化体育业 | | | | | | | | | | | | | | | | | | |
| 销售不动产 | | | | | | | | | | | | | | | | | | |
| 转让无形资产 | | | | | | | | | | | | | | | | | | |
| 合计 | | | | | | | | | | | | | | | | | | |
| 代扣代缴项目 | | | | | | | | | | | | | | | | | | |
| 总计 | | | | | | | | | | | | | | | | | | |

纳税人声明：

此纳税申报表是根据国家税收法律的规定填报的，我确定它是真实的、可靠的、完整的。

纳税人或代理人声明：

| 如纳税人自行申报，由纳税人填写以下各栏： | | |
|---|---|---|
| 办税人员（签章） | 财务负责人（签章） | 法定代表人（签章） |
| | | 联系电话 |
| 如委托代理人申报，由代理人填写以下各栏： | | |
| 代理人名称 | 经办人（签章） | 代理人（公章） |
| | | 联系电话 |

以下由税务机关填写：

受理日期：　　年　月　日　　　　　　　　　　　　　　　受理税务机关（签章）：

受理人：

营业税纳税实务

企业纳税实务

填表说明：
① 本表"税款所属期"填写纳税人申报的营业税应纳税额的所属时间，应填写具体的起止年、月、日。
② 本表"填表日期"填写纳税人填表的具体日期。
③ "娱乐业"行应区分不同的娱乐业纳税人本期适用税率填报。
④ "代扣代缴项目"行应填报数据均不包括本期纳税人本期按照现行规定发生代扣代缴行为所应申报缴纳的事项。
⑤ 本表所有栏次数据均不包括本期纳税人经税务机关、财政、审计部门检查以及纳税人自查发生的相关数据。
⑥ 本表第2栏"应税收入"填写纳税人本期因提供营业税应税劳务、转让无形资产或者销售不动产所取得的全部价款和价外费用（包括免税收入）。
⑦ 本表第3栏"应税减除项目金额"应填写营业税应税劳务、转让无形资产或者销售不动产所取得的应税收入中按规定可扣除的分营业税应税项目金额，分营业税税目填报。
⑧ 本表第5栏"免税收入"应填写纳税人或已经由税务机关批准的免税的应税收入，分营业税税目填报。
⑨ 本表第10栏"期初未缴税额"填写纳税人截至本期（不含本期）纳税人经过纳税申报或报告、批准延期缴纳的税款，但现行税法规规定应扣缴的前期欠缴、按现行税法规规定被扣缴的前期缴纳的营业税税额。
⑩ 本表第11栏"前期多缴税额"填写纳税人本期发生纳税义务、行政法规规定的前期多缴纳的营业税税额。
⑪ 本表第13栏"已缴本期应纳税额"填写纳税人本期已经按照法律、行政法规规定确定的本期缴纳的税款。
⑫ 本表第14栏"本期已被扣缴税额"填写纳税人本期被扣缴义务人扣缴的营业税税额。
⑬ 本表第15栏"本期欠缴税额"填写纳税人本期发生纳税义务，包括本期缴纳的前期欠缴的税款、超过法律、行政法规规定或者税务机关依法确定的税款缴纳期限未缴纳的税款。
等确定应纳税额后，超过税务机关核定纳税期限未缴纳的税款。

## 第五节 营业税的税务筹划

### 一、签订承包合同进行税务筹划

工程承包公司是否与建设单位签订承包合同,将适用不同的税率。具体说,若承包公司与建设单位签订承包合同,就适用建筑业3%的税率;若不签订承包合同,则适用服务业5%的税率。适用税率的不同,为进行税务筹划提供了很好的契机。

**【案例分析】** 建设单位B有一工程需找一施工单位承建。在工程承包公司A的组织安排下,施工单位C最后中标,于是,B与C签订了承包合同,合同金额为200万元。另外,B还支付给A企业10万元的服务费用。此时,A应纳营业税(适用服务业税率)为:$100\,000 \times 5\% = 5\,000$ 元。

若A进行筹划,让B直接和自己签订合同,合同金额为210万元。然后,A再把该工程转包给C完成后,A向C支付价款200万元。这样,A应缴纳营业税(适用建筑业税率):$(2\,100\,000 - 2\,000\,000) \times 3\% = 3\,000$ 元。于是,通过筹划,A可少缴2 000元的税款。

### 二、改变建筑材料购买方进行筹划

税法规定,从事建筑、修缮工程作业的纳税人,无论与对方如何估算,其应纳税营业额均应包括工程所用原材料及其他物资和动力的价款。依据这项规定,可作出相应的筹划安排。用改变原材料购买方的办法,可以出现不同的营业额,达到节税的目的。

**【案例分析】** 施工企业甲为建设单位乙建造一栋房屋,总承包价为500万元。工程所需的材料由建设单位乙来购买,价款为300万元。价款结清后,施工企业甲应纳营业税为:

应纳营业税 $= (500 + 300) \times 3\% = 24$(万元)

如果甲企业进行筹划,不让乙企业购买建筑材料,甲就可利用自己在建材市场上的优势(熟悉建材市场能以低价买到质优的材料),以200万元的价款买到所需建材。这样,总承包价就成了700万元,此时甲企业应纳营业税为:应纳营业税 $= 700 \times 3\% = 21$(万元)与筹划前相比,甲少缴纳3万元的税款。

**回顾、思考、回答:检验一下你弄清下列问题了吗?**

1. 你知道营业税是对哪些行业征收了吗?谁是营业税的纳税人?
2. 营业税对企业的哪些经济业务征税?征税的依据是什么?税率是如何规定的?
3. 营业税税收有哪些优惠政策?有哪些条款你单位可以享受?

营业税纳税实务

4. 纳税人提供劳务应交的营业税如何计算和账务处理？
5. 纳税人转让无形资产应交的营业税如何计算和账务处理？
6. 纳税人销售不动产应交的营业税如何计算和账务处理？
7. 营业税的税务筹划方法有哪些？

# 第五章 企业所得税纳税实务

**读者导航**

企业所得税是对纳税人的生产经营所得和其他所得征收的所得税,是税收中最复杂、最重要的税种。本章主要介绍企业所得税法的基本规定、企业资产的税务处理、应纳所得税额的计算、所得税的会计处理方法、税款的征收管理与纳税申报和企业所得税税务筹划等内容。通过本章学习,您应熟知所得税法的基本规定;正确计算所得税的应纳税额;能够进行企业所得税的会计处理和税务筹划。

## 第一节 企业所得税基本规定

### 一、企业所得税的含义与特征

企业所得税是国家对境内的企业和其他取得收入的组织的生产经营所得和其他所得依法征收的一种税。它是国家参与企业利润分配的重要手段。目前实施的《中华人民共和国企业所得税法》是 2007 年 3 月 16 日由中华人民共和国第十届全国人民代表大会第五次会议通过并公布,于 2008 年 1 月 1 日起实施的。

企业所得税与其他税种相比较,具有以下特点:

①将企业划分为居民企业和非居民企业。
②征税对象为应纳税所得额。
③征税以量能负担为原则。
④实行按年计征,分期预缴的办法。

### 二、企业所得税纳税人

在中华人民共和国境内,企业和其他取得收入的组织(以下统称企业)为企业所得税的纳税人。包括居民企业和非居民企业。个人独资企业、合伙企业不是企业所得税的纳税人。

(一)居民企业纳税人

居民企业是指依法在中国境内成立,或者依照外国(地区)法律成立但实际管理机构在中国境内的企业。具体包括：国有企业、集体企业、私营企业、联营企业、股份制企业、外商投资企业、实际管理机构在中国境内的外国企业、有生产经营所得和其他所得的其他组织。

实际管理机构是指对企业的生产经营人员、财务、财产等实施实质性全面管理和控制的机构。

居民企业负有全面纳税义务，应就其来源于中国境内、境外的所得，按规定税率缴纳企业所得税。

（二）非居民企业纳税人

非居民企业是指依照外国（地区）法律成立且实际管理机构不在中国境内，但在中国境内设立机构、场所的，或者在中国境内未设立机构、场所，但有来源于中国境内所得的企业。

机构、场所指在中国境内从事生产经营活动的机构、场所，具体包括：管理机构、营业机构、办事机构；工厂、农场、开采自然资源的场所；提供劳务的场所；从事建筑、安装、装配、修理、勘探等工程作业的场所；其他从事生产经营活动的机构、场所。

非居民企业委托营业代理人在中国境内从事生产经营活动的，包括委托单位或个人经常代其签订合同，或者储存、交付货物等，该营业代理人视为非居民企业在中国境内设立的机构、场所。

非居民企业在境内设机构、场所的，就来源于境内的所得及发生在境外但与境内机构、场所有实际联系的所得，按规定税率缴纳企业所得税。

非居民企业在境内未设机构、场所的，或者虽设有机构、场所，但取得的所得与所设机构、场所没有实际联系的，就来源于中国境内的所得缴纳企业所得税。

## 三、企业所得税的征税对象

企业所得税的征税对象也就是企业的应税所得，包括企业每一纳税年度的销售货物所得、提供劳务所得、转让财产所得、股息红利等权益性投资所得、利息所得、租金所得、特许权使用费所得、接受捐赠所得和其他所得。

来源于中国境内所得和来源于境外的所得，税法规定按下列原则确定：

①销售货物所得，按照交易活动发生地确定。

②提供劳务所得，按照劳务发生地确定。

③转让财产所得，不动产转让所得按照不动产所在地确定，动产转让所得按照转让动产的企业或者机构、场所所在地确定，权益性投资资产转让所得按照被投资企业所在地确定。

④股息、红利等权益性投资所得，按照分配所得的企业所在地确定。

⑤利息所得、租金所得、特许权使用费所得，按照负担、支付所得的企业或者机构、场所所在地确定，或者按照负担、支付所得的个人的住所地确定。

⑥其他所得，由国务院财政、税务主管部门确定。

## 四、企业所得税的税率

**(1)企业所得税的基本税率为25％**　非居民企业在中国境内未设立机构、场所的,或者虽设立机构、场所,但取得的所得与其所设机构、场所没有实际联系的,其来源于中国境内的所得,适用所得税率为20％(减半优惠后为10％)。

**(2)小型微利企业减按20％的税率征收企业所得税**　小型微利企业指年度应纳税所得额不超过30万元,并符合以下条件的企业：

①工业企业,从业人数不超过100人,资产总额不超过3000万元。

②其他企业,从业人数不超过80人,资产总额不超过1000万元。

小型微利企业指企业的全部生产经营活动产生的所得均负有我国企业所得税纳税义务的企业。仅就来源于我国的所得负有纳税义务的非居民企业,不属于企业所得税法规定的小型微利企业。

**(3)优惠税率为15％**　适用于国家需要重点扶持的高新技术企业。

## 五、企业所得税税收优惠

### (一)国家对高新技术企业的税收优惠

国家需要重点扶持的高新技术企业,减按15％的税率缴纳企业所得税。国家需要重点扶持的高新技术企业指拥有核心自主知识产权,并同时符合以下六个条件的企业：

①拥有核心自主知识产权,指在中国境内(不包括港、澳、台地区)注册的企业,近三年内通过自主研发、受让、受赠、并购等方式,或通过五年以上的独占许可方式,对其主要产品(服务)的核心技术拥有自主知识产权。

②产品(服务)属于《国家重点支持的高新技术领域》规定的范围。

③研究开发费占销售收入的比例不低于规定比例。企业为获得科学技术(不包括人文、社会科学)新知识,创造性运用科学技术新知识,或实质性改进技术、产品(服务)而持续进行了研究开发活动,且近三个会计年度的研究开发费总额占销售收入总额的比例为：最近1年销售收入小于5000万元的企业,比例不低于6％；最近1年销售收入在5000万元至20000万元的企业,比例不低于4％；最近1年销售收入在20000万元以上的企业,比例不低于3％。其中,企业在中国境内发生的研究开发费总额占全部研究开发费总额的比例不低于60％。

④高新技术产品(服务)收入占企业总收入的比例在60％以上。

⑤科技人员占企业职工总数的比例不低于规定比例。指具有大学专科以上学历的科技人员占企业当年职工总数的30％以上,其中研发人员占企业当年职工总数的10％以上。

⑥高新技术企业认定管理办法规定的其他条件。

### (二)免征和减征优惠

**(1)企业从事农、林、牧、渔业项目的所得税减免规定**

①企业从事下列项目的所得,免征企业所得税。蔬菜、谷物、薯类、油料、豆类、

棉花、麻类、糖料、水果、坚果的种植;农作物新品种的选育;中药材的种植;林木的培育和种植;牲畜、家禽的饲养;林产品的采集;灌溉、农产品初加工、兽医、农技推广、农机作业和维修等农、林、牧、渔服务业项目;远洋捕捞。

②企业从事下列项目的所得,减半征收企业所得税。花卉、茶以及其他饮料作物和香料作物的种植;海水养殖、内陆养殖。企业从事国家限制和禁止发展的项目,不得享受本条规定的企业所得税优惠。

**(2)从事国家重点扶持的公共基础设施项目投资经营的所得税减免规定** 企业从事国家重点扶持的公共基础设施项目的投资经营的所得,自项目取得第一笔生产经营收入所属纳税年度起,第一年至第三年免征企业所得税,第四年至第六年减半征收企业所得税。

企业承包经营、承包建设和内部自建自用本条规定的项目,不得享受本条规定的企业所得税优惠。

国家重点扶持的公共基础设施项目,是指《公共基础设施项目企业所得税优惠目录》规定的港口码头、机场、铁路、公路、城市公共交通、电力、水利等项目。

**(3)从事符合条件的环境保护、节能节水项目的所得税减免规定** 企业从事符合条件的环境保护、节能节水项目的所得,自项目取得第一笔生产经营收入所属纳税年度起,第一年至第三年免征企业所得税,第四年至第六年减半征收企业所得税。

符合条件的环境保护、节能节水项目,包括公共污水处理、公共垃圾处理、沼气综合开发利用、节能减排技术改造、海水淡化等。项目的具体条件和范围由国务院财政、税务主管部门商国务院有关部门制定,报国务院批准后公布施行。

**(4)符合条件的技术转让所得** 一个纳税年度内,居民企业技术转让所得不超过500万元的部分,免征企业所得税;超过500万元的部分,减半征收企业所得税。

(三)加计扣除优惠

企业的下列支出,可以在计算应纳税所得额时加计扣除:

**(1)开发新技术、新产品、新工艺发生的研究开发费用** 企业为开发新技术、新产品、新工艺发生的研究开发费用,未形成无形资产计入当期损益的,在按照规定据实扣除的基础上,按照研究开发费用的50%加计扣除;形成无形资产的,按照无形资产成本的150%摊销。

**(2)安置残疾人员及国家鼓励安置的其他就业人员所支付的工资** 企业安置残疾人员的,在按照支付给残疾职工工资据实扣除的基础上,按照支付给残疾职工工资的100%加计扣除。残疾人员的范围适用《中华人民共和国残疾人保障法》的有关规定。企业安置国家鼓励安置的其他就业人员所支付的工资的加计扣除办法,由国务院另行规定。

(四)减计收入优惠

企业综合利用资源,生产符合国家产业政策规定的产品所取得的收入,可以在计算应纳税所得额时减计收入。具体是指企业以《资源综合利用企业所得税优惠目录》规定的资源作为主要原材料,生产国家非限制和禁止并符合国家和行业相关标准的产品取得的收入,减按90%计入收入总额。原材料占生产产品材料的比例不得低于《资源综合利用企业所得税优惠目录》规定的标准。

（五）对创业投资企业的税收优惠

创业投资企业从事国家需要重点扶持和鼓励的创业投资,可以按投资额的一定比例抵扣应纳税所得额。

创业投资企业采取股权投资方式投资于未上市的中小高新技术企业两年以上的,可以按照其投资额的70%在股权持有满两年的当年抵扣该创业投资企业的应纳税所得额;当年不足抵扣的,可以在以后纳税年度结转抵扣。

（六）税收抵免优惠

企业购置用于环境保护、节能节水、安全生产等专用设备的投资额,可以按一定比例实行税额抵免。

（七）小型微利企业税收优惠

小型微利企业减按20%的税率征收企业所得税。

（八）专项税收优惠

**(1)鼓励软件产业和集成电路产业发展的税收优惠**

①软件生产企业实行增值税即征即退政策所退还的税款,由企业用于研究开发软件产品和扩大再生产,不作为企业所得税应税收入,不予征收企业所得税。

②我国境内新办软件生产企业经认定后,自获利年度起,第一年和第二年免征企业所得税,第三年至第五年减半征收企业所得税。

③国家规划布局内的重点软件生产企业,如当年未享受免税优惠的,减按10%的税率征收企业所得税。

④软件生产企业的职工培训费用,可按实际发生额在计算应纳税所得额时扣除。

⑤企事业单位购进软件,凡符合固定资产或无形资产确认条件的,可以按照固定资产或无形资产进行核算,经主管税务机关核准,其折旧或摊销年限可以适当缩短,最短可为两年。

⑥集成电路设计企业视同软件企业,享受上述软件企业的有关企业所得税优惠政策。

⑦集成电路生产企业的生产性设备,经主管税务机关核准,其折旧年限可以适当缩短,最短可为3年。

⑧投资额超过80亿元人民币或集成电路线宽小于$0.25\mu m$的集成电路生产企业,可以减按15%的税率缴纳企业所得税,其中,经营期在15年以上的,从开始获利的年度起,第一年至第五年免征企业所得税,第六年至第十年减半征收企业所得税。

⑨对生产线宽小于0.8um(含)集成电路产品的生产企业,经认定后,自获利年度起,第一年和第二年免征企业所得税,第三年至第五年减半征收企业所得税。

已经享受自获利年度起企业所得税"两免三减半"政策的企业,不再重复执行本条规定。

⑩自2008年1月1日起至2010年底,对集成电路生产企业、封装企业的投资者,以其取得的缴纳企业所得税后的利润,直接投资于本企业增加注册资本,或作为资本投资开办其他集成电路生产企业、封装企业,经营期不少于5年的,按40%的比例退还其再投资部分已缴纳的企业所得税税款。再投资不满5年撤出该项投资的,追缴已退的企业所得税税款。

自2008年1月1日起至2010年底,对国内外经济组织作为投资者,以其在境内取得的缴纳企业所得税后的利润作为资本,投资于西部地区开办集成电路生产企业、封装企业或软件产品生产企业,经营期不少于5年的,按80%的比例退还其再投资部分已缴纳的企业所得税税款。再投资不满5年撤出该项投资的,追缴已退的企业所得税税款。

**(2)鼓励证券投资基金发展的税收优惠**

①对证券投资基金从证券市场中取得的收入,包括买卖股票、债券的差价收入,股权的股息、红利收入,债券的利息收入及其他收入,暂不征收企业所得税。

②对投资者从证券投资基金分配中取得的收入,暂不征收企业所得税。

③对证券投资基金管理人运用基金买卖股票、债券的差价收入,暂不征收企业所得税。

**(九)民族自治地方优惠**

民族自治地方的自治机关对本民族自治地方的企业应缴纳的企业所得税中属于地方分享的部分,可以决定减征或者免征。自治州、自治县决定减征或者免征的,须报省、自治区、直辖市人民政府批准。

**(十)非居民企业税收优惠**

非居民企业在中国境内未设立机构、场所,或者虽设立机构、场所但取得的所得与其所设机构、场所没有实际联系的,其来源于中国境内的所得减按10%的税率征收企业所得税。

下列所得可以免征企业所得税:

①外国政府向中国政府提供贷款取得的利息所得。

②国际金融组织向中国政府和居民企业提供的优惠贷款取得的利息所得。

③经国务院批准的其他所得。

## 第二节 企业所得税的税款计算

企业所得税的计税依据是企业的应纳税所得额。应纳税所得额是企业每一纳税年度的收入总额减除不征税收入、免税收入、各项扣除以及允许弥补的以前年度亏损后的余额。其计算公式为：

$$\text{应纳税所得额} = \text{收入总额} - \text{不征税收入} - \text{免税收入} - \text{准予扣除项目金额} - \text{允许弥补的以前年度亏损}$$

应纳税所得额的计算以权责发生制为原则，属于当期的收入和费用，不论款项是否收付，均作为当期的收入和费用；不属于当期的收入和费用，即使款项已经在当期收付，均不作为当期的收入和费用。

## 一、收入总额的确定

《企业所得税法》规定，企业以货币形式或非货币形式从各种来源取得的收入，为收入总额。企业取得收入的货币形式，包括库存现金、银行存款、应收账款、应收票据、准备持有至到期的债券投资以及债务的豁免等。企业取得收入的非货币形式，包括固定资产、生物资产、无形资产、股权投资、存货、不准备持有至到期的债券投资、劳务以及有关权益等。企业以非货币形式取得的收入，应当按照公允价值确定收入额。

**(1)一般收入的确定**

①销售货物的收入指企业销售库存商品、产品、在产品、原材料、包装物、低值易耗品、半成品及其他货物取得的收入。

②提供劳务的收入指企业提供建筑安装、交通运输、金融保险、仓储、邮政、饮食、旅店、旅游、娱乐、广告、教育、技术、文化、卫生、体育、法律、会计、咨询、代理和其他劳务服务活动取得的收入。

③转让财产收入指企业有偿转让固定资产、无形资产、股权、股票、债券、债权及其他有价证券、财产而取得的收入。

④股息、红利收入指企业因对外进行权益性投资而从被投资方取得的股息、红利和其他利润分配收入。

⑤利息收入是指纳税人购买各种债券等有价证券的利息、外单位欠款付给的利息以及其他利息收入，不包括购买国债的利息收入。

⑥租金收入是指纳税人出租固定资产、包装物以及其他财产而取得的租金收入。

⑦特许权使用费收入是指纳税人提供或转让专利权、非专利技术、商标权、著作权以及其他特许权的使用费用而取得的收入。

⑧企业接受捐赠收入指企业接受捐赠的货币和非货币资产的收入，应全额计入收入总额。

⑨其他收入是指企业取得的除企业所得税法第六条第1项至第8项规定的收入外的其他收入，包括企业资产溢余收入、逾期未退包装物押金收入、确实无法偿付的应付款项、已作坏账损失处理后又收回的应收款项、债务重组收入、补贴收入、违约金收入、汇兑收益等。

**(2)不征税和免税收入**

①不征税收入。企业所得税的不征收税收入是指从企业所得税原理上讲,应永久不列为征税范围的收入范畴。收入总额中的下列收入为不征税收入:财政拨款;依法收取并纳入财政管理的行政事业性收费、政府性基金;国务院规定的其他不征税收入。如果对这种性质的收入征税,会导致无意义地增加政府的收入与支出成本。

②免税收入。免税收入是指属于企业的应税所得但按照税法规定免予征收企业所得税的收入。免税收入属于税收优惠范畴,体现国家税收政策的导向。《企业所得税法》规定企业的下列收入为免税收入:国债利息收入;符合条件的居民企业之间的股息、红利收入;在中国境内设立机构、场所的非居民企业从居民企业取得与该机构、场所有实际联系的股息、红利收入;符合条件的非营利组织的收入。

【例 5-1】 新华公司 2009 年获得如下收入,销售商品收入 30 000 000 元,转让财产收入 20 000 元,租金收入 300 000 元,财政拨款收入 400 000 元,国债利息收入 40 000元,从符合条件的居民企业获得股息、红利收入 500 000 元,计算新华公司的应税收入为多少?

【解析】 企业应税收入=收入总额-不征税收入-免税收入。

新华公司 2009 年应税收入=30 000 000+20 000+300 000
=30 320 000(元)

## 二、准予扣除项目的确定

企业实际发生的与取得收入有关的、合理的支出,包括成本、费用、税金、损失和其他支出,准予在计算应纳税所得额时扣除。

**(1)基本扣除项目**

1)成本。是指企业在生产经营活动中发生的销售成本、销货成本、业务支出以及其他耗费。

①销售成本主要是针对以制造业为主的生产性企业在生产产品过程中,耗费的产品所需的原材料、直接人工以及耗费在产品上的辅助材料、物料等的成本。

②销货成本主要是针对以商业企业为主的流通性企业在向生产性企业或其他商业企业购买成品或者经过简单包装、处理就能出售的产品发生的直接相关的支出。

③业务支出主要是针对服务业企业而言的成本概念。服务业企业的成本主要包括提供服务过程中直接耗费的原材料、服务人员的工资、薪金等直接可归属于服务的其他支出。

④其他耗费是指销售成本、销货成本和业务支出以外的,企业生产产品、销售商品、提供劳务等过程中耗费的其他直接相关支出。

2)费用。是指企业在生产经营活动中发生的销售费用、管理费用和财务费用,已经计入成本的有关费用除外。销售费用是企业为销售商品和材料、提供劳务的过程中发生的各种费用。管理费用是企业的行政管理部门等为管理组织经营活动提供各项支援性服务而发生的费用。财务费用是企业筹集经营性资金而发生的费用。

包括利息净支出、汇兑净损失、金融机构手续费以及其他非资本化支出等。

3）税金。是指企业发生的除企业所得税和允许抵扣的增值税以外的各项税金及其附加。

4）损失。是指企业在生产经营活动中发生的固定资产和存货的盘亏、毁损、报废损失、转让财产损失、呆账损失、坏账损失，自然灾害等不可抗力因素造成的损失以及其他损失。企业发生的损失，减除责任人赔偿和保险赔款后的余额，依照国务院财政、税务主管部门的规定扣除。

5）其他支出。是指除成本、费用、税金、损失外，企业在生产经营活动中发生的与生产经营活动有关的合理的支出。

(2) 限定条件扣除项目

①工资薪金支出。工资薪金支出是指企业每一纳税年度支付给在本企业任职或者受雇的员工的所有现金形式或者非现金形式的劳动报酬，包括基本工资、奖金、津贴、补贴、年终加薪、加班工资，以及与员工任职或者受雇有关的其他支出。企业发生的合理的工资薪金支出，准予扣除。

②各类保险基金、统筹基金和经济补偿。企业依照国务院有关主管部门或者省级人民政府规定的范围和标准为职工缴纳的基本养老保险费、基本医疗保险费、失业保险费、工伤保险费、生育保险费等基本社会保险费和住房公积金，准予扣除。超过规定范围和标准部分应调增纳税所得额。

企业为投资者或者职工支付的补充养老保险费、补充医疗保险费，在国务院财政、税务主管部门规定的范围和标准内，准予扣除。

除企业依照国家有关规定为特殊工种职工支付的人身安全保险费和国务院财政、税务主管部门规定可以扣除的其他商业保险费外，企业为投资者或者职工支付的商业保险费，不得扣除，应调增纳税所得额。

③工会经费支出、职工福利费支出、职工教育经费支出。纳税人的工会经费、职工福利费，分别按照工资薪金总额的 2%、14% 计算扣除，超过部分应调增纳税所得额；纳税人的职工教育经费按工资薪金总额的 2.5% 计算扣除，超过部分，准予在以后纳税年度结转扣除，本年度应调增纳税所得额。企业发生的合理的劳动保护支出，准予扣除。

自 2007 年 1 月 1 日起执行新会计准则的企业，不再计提职工福利费，企业按照实际发生的职工福利费直接计入当期成本、费用，在纳税时仍然按照税法规定进行纳税调整，即实际发放的工资和福利费等超过计税标准部分，应当调增应纳税所得额。

④业务招待费。业务招待费是指企业发生的与生产经营活动有关的业务招待费支出，按照发生额的 60% 扣除，但最高不得超过当年销售（营业）收入的 5‰，超过部分应调增纳税所得额。

【例 5-2】 星光公司 2008 年度销售收入为 61 833 650 元，全年业务招待费发生额为 520 000 元（能提供有效凭证）。

【解析】

该企业业务招待费用扣除计算如下：

业务招待费扣除限额为：6 183 365×5‰＝309 168.25元。

按发生额的60%计算扣除额为：520 000×60%＝312 000元，

业务招待费超标 520 000－6 183 365×5‰＝210 831.75元。

⑤广告与业务宣传费。企业发生的符合条件的广告费和业务宣传费支出，除国务院财政、税务主管部门另有规定外，不超过当年销售（营业）收入15%的部分，准予扣除；超过部分，准予在以后纳税年度结转扣除。纳税人因行业特点等特殊原因确需提高广告费扣除比例的，须报国家税务总局批准。

【例5-3】 星光公司2008年度销售收入为61 833 650元，其广告费支出为7 400 000元，业务宣传费为2 000 000元。计算准以扣除的广告费和业务宣传费。

【解析】

当年度广告支出和业务宣传费扣除限额为：61 833 650×15%＝9 275 047.50元

以后纳税年度结转扣除金额为：7 400 000＋2 000 000－9 275 047.5＝124 952.50（元）

⑥捐赠支出。捐赠支出分为公益性捐赠支出和非公益性捐赠支出，公益性捐赠是指企业通过公益性社会团体或者县级以上人民政府及其部门，用于《中华人民共和国公益事业捐赠法》规定的公益事业的捐赠。

企业发生的公益性捐赠支出，不超过年度利润总额12%的部分，准予扣除。超过部分和非公益性捐赠支出不允许税前扣除，应调增纳税所得额。年度利润总额是指企业依照国家统一会计制度的规定计算的年度会计利润。

【例5-4】 星光公司2008年全年利润总额为3 117 600元，在该年度公益性捐赠支出1 000 000元，计算星光公司就此项公益性捐赠支出扣除限额。

【解析】

该项公益性捐赠扣除限额＝3 117 600×12%＝374 112元，因此，按税法规定当年星光公司公益性捐赠支出中有（1 000 000－374 112）625 888元不能税前扣除。应调整增加纳税所得额。

⑦利息支出。在生产、经营期间，非金融企业向金融企业借款的利息支出、金融企业的各项存款利息支出和同业拆借利息支出、企业经批准发行债券的利息支出，按照实际发生数扣除；非金融企业向非金融企业借款的利息支出，不超过按照金融企业同期同类贷款利率计算的数额的部分，准予扣除。

【例5-5】 星光公司2008年1月1日从B企业拆借资金2 300 000元，年利率为10%，2008年全年星光公司向B企业共支付利息230 000元，而同期银行贷款利率计算的利息是200 000元，故有30 000元不能税前扣除。

⑧借款费用。企业为购置、建造固定资产、无形资产和经过12个月以上的建造才能达到预定可销售状态的存货发生借款的，在有关资产购置、建造期间发生的合

理的借款费用,应当作为资本性支出计入有关资产的成本,有关资产交付使用后发生的借款利息,可在发生当期扣除。此外,纳税人逾期归还银行贷款,向银行支付的加收罚息,不属于行政性罚款,允许在税前扣除。

⑨新产品、新技术、新工艺研究开发费用。技术开发费用按其实际发生额50%抵扣。盈利的企业研究开发费用,实际发生额的50%,如大于企业当年应纳税所得额,可就其不超过应纳税所得额的部分,予以抵扣;超过部分,当年和以后年度均不再抵扣;亏损企业研究开发费用只能按规定据实列支,不实行按50%加计抵扣应纳税所得额的办法。

【例5-6】 星光公司2007年研究开发新产品发生有关费用50万元,计入管理费用,该年度应纳税所得额为900万元。请计算调整星光公司的应纳税所得额。

【解析】 星光公司发生的开发费用50万元的50%,即25万元可加计抵扣应纳税所得额,因此,星光公司2007年度应纳税所得额实际为900-25=875万元。

⑩环境保护专项资金。用于环境保护、生态恢复等方面的专项资金,准予扣除。上述专项资金提取后改变用途的,不得扣除。

⑪财产保险。企业参加财产保险,按照规定缴纳的保险费,准予扣除。

⑫租赁费。经营租赁方式从出租方取得固定资产,符合独立纳税人交易原则的租金可根据受益时间,均匀扣除;融资租赁方式取得固定资产,其租金支出不得扣除,但可按规定提取折旧费用。

⑬劳动保护费。企业发生的合理的劳动保护支出,准予扣除。

⑭汇兑损益。外国货币存、借和以外国货币结算的往来款项增减变动时,由于汇率变化而与记账本位币折合发生的汇兑损益,计入当期所得或在当期扣除。

⑮有关资产的费用。企业转让各类固定资产发生的费用,允许扣除。企业按规定计算的固定资产折旧费,无形资产和递延资产的摊销费,准予扣除。

⑯资产损失。固定资产和流动资产盘亏、毁损净损失,准予扣除,企业因存货盘亏、毁损、报废等原因不得不从销项税金中抵扣的进项税,应视同企业财产损失,准予与存货损失一起在所得税前按规定扣除。

⑰总机构分摊的费用。非居民企业在中国境内设立的机构、场所,就其中国境内总机构发生的与该机构、场所生产经营有关的费用,准予扣除。

⑱依照有关法律、行政法规和国家有关税法规定准予扣除的其他项目。如会员费、合理的会议费、差旅费、违约金、诉讼费用等。

### 三、资产的税务处理

企业的各项资产包括固定资产、生物资产、无形资产、长期待摊费用、投资资产、存货等,以历史成本为计税基础。历史成本是指企业取得该项资产时实际发生的支出。

企业持有各项资产期间产生资产增值或者减值,除国务院财政、税务主管部门规定可以确认损益外,不得调整该资产的计税基础。

## (一)固定资产的税务处理

固定资产是指企业为生产产品、提供劳务、出租或者经营管理而持有的,使用时间超过12个月的非货币性资产,包括房屋、建筑物、机器、机械、运输工具以及其他与生产经营有关的设备、器具、工具等。

**(1)固定资产的计税基础**

①外购的固定资产,以购买价款和支付的相关税费以及直接归属于使该资产达到预定用途发生的其他支出为计税基础。

②自行建造的固定资产,以竣工结算前发生的支出为计税基础。

③融资租入的固定资产,以租赁合同约定的付款总额和承租人在签订租赁合同过程中发生的相关费用为计税基础,租赁合同未约定付款总额的,以该资产的公允价值和承租人在签订租赁合同过程中发生的相关费用为计税基础。

④盘盈的固定资产,以同类固定资产的重置完全价值为计税基础。

⑤通过捐赠、投资、非货币性资产交换、债务重组等方式取得的固定资产,以该资产的公允价值和支付的相关税费为计税基础。

⑥改建的固定资产,除已提足折旧的固定资产和租入固定资产的改建支出外,以改建过程中发生的改建支出增加计税基础。

**(2)固定资产的折旧方法** 固定资产按照直线法计算的折旧,准予扣除。从事开采石油、天然气等矿产资源的企业,在开始商业性生产之前发生的费用和有关固定资产的折耗、折旧方法,由国务院财政、税务主管部门另行规定。

企业的固定资产由于技术进步等原因,确实需要加速折旧的,可以缩短折旧年限或者采用加速折旧的方法。采用加速折旧方法的,可以采用双倍余额递减法或年数总和法。

采用缩短折旧年限方法和加速折旧方法的固定资产有两类,一是由于技术进步,产品更新换代较快的固定资产;二是常年处于强震动、高腐蚀状态固定资产。

企业应当从固定资产使用月份的次月起计算折旧;停止使用的固定资产,应当从停止使用月份的次月起停止计算折旧。

企业应当根据固定资产的性质和使用情况,合理确定固定资产的预计净残值。固定资产的预计净残值一经确定,不得变更。

**(3)固定资产折旧年限** 除国务院财政、税务主管部门另有规定外,固定资产计算折旧的最低年限如下:房屋、建筑物为20年;火车、轮船、机器、机械和其他生产设备为10年;火车、轮船以外的运输工具以及与生产经营有关的器具、工具、家具等为5年;电子设备为3年。

采用缩短折旧年限法的,最低折旧年限不得低于上述规定折旧年限的60%。

**(4)固定资产的折旧范围** 下列固定资产不得计算折旧扣除:

①房屋、建筑物以外未投入使用的固定资产。

②以经营租赁方式租入的固定资产。

③以融资租赁方式租出的固定资产。
④已足额提取折旧仍继续使用的固定资产。
⑤与经营活动无关的固定资产。
⑥单独估价作为固定资产入账的土地。
⑦其他不得计算折旧扣除的固定资产。

(二)生产性生物资产的税务处理

生产性生物资产是指为生产农林产品、提供劳务或者出租等目的持有的生物资产,包括经济林、薪炭林、产畜和役畜等。

生产性生物资产按照直线法计算的折旧,准予扣除。企业应当从生产性生物资产投入使用月份的次月起计算折旧;停止使用的生产性生物资产,应当从停止使用月份的次月起停止计算折旧。

企业应当根据生产性生物资产的性质和使用情况,合理确定生产性生物资产的预计净残值。生产性生物资产的预计净残值一经确定,不得变更。

生产性生物资产计算折旧的最低年限规定:林木类生产性生物资产,为 10 年;畜类生产性生物资产,为 3 年。

(三)无形资产税务处理

无形资产是指企业为生产产品、提供劳务、出租或者经营管理而持有的,没有实物形态的非货币性长期资产,包括专利权、商标权、著作权、土地使用权、非专利技术、商誉等。

**(1)无形资产的计税基础**

①外购的无形资产,以购买价款和支付的相关税费以及直接归属于使该资产达到预定用途发生的其他支出为计税基础。

②自行开发的无形资产,以开发过程中该资产符合资本化条件后至达到预定用途前发生的支出为计税基础。

③通过捐赠、投资、非货币性资产交换、债务重组等方式取得的无形资产,以该资产的公允价值和支付的相关税费为计税基础。

**(2)无形资产的摊销方法** 无形资产按照直线法计算的摊销费用,准予扣除。无形资产的摊销年限不得低于 10 年。作为投资或者受让的无形资产,有关法律规定或者合同约定使用年限的,可以按照规定或者约定的使用年限分期计算摊销。外购商誉的支出,在企业整体转让或者清算时,准予扣除。

下列无形资产不得计算摊销费用扣除的:自行开发的支出已在计算应纳税所得额时扣除的无形资产;自创商誉;与经营活动无关的无形资产;其他不得计算摊销费用扣除的无形资产。

(四)长期待摊费用的税务处理

在计算应纳税所得额时,企业发生的下列支出作为长期待摊费用,按照规定摊销的,准予扣除。主要包括已提足折旧固定资产的改建支出;租入固定资产的改建支出;其他应当作为长期待摊费用的支出。

固定资产的改建支出是指改变房屋或者建筑物结构、延长使用年限等发生的支出。已提足折旧固定资产的改建支出,按照固定资产预计尚可使用年限摊销;租入固定资产的改建支出,按照合同约定的剩余租赁期摊销。固定资产的改建延长固定资产使用年限的,应当适当延长折旧年限。

固定资产的大修理支出是指同时符合以下条件的支出:修理支出达到取得固定资产时的计税基础50%以上;修理后固定资产的使用寿命延长两年以上。固定资产大修理支出,按照固定资产尚可使用年限分期摊销。

其他应当作为长期待摊费用的支出,自支出发生月份的次月起,分期摊销,摊销年限不得低于3年。

（五）存货的税务处理

存货是指企业持有以备出售的产品或者商品以及处在生产过程中的在产品、在生产或者提供劳务过程中耗用的材料和物料等。

存货按照以下方法确定成本:通过支付现金方式取得的存货,以购买价款和支付的相关税费为成本;通过支付现金以外的方式取得的存货,以该存货的公允价值和支付的相关税费为成本;生产性生物资产收获的农产品,以产出或者采收过程中发生的材料费、人工费和应当分摊的间接费用等必要支出为成本。

企业存货的使用或者销售,其实际成本的计算方法,可以在先进先出法、加权平均法、个别计价法中选用一种。计价方法一经选用,不得随意变更。

【例5-7】 华星公司2009年度的收入总额为80 000 000元,其中不征税收入10 000元,免税收入200 000元,公益性捐赠1 000 000元,生产性固定资产折旧4 000 000元,无形资产摊销3 000 000元,长期待摊费用100 000元,其他各项成本、费用、税金和损失40 000 000元,该公司不存在以前年度未弥补亏损。请计算该公司2009年度应纳税所得额。

【解析】 应纳税所得额＝收入总额－不征税收入－免税收入－各项扣除－以前年度未弥补亏损

华星公司2009年的公益性捐赠1 000 000元小于利润总额的12%,可全额扣除。

华星公司2009年各项扣除总额＝4 000 000＋3 000 000＋100 000＋40 000 000
＝47 100 000（元）

华星公司2009年应纳税所得额＝80 000 000－10 000－200 000－1 000 000－47 100 000
＝31 690 000（元）

## 四、不得扣除项目的确定

根据《企业所得税法》的规定,在计算应纳税所得额时,下列支出不得扣除:

①向投资者支付的股息、红利等权益性投资收益款项。

②企业所得税税款。

③纳税人因违反税法规定而缴纳的税收滞纳金,不得扣除。

④罚金、罚款和被没收财物的损失。
⑤超过税法规定允许扣除的公益性捐赠支出以及非公益性捐赠支出。
⑥赞助支出。
⑦未经核定的准备金支出。
⑧不符合规定的其他费用。
⑨与取得收入无关的其他各项支出。

【例 5-8】 宏宇公司 2009 年的收入总额为 600 000 元,没有不征税收入和免税收入。该公司自己计算的各项成本、费用、税金、损失和其他扣除项目为 5 000 000 元,其中包括赞助支出 20 000 元,税收滞纳金 10 000 元,未投入使用的机器设备折旧 500 000 元,与经营无关的无形资产摊销 20 000 元,公益性捐赠支出 80 000 元。计算 2009 年的应纳税所得额。

【解析】 该公司的计算的扣除项目中,捐赠支出、税收滞纳金支出、未使用机器设备折旧、与经营活动无关的无形资产摊销按税法规定是不能扣除的。公益性捐赠未超过利润总额的 12%,可以扣除。

2009 年宏宇公司应纳税所得额＝600 000－5 000 000＋20 000＋10 000＋500 000＋20 000
＝1 550 000(元)

## 五、亏损弥补

企业所得税法规定,纳税人发生年度亏损的,可以用下一纳税年度的所得弥补;下一纳税年度的所得不足弥补的,可以逐年延续弥补,但是延续弥补期最长不得超过 5 年。5 年内不论是盈利或亏损,都作为实际弥补期限计算。

需要说明的是这里所说的亏损,不是企业财务报表中反映的亏损额,而是企业财务报表中的亏损额经主管税务机关按税法规定核实调整后的金额。

亏损弥补包含两层意思:一是自亏损年度的下一个年度起连续 5 年不间断地计算;二是连续发生年度亏损,也必须从第一个亏损年度算起,先亏先补,按顺序连续计算亏损弥补期,不得将每个亏损年度的连续弥补期相加,更不得断开计算。

【例 5-9】 某公司 2000～2006 年度应纳税所得额分别为:－100、－30、20、20、20、30、40 万元,则 2000 年度的亏损额 100 万元,到 2005 年时仍未弥补完(－100＋20＋20＋20＋30＝－10 万元),但达到了 5 年的弥补期限,2005 年后,2000 年未弥补完的亏损 10 万元不再弥补。2006 年的所得弥补完 2001 年的亏损后,尚余应纳税所得额 10(40－30)万元。

## 六、应纳税额的计算

### (一)居民企业应纳所得税额的计算

应纳所得税额＝应纳税所得额×适用税率

应纳税所得额的计算可采用直接计算法和间接计算法。

直接计算法计算公式:

应纳税所得额＝收入总额－不征税收入－免税收入－各项扣除金额－亏损弥补

间接计税法计算公式：
应纳税所得额＝会计利润总额±纳税调整项目金额

【例5-10】 鼎盛公司为居民纳税人，2008年取得销售收入2 500万元，销售成本1 100万元。发生销售费用670万元（其中广告费450万元），管理费用480万元（其中业务招待费15万元），财务费用60万元，销售税金160万元（含增值税120万元），营业外收入70万元，营业外支出50万元（含通过公益性社会团体向贫困山区捐款30万元，支付税收滞纳金6万元），计入成本、费用中的实发工资总额150万元，拨付职工公费经费3万元、支付职工福利费和职工教育经费29万元。请计算鼎盛2008年度的应纳税所得额。

【解析】
会计利润总额＝2 500＋70－1 100－670－480－60－40－50＝170（万元）
广告费和业务宣传费调增所得额＝450－2 500×15％＝75（万元）
业务招待费调增所得额＝15－15×60％＝9（万元）
捐赠支出应调增所得额＝30－170×12％＝9.6（万元）
"三项经费"应调增所得＝3＋29－150×18.5％＝4.25（万元）
应纳税所得额＝170＋75＋6＋9.6＋6＋4.25＝270.85（万元）
该企业所得税税率为25％，则该企业2008年度应纳税额＝270.85×25％
＝67.71（万元）

## （二）非居民企业应纳税额的计算

非居民企业在未设立机构、场所的，或者虽设立机构场所，但取得的所得与其所设机构场所没有实际联系的，应当就其来源于中国境内的所得缴纳企业所得税。应纳税所得额按下列方法计算：

①股息、红利等权益性投资收益和利息、租金、特许权使用费所得，以收入全额为应纳税所得额。

②转让财产所得，以收入全额减除财产净值后的余额为应纳税所得额。

③其他所得，参照前两项规定的方法计算应纳税所得额。

## （三）境外所得已纳税额的扣除

按照我国《企业所得税法》的规定，居民企业来源于中国境外的应税所得；非居民企业在中国境内设立机构、场所，取得发生在中国境外但与该机构、场所有实际联系的应税所得，其已在境外缴纳的所得税税额，可以从其当期应纳税额中抵免，抵免限额为该项所得依照本法规定计算的应纳税额；超过抵免限额的部分，可以在以后五个年度内，用每年度抵免限额抵免当年应抵税额后的余额进行抵补。

抵免限额是指企业来源于中国境外的所得，依照企业所得税法和本条例的规定计算的应纳税额。该抵免限额应当分国（地区）不分项计算，其计算公式如下：

抵免限额＝境内、境外所得按税法计算的应纳税总额×
（来源于某外国（地区）的应纳税所得额÷境内、境外所得总额）

【例5-11】 鼎盛公司应纳税所得额为4 149 272.25元,适用25%的企业所得税税率。另外,该企业分别在A、B两国设有分支机构(我国与A、B两国已经缔结避免双重征税协定),在A国分支机构的应纳税所得额为150万元,A国税率为20%;在B国的分支机构的应纳税所得额为130万元,B国税率为35%。假设该企业在A、B两国所得按我国税法计算的应纳税所得额和按A、B两国税法计算的应纳税所得额是一致的,两个分支机构在A、B两国分别缴纳30万元和45.5万元的所得税。计算该企业汇总在我国应缴纳的企业所得税税额。

【解析】
该企业按我国税法计算的境内、境外所得的应纳税额:
应纳税额=(4 149 272.25+1 500 000+1 300 000)×25%=1 737 318.06(元)
A、B两国的扣除限额:
A国扣除限额=1 737 318.06×[1 500 000÷(4 149 272.25+1 500 000+1 300 000)]
=375 000(元)
B国扣除限额=1 737 318.06×[1 300 000÷(4 149 272.25+1 500 000+1 300 000)]
=325 000(元)
在A国缴纳的所得税为300 000元,低于扣除限额375 000元,可全额扣除。
在B国缴纳的所得税为455 000万元,高于扣除限额325 000元,其超过扣除限额的部分130 000元不能扣除。
在我国应缴纳的所得税:
应纳税额=1 737 318.06-300 000-325 000=1 112 318.06(万元)

(四)核定征收应纳税额的计算

**(1)定额征收** 是指税务机关按照一定的标准、程序和方法,直接核定纳税人年度应纳企业所得税额,由纳税人按规定进行申报缴纳的办法。主要适用于:

①依照税收法律法规规定可以不设账簿的或按照税收法律法规规定应设置但未设置账簿的。

②只能准确核算收入总额,或收入总额能够查实,但其成本费用支出不能准确核算的。

③只能准确核算成本费用支出,或成本费用支出能够查实,但其收入总额不能准确核算的。

④收入总额及成本费用支出均不能正确核算,不能向主管税务机关提供真实、准确、完整纳税资料,难以查实的。

⑤账目设置和核算虽然符合规定,但并未按规定保存有关账簿、凭证及有关纳税资料的。

⑥发生纳税义务,未按照税收法律法规规定的期限办理纳税申报,经税务机关责令限期申报,逾期仍不申报的。

**(2)核定应税所得率征收** 是指税务机关按照一定的标准、程序和方法,预先核定纳税人的应税所得率,由纳税人根据纳税年度内的收入总额或成本费用等项目的实际发生额,按预先核定的应税所得率计算缴纳企业所得税的办法。

实行核定应税所得率征收办法的,应纳所得税额的计算公式如下:

应纳所得税额＝应纳税所得额×适用税率

应纳税所得额＝收入总额×应税所得率

＝成本费用支出额÷(1－应税所得率)×应税所得率

应税所得率应按表5-1中规定的标准执行。

表5-1 应税所得率表

| 行　业 | 应税所得率(%) |
|---|---|
| 农、林、牧、渔业 | 3～10 |
| 制造业 | 5～15 |
| 批发和零售贸易业 | 4～15 |
| 交通运输业 | 7～15 |
| 建筑业 | 8～20 |
| 饮食业 | 8～25 |
| 娱乐业 | 15～30 |
| 其他行业 | 10～30 |

【例5-12】 天星公司2007年度自行申报收入80万元,成本费用76万元,税务机关审查,认为其收入准确,成本费用无法查实,该行业应税所得率为12%,则该企业当年应纳税所得额为:$80 \times 12\% = 9.6$(万元)。

在上例中,如果税务机关审查,认为其成本费用准确,收入无法查实,则该企业当年应纳税所得额为:$76 \div (1 - 12\%) \times 12\% = 10.36$(万元)。

## 第三节　企业所得税的会计处理

### 一、所得税的会计处理方法

所得税的会计处理方法是解决按照会计准则计算的税前会计利润(或亏损)与按税法计算的应纳税所得额(或亏损)之间的差异问题的处理方法。目前国际上所得税会计处理方法通常可分为两类:一是将应纳所得税全部作为所得税费用,计入当期利润表;二是对应税所得额进行调整,然后得出所得税费用。前者称之为应付税款法,后者称之为纳税影响会计法。纳税影响会计法又可分为递延法和债务法,债务法分为利润表债务法和资产负债表债务法。我国企业会计准则规定企业采用资产负债表债务法核算所得税。

资产负债表债务法是从资产负债表出发,通过比较资产负债表上列示的资产、负债按照企业会计准则规定确定的账面价值与按照税法规定确定的计税基础,根据两者之间的差额分别计算应纳税暂时性差异与可抵扣暂时性差异,确认相关的递延所得税负债与递延所得税资产,并在此基础上确定每一期间利润表中的所得税费用。

## 二、计税基础与暂时性差异

### (一)计税基础

计税基础是一项资产或负债据以计税的基础,是指计税时归属于该项资产或负债的金额,即按照税法的规定,一项资产或负债的金额。企业在取得资产、负债时,应当确定其计税基础。资产、负债的账面价值与其计税基础存在差异的,应当按照规定确认所产生的递延所得税资产或递延所得税负债。

**(1)资产的计税基础** 是指企业收回资产账面价值过程中,计算应纳税所得额时按照税法规定可以自应税经济利益中抵扣的金额,即某一项资产在未来期间计税时可以税前扣除的金额。从税收的角度考虑,资产的计税基础是假定企业按照税法规定进行核算所提供的资产负债表中资产的应有金额,本质上就是税收口径的资产价值标准。

通常情况下,资产在取得时其入账价值与计税基础是相同的,后续计量过程中因企业会计准则规定与税法规定不同,可能造成账面价值与计税基础的不同。

资产的计税基础列示如下:

①固定资产。

固定资产的账面价值＝实际成本－累计折旧－减值准备;

固定资产的计税基础＝实际成本－累计折旧

【例5-13】 某项设备原价500万元,会计处理按直线法计提折旧,计税采用双倍余额递减法计提折旧,均忽略残值。固定资产预计使用寿命为10年。请计算固定资产的账面价值和计税基础。

【解析】 该固定资产投入使用后第二年末(已提取50万元的减值准备);

固定资产的账面价值＝500－50－50＝400(万元)

固定资产的计税基础＝500－100－80＝320(万元)

②无形资产。

使用寿命确定的无形资产账面价值＝实际成本－累计摊销－减值准备

使用寿命不确定的无形资产的账面价值＝实际成本－减值准备

计税基础＝实际成本－累计折旧

【例5-14】 某项无形资产实际成本为200万元,因使用寿命无法确定,会计核算中不予摊销。计税时按10年摊销。计算该无形资产使用第一年末的账面价值和计税基础。

【解析】 该无形资产账面价值＝200(万元)
该无形资产的计税基础＝180(万元)

**(2)负债的计税基础** 是指负债的账面价值减去未来期间计算应纳税所得额时按照税法规定可予抵扣的金额。与账面价值的关系式如下：

负债的计税基础＝负债的账面价值－将来负债在兑付时允许扣税的金额

一般情况下，负债的确认与偿还不会影响企业的损益，也不会影响其应纳税所得额，未来期间计算应纳税所得额时按照税法规定可予抵扣的金额为零，计税基础即为账面价值，如企业的短期借款、应付账款等。但是，某些情况下，负债的确认可能会影响企业的损益，进而影响不同期间的应纳税所得额，使得其计税基础与账面价值之间产生差额，如按照会计规定确认的某些预计负债和预收账款等。

【例5-15】 企业的流动负债包括因违法经营被处以的1000元的应付罚款，计税时，罚款不可抵扣。

【解析】 应计罚款：账面价值＝1000元；计税基础＝1000－0＝1000元。

【例5-16】 某企业2009年预计了200万元产品的保修费用。保修费用的实际支付发生于2010年，保修费用实际支付时允许在税前扣除。

【解析】 预计负债：账面计税基础＝200万元；计税基础＝200－200＝0

**(二)暂时性差异**

暂时性差异是指资产或负债的账面价值与其计税基础之间的差额。账面价值是指按照企业会计准则规定确定的有关资产、负债在企业的资产负债表中应列示的金额；计税基础是按照税法的规定一项资产或负债的金额。

暂时性差异在以后年度资产收回或负债清偿时，会产生应税利润或可抵扣金额。按照暂时性差异对未来期间应税金额的影响，分为应纳税暂时性差异和可抵扣暂时性差异。

**(1)应纳税暂时性差异** 是指在确定未来收回资产或清偿负债期间的应纳税所得额时，将产生应税金额的暂时性差异。该差异在未来期间转回时，会增加转回期间的应纳税所得额和应交所得税额。因此在该暂时性差异产生当期，应当确认相关的递延所得税负债。应纳税暂时性差异通常产生于以下两种情况：

①资产的账面价值大于其计税基础。一项资产的账面价值是企业持续使用及最终出售该项资产时会取得的经济利益的总额，而计税基础代表的是一项资产在未来期间可予税前扣除的总金额。资产的账面价值大于计税基础，该项资产未来期间产生的经济利益不能全部税前扣除，两者之间的差额需要纳税，产生应纳税暂时性差异。

【例5-17】 金龙公司2008年12月31日取得的某项环保用固定资产，原价为300万元，使用年限为10年，会计上采用直线法计提折旧，净残值为零。假定税法规定类似环保用固定资产采用加速折旧法计提的折旧可予税前扣除,该公司在计税时采用双倍余额递减法计列折旧,净残值为零。未发生固定资产减值。计算2010年12月31日,该项固定资产的暂时性差异。

【解析】

固定资产的账面价值＝300－30×2＝240(万元)

固定资产的计税基础＝300－300×20%－240×20%＝192(万元)

固定资产的暂时性差异＝240－192＝48(万元)

由于资产的账面价值大于计税基础,该暂时性差异属于应纳税暂时性差异,应确认相应的递延所得税负债。

②负债的账面价值小于其计税基础。一项负债的账面价值为企业预计在未来期间清偿该项负债时的经济利益流出,而计税基础代表的是账面价值在扣除税法规定未来期间允许税前扣除的金额之后的差额。负债的账面价值小于其计税基础,则意味着该项负债在未来期间可以税前抵扣的金额为负数,即应在未来期间应纳税所得额的基础上调增,增加应纳税所得额和应交所得税金额,产生应纳税暂时性差异。这种情况一般是不会产生的。

(2)可抵扣暂时性差异　是指在确定未来收回资产或清偿负债期间的应纳税所得额时,将产生可抵扣金额的暂时性差异。该差异在未来期间转回时会减少转回期间的应纳税所得额,减少未来期间的应交所得税。在该暂时性差异产生当期,应当确认相关的递延所得税资产。可抵扣暂时性差异一般产生于下列两种情况:

①资产的账面价值小于计税基础。从经济含义来看,资产在未来期间产生的经济利益少,按照税法规定允许税前扣除的金额多,则企业在未来期间可以减少应纳税所得额并减少应交所得税,形成可抵扣暂时性差异。

【例5-18】　金龙公司于2009年年末以300万元购入一项生产用固定资产,按照该项固定资产的预计使用情况,金龙公司在会计核算时估计其使用寿命为10年,计税时,按照适用税法规定,其折旧年限为20年,假定会计与税收均按直线法计提折旧,净残值均为零。计算该项固定资产2010年12月31日的暂时性差异。

【解析】

账面价值＝300－300÷10＝270(万元)

计税基础＝300－300÷20＝285(万元)

暂时性差异＝285－270＝15万元

由于该固定资产的账面价值小于计税基础,该暂时性差异为可抵扣暂时性差异,在符合有关确认条件的情况下,应确认与其相关的递延所得税资产。

②负债的账面价值大于计税基础。负债产生的暂时性差异实质上是税法规定的该项负债可以在未来期间税前扣除的金额。一项负债的账面价值大于其计税基础,意味着未来期间按照税法规定构成负债的全部或部分金额可以从未来应税经济利益中扣除,减少未来期间的应交所得税,产生可抵扣暂时性差异。

**【例 5-19】** 金山公司 2009 年因销售产品承诺提供 3 年的保修服务,在当年度利润表中确认了 200 万元的销售费用,同时确认为预计负债,当年度未发生任何保修支出。假定按照税法规定,与产品售后服务相关的费用在实际发生时允许税前扣除。计算该项预计负债的暂时性差异。

**【解析】**

该预计负债在金山公司 2009 年 12 月 31 日资产负债表中的账面价值为 200 万元。

税法规定,与产品保修相关的费用在未来期间实际发生时才允许全额税前扣除,则该项负债的计税基础为账面价值扣除未来期间计算应纳税所得额时按税法可予抵扣的金额,即该负债的计税基础＝200－200＝0。

该预计负债的账面价值 200 万元与其计税基础零之间形成暂时性差异 200 万元。

由于该项负债的账面价值大于计税基础,该暂时性差异为可抵扣暂时性差异,在其产生期间,在符合有关确认条件的情况下,应确认与其相关的递延所得税资产。

### 三、递延资产、递延负债、所得税费用的确认与计量

(1)递延所得税资产确认与计量

1)递延所得税资产的确认。递延所得税资产是指对于可抵扣暂时性差异,以未来期间很可能取得用来抵扣可抵扣暂时性差异的应纳税所得额为限确认的一项资产。递延所得税资产与可抵扣暂时性差异是相对应的,可抵减暂时性差异是将来可用来抵税的部分,是应该收回的资产,所以对应递延所得税资产;递延所得税资产按下列原则确认:

①递延所得税资产的确认应以未来期间可能取得的应纳税所得额为限。资产、负债的账面价值与其计税基础不同产生可抵扣暂时性差异的,在估计未来期间能够取得足够的应纳税所得额用以抵扣该可抵扣暂时性差异时,应当以很可能取得用来抵扣可抵扣暂时性差异的应纳税所得额为限,确认相关的递延所得税资产;在可抵扣暂时性差异转回的未来期间内,若企业无法产生足够的应纳税所得额用以抵减可抵扣暂时性差异的影响时,使得与递延所得税资产相关的经济利益无法实现的,该部分递延所得税资产不应确认。

②按照税法规定结转以后年度未弥补亏损和税款抵减,应视同可抵扣暂时性差异处理。在预计可利用未弥补亏损或税款抵减的未来期间内能够取得足够的应纳税所得额时,应当以很可能取得的应纳税所得额为限,确认相应的递延所得税资产,同时减少确认当期的所得税费用。

2)递延所得税资产的计量。

①适用税率的确定。确认递延所得税资产时,应估计相关可抵扣暂时性差异的转回时间,采用转回期间适用的所得税税率为基础计算确定,无论相关的可抵扣暂时性差异转回期间如何,递延所得税资产均不予以折现。

②资产负债表日,企业应当对递延所得税资产的账面价值进行复核。如果未来期间很可能无法获得足够的应纳税所得额用以抵扣递延所得税资产的利益,应当减

记递延所得税资产的账面价值。递延所得税资产的账面价值减记以后,继后期间根据新的环境和情况判断能够产生足够的应纳税所得额用以抵扣可抵扣暂时性差异,使得递延所得税资产包含的经济利益能够实现的,应相应恢复递延所得税资产的账面价值。

③递延所得税资产的计算。

"递延所得税资产"的余额=该时点可抵扣暂时性差异×当时的所得税率

当期递延所得税资产变动额=(年末可抵扣暂时性差异-年初可抵扣暂时性差异)×所得税率

如果所得税税率发生变化,则:

当期递延所得税资产变动额=年末可抵扣暂时性差异×新的所得税率-年初可抵扣暂时性差异×旧的所得税率

**(2)递延所得税负债的确认和计量**

1)递延所得税负债的确认。递延所得税负债是由应纳税暂时性差异产生的。应纳税暂时性差异在转回期间将增加未来期间企业的应纳税所得额和应交所得税,导致企业经济利益的流出,从其发生当期看,构成企业应支付税金的义务,应作为递延所得税负债确认。除直接计入所有者权益的交易或事项以及企业合并外,在确认递延所得税负债的同时,应增加利润表中的所得税费用。

2)递延所得税负债的计量。

①递延所得税负债应以相关的应纳税暂时性差异转回期间适用的所得税税率计量。在我国,除享受优惠政策的情况以外,企业适用的所得税税率在不同年度之间一般不会发生变化,企业在确认递延所得税负债时,以现行适用税率为基础计算确定,递延所得税负债的确认不要求折现。

②递延所得税负债的计算。

"递延所得税负债"的余额=该时点应纳税暂时性差异×当时的所得税率

当期递延所得税负债变动额=(年末应纳税暂时性差异-年初应纳税暂时性差异)×所得税率

如果所得税税率发生变化,则:

当期递延所得税负债变动额=年末应纳税暂时性差异×新的所得税率-年初应纳税暂时性差异×旧的所得税率

**(3)所得税费用的确认与计量**

①所得税费用。利润表中的所得税费用由两个部分组成:当期所得税和递延所得税。所得税费用等于当期所得税与递延所得税之和,可用公式表示为:

所得税费用=当期所得税+递延所得税

计入当期损益的所得税费用或收益不包括企业合并和直接在所有者权益中确认的交易或事项产生的所得税影响。与直接计入所有者权益的交易或者事项相关的当期所得税和递延所得税,应当计入所有者权益。所得税费用应当在利润表中单独列示。

②当期所得税。当期所得税是指企业按照税法规定计算确定的针对当期发生的交易和事项,应交纳给税务部门的所得税金额,即应交所得税,应以适用的税收法规为基础计算确定。即:

$$当期所得税＝当期应交所得税$$

企业在确定当期所得税时,对于当期发生的交易或事项,会计处理与税收处理不同的,应在会计利润的基础上,按照适用税收法规的要求进行调整,计算出当期应纳税所得额,按照应纳税所得额与适用所得税税率计算确定当期应交所得税。

③递延所得税。递延所得税是指按照企业会计准则规定应予确认的递延所得税资产和递延所得税负债在期末应有的金额相对于原已确认金额之间的差额,即递延所得税资产及递延所得税负债的当期发生额,但不包括直接计入所有者权益的交易或事项的所得税影响。用公式表示即为:

$$递延所得税＝当期递延所得税负债增加额＋当期递延所得税资产减少额－$$
$$当期递延所得税资产增加额－当期递延所得税负债减少额$$

值得注意的是,如果某项交易或事项按照企业会计准则规定应计入所有者权益,由该交易或事项产生的递延所得税资产或递延所得税负债及其变化也应计入所有者权益。

【例 5-20】 东升公司 2009 年度利润表中利润总额为 1 200 万元,该公司适用的所得税税率为 25%。与所得税核算有关的情况如下:

该企业 12 月 31 日资产负债表中有关项目账面价值及其计税基础见表 5-2。

表 5-2 东升公司资产负债表中有关项目账面价值及计税基础表

单位:万元

| | 项目 | 账面价值 | 计税基础 | 暂时性差异 | |
|---|---|---|---|---|---|
| | | | | 应纳税暂时性差异 | 可抵扣暂时性差异 |
| 1 | 交易性金融资产 | 1500 | 1000 | 500 | |
| 2 | 负债 | 100 | 0 | | 100 |
| | 合计 | | | 500 | 100 |

假定除上述项目外,该企业其他资产、负债的账面价值与其计税基础不存在差异,也不存在可抵扣亏损和税款抵减;该企业当期按照税法规定计算确定的应交所得税为 600 万元;该企业预计在未来期间能够产生足够的应纳税所得额用以抵扣可抵扣暂时性差异。

该企业计算确认的递延所得税负债、递延所得税资产、递延所得税费用以及所得税费用如下：

递延所得税负债＝500×25％＝125（万元）

递延所得税资产＝100×25％＝25（万元）

递延所得税＝125－25＝100（万元）

当期所得税费用 ＝ 600（万元）

所得税费用＝600＋100＝700（万元）

### 四、资产负债表债务法账务处理

**(1)企业所得税核算的账户设置** 企业所得税的记账依据有两种：一是企业所得税月(季)度预缴纳税申报表、企业所得税年度纳税申报表；二是税收缴款书。以纳税申报表为应税凭证，作为计提应纳所得税的记账依据，以税收缴款书为完税凭证，作为税款缴纳的记账依据。

企业在选择资产负债表债务法时，应设置"递延所得税负债"、"递延所得税资产"、"所得税费用"、"应交税费——应交所得税"等账户。

①"递延所得税负债"账户。"递延所得税负债"是负债类账户，核算企业确认的应纳税暂时性差异产生的所得税负债。其贷方反映企业确认的各类递延所得税负债以及递延所得税负债的应有余额大于其账面余额的差额；与直接计入所有者权益的交易或事项相关的递延所得税负债，以及企业合并中取得资产、负债的入账价值与其计税基础不同，形成的应纳税暂时性差异也贷记本账户。其借方反映资产负债表日递延所得税负债的应有余额小于其账面余额的差额。期末贷方余额反映企业已确认的递延所得税负债。

②"递延所得税资产"账户。"递延所得税资产"是资产类账户，核算企业由于可抵扣暂时性差异确认的递延所得税资产及按规定可用以后年度税前利润弥补的亏损及税款抵减产生的所得税资产。其借方反映期末确认的各类递延所得税资产以及递延所得税资产应有余额大于其账面余额的差额。其贷方反映企业期末递延所得税资产应有余额小于其账面余额的差额；资产负债表日，预计未来期间很可能无法获得足够的应纳税所得额用以抵扣可抵扣暂时性差异的，按原已确认的递延所得税资产中应减记的金额也贷记本账户。本账户期末借方余额，反映企业确认的递延所得税资产。

③"所得税费用"账户。"所得税费用"是损益类账户，核算企业确认的应从当期利润总额中扣除的所得税费用。按"当期所得税费用"、"递延所得税费用"进行明细核算。其借方反映资产负债表日，企业按照税法规定计算确定的当期应交所得税（当期所得税费用）和递延所得税资产的应有余额小于"递延所得税资产"账户余额的差额（递延所得税费用）；贷方反映资产负债表日，递延所得税资产的应有余额大于"递延所得税资产"账户余额的差额（递延所得税费用）。企业应予确认的递延所得税负债，也比照上述原则调整本账户。期末，应将本账户的余额转入"本年利润"账户，结转后无余额。

**(2)资产负债表债务法账务处理举例** 采用资产负债表债务法核算所得税,一般可按以下顺序进行:

①计算当期应缴纳的所得税金额。

②确定资产、负债的账面价值和计税基础。

③比较资产、负债的账面价值和计税基础,确定应纳税暂时性差异和可抵扣暂时性差异。

④根据暂时性差异情况,确定本期递延所得税资产和递延所得税负债期末余额,并根据期初余额计算确定递延所得税资产和递延所得税负债的发生额。

【例5-21】 利通公司2007年度利润表中利润总额为1500万元,该公司适用的所得税税率为33%,2007年发生的有关交易和事项中,会计处理与税收处理存在的差异有:

(1)2007年1月2日开始计提折旧的一项固定资产,成本为600万元,使用年限为10年,净残值为零,税法规定可采用双倍余额递减法计提折旧,会计处理按直线法计提折旧。假定税法规定的使用年限及净残值与会计规定相同。

(2)向关联企业提供现金捐赠150万元。

(3)当年度发生技术开发支出600万元。税法规定根据该企业情况,可按实际发生研究开发费用支出的150%加计扣除。

(4)应付违反环保法规定罚款100万元。

(5)期末时持有的存货计提了60万元的存货跌价准备。

具体计算过程如下:

(1)2007年度当期应交所得税:

应纳税所得额 = 1500 − 60 + 150 − (600 × 150% − 600) + 100 + 60
= 1450(万元)

应交所得税 = 1450 × 33% = 478.50(万元)

(2)2007年度递延所得税:

该公司2007年资产负债表相关项目金额及其计税基础见表5-3。

**表5-3 2007年利通公司资产负债表中有关项目账面价值及计税基础表**

单位:万元

| 项 目 | 账面价值 | 计税基础 | 差异 | |
|---|---|---|---|---|
| | | | 应纳税暂时性差异 | 可抵扣暂时性差异 |
| 存货 | 900 | 950 | | 50 |
| 固定资产 | | | | |
| 固定资产原价 | 600 | 600 | | |
| 减:累计折旧 | 60 | 120 | | |

续表 5-3

| 项 目 | 账面价值 | 计税基础 | 差异 | |
|---|---|---|---|---|
| | | | 应纳税暂时性差异 | 可抵扣暂时性差异 |
| 减:固定资产减值准备 | 0 | 0 | | |
| 固定资产账面价值 | 540 | 480 | 60 | |
| 其他应付款 | 100 | 100 | | |
| 总计 | | | 60 | 50 |

递延所得税负债 = 60×33% = 19.8(万元)
递延所得税资产 = 50×33% = 16.5(万元)
递延所得税费用 = 19.8 - 16.5 = 3.3(万元)

(3)利润表中应确认的所得税费用:
所得税费用 = 478.5 + 3.3 = 482.1(万元)

借:所得税费用——当期所得税费用　　　4 785 000
　　　　　　——递延所得税费用　　　　　　33 000
　　递延所得税资产　　　　　　　　　　165 000
　　贷:应交税费——应交所得税　　　　4 785 000
　　　　递延所得税负债　　　　　　　　198 000

【例 5-22】 沿用例 5-21,假定利通公司 2008 年当期应交所得税为 400 万元,所得税税率为 25%,资产负债表中有关资产、负债的账面价值与其计税基础相关资料见表 5-4,除所列项目外,其他资产、负债项目不存在会计和税收的差异。

表 5-4　2008 年利通公司资产负债表中有关项目账面价值及计税基础表

单位:万元

| 项 目 | 账面价值 | 计税基础 | 差异 | |
|---|---|---|---|---|
| | | | 应纳税暂时性差异 | 可抵扣暂时性差异 |
| 存货 | 1600 | 1680 | | 80 |
| 固定资产 | | | | |
| 固定资产原价 | 600 | 600 | | |
| 减:累计折旧 | 120 | 216 | | |
| 减:固定资产减值准备 | 20 | 0 | | |
| 固定资产账面价值 | 460 | 384 | 76 | |
| 预计负债 | 100 | 0 | | 100 |
| 总计 | | | 76 | 180 |

具体计算过程如下：
(1)当期应交所得税为400万元。
(2)当期递延所得税：
①期末递延所得税负债=76×25%=19(万元)
　期初递延所得税负债=60×33%=19.8(万元)
　递延所得税负债减少额=19.8-19=0.8(万元)
②期末递延所得税资产=180×25%=45(万元)
　期初递延所得税资产=30×33%=9.9(万元)
　递延所得税资产增加额=45-9.9=35.1(万元)
③递延所得税费用=0-0.8-35.1=-35.9(万元)
(3)所得税费用：
所得税费用=400-35.9=364.1(万元)
　借：所得税费用——当期所得税费用　　　　3 641 000
　　　递延所得税资产　　　　　　　　　　　　351 000
　　　递延所得税负债　　　　　　　　　　　　　8 000
　　贷：应交税费——应交所得税　　　　　　3 641 000
　　　　所得税费用——递延所得税费用　　　　359 000

【例5-23】 万利公司于2006年1月1日开始对某行政用设备计提折旧，原价为60万元，假定无残值。会计上采用4年期直线法计提折旧，而税法上则采用6年期直线法确定折旧口径。该公司采用成本与可收回价值孰低法进行固定资产的期末计价。2006年末可收回价值为36万元，假定2009年6月1日该公司出售该设备，售价为20万元，无相关税费。该公司每年的税前会计利润为100万元，2007年以前的所得税率为33%，2008年初改为25%。

资产负债表债务法的会计处理如下：
(1)暂时性差异及相关指标的界定见表5-5。

表5-5　万利公司2006～2009年暂时性差异及相关指标表

单位：万元

| 项目 | 2006年 | | 2007年 | 2008年 | 2009年 |
| --- | --- | --- | --- | --- | --- |
| | 年初口径 | 年末口径 | 年末口径 | 年末口径 | 年末口径 |
| 账面原价 | 60 | 60 | 60 | 60 | 0 |
| 累计折旧 | 0 | 15 | 27 | 39 | 0 |
| 折余价值 | 60 | 45 | 33 | 21 | 0 |
| 已提减值准备 | 0 | 9 | 9 | 9 | 0 |
| 账面价值 | 60 | 36 | 24 | 12 | 0 |

续表 5-5

| 项目 | 2006年 | | 2007年 | 2008年 | 2009年 |
|---|---|---|---|---|---|
| | 年初口径 | 年末口径 | 年末口径 | 年末口径 | 年末口径 |
| 计税基础 | 60 | 50 | 40 | 30 | 0 |
| 差异额 | 0 | 14 | 16 | 18 | 0 |
| 税率 | 33% | 33% | 33% | 25% | 25% |
| 差异变动 | 0 | 14 | 2 | 2 | −18 |
| 差异类型的界定 | 新增可抵扣暂时性差异 | | | 转回可抵扣暂时性差异 | |
| 递延所得税资产余额 | 0 | 4.62 | 5.28 | 4.5 | 0 |
| 递延所得税资产变动额 | 0 | 4.62 | 0.66 | −0.78 | −4.5 |

表中：2006 年至 2007 年末的递延所得税资产余额＝年末差异余额×33%

2008 年至 2009 年末的递延所得税资产余额＝年末差异余额×25%

(2) 在资产负债表债务法下的所得税处理过程见表 5-6。

表 5-6 所得税处理计算表

单位：万元

| 项目 | 2006年 | 2007年 | 2008年 | 2009年 |
|---|---|---|---|---|
| 税前会计利润 | 100 | 100 | 100 | 100 |
| 可抵扣暂时性差异的变动额 | 14 | 2 | 2 | −18 |
| 应纳税所得额 | 114 | 102 | 102 | 82 |
| 本期应交所得税 | 37.62 | 33.66 | 25.5 | 20.5 |
| 递延所得税收益 | 4.62 | 0.66 | | |
| 递延所得税费用 | | | 0.78 | 4.5 |
| 本期所得税费用 | 33 | 33 | 26.28 | 25 |

(3) 会计分录如下：

① 2006 年：

  借：所得税费用——当期所得税费用  376 200

    递延所得税资产  46 200

  贷：应交税费——应交所得税  376 200

    所得税费用——递延所得税费用  46 200

②2007年：

　　借：所得税费用——当期所得税费用　　　　　336 600
　　　　递延所得税资产　　　　　　　　　　　　　6 600
　　贷：应交税费——应交所得税　　　　　　　　336 600
　　　　所得税费用——递延所得税费用　　　　　6 600

③2008年：

　　借：所得税费用——当期所得税费用　　　　　255 000
　　　　　　　　　——递延所得税费用　　　　　　7 800
　　贷：应交税费——应交所得税　　　　　　　　255 000
　　　　递延所得税资产　　　　　　　　　　　　7 800

④2009年：

　　借：所得税费用——当期所得税费用　　　　　205 000
　　　　　　　　　——递延所得税费用　　　　　45 000
　　贷：应交税费——应交所得税　　　　　　　　205 000
　　　　递延所得税资产　　　　　　　　　　　　45 000

## 第四节 企业所得税的征收管理与纳税申报

### 一、企业所得税征收管理

**(1)纳税期限**　企业所得税按纳税年度计算。纳税年度自公历1月1日起至12月31日止。企业在一个纳税年度中间开业，或者终止经营活动，使该纳税年度的实际经营期不足十二个月的，应当以其实际经营期为一个纳税年度。企业依法清算时，应当以清算期间作为一个纳税年度。

**(2)纳税地点**　企业所得税的征收管理除本法规定外，依照《中华人民共和国税收征收管理法》的规定执行。除税收法律、行政法规另有规定外，居民企业以企业登记注册地为纳税地点，但登记注册地在境外的，以实际管理机构所在地为纳税地点；居民企业在中国境内设立不具有法人资格的营业机构的，应当汇总计算并缴纳企业所得税。

非居民企业取得本法第三条第二款规定的所得，以机构、场所所在地为纳税地点。非居民企业在中国境内设立两个或者两个以上机构、场所的，经税务机关审核批准，可以选择由其主要机构、场所汇总缴纳企业所得税。

非居民企业取得本法第三条第三款规定的所得，以扣缴义务人所在地为纳税地点。除国务院另有规定外，企业之间不得合并缴纳企业所得税。

**(3)缴纳方法**　企业所得税采用按年计算，分月或分季预缴，年终汇算清缴的缴纳方式。

①预缴所得税额计算:
预缴所得税额＝月(季)应纳税所得额×适用税率
或:＝上年应纳税所得额×1/12(或 1/4)×适用税率
②年终汇算清缴计算:
全年应纳所得税额＝全年境内、境外应纳税所得额×所得税率－境外已纳税款扣除额
全年应减征所得税额＝全年应纳税所得额×减征率
年终汇算清缴应补(退)的所得税税额 ＝全年应纳税所得额－全年减征所得税－1 至 3 季度(1 月至 11 月)累计预缴的所得税额

企业所得税分月或者分季预缴。应当自月份或者季度终了之日起 15 日内,向税务机关报送预缴企业所得税纳税申报表,预缴税款。应当自年度终了之日起 5 个月内,向税务机关报送年度企业所得税纳税申报表,并汇算清缴,结清应缴应退税款。

企业在报送企业所得税纳税申报表时,应当按照规定附送财务会计报告和其他有关资料。

**(4)清算缴纳** 企业在年度中间终止经营活动的,应当自实际经营终止之日起 60 日内,向税务机关办理当期企业所得税汇算清缴。

企业应当在办理注销登记前,就其清算所得向税务机关申报并依法缴纳企业所得税。

依照本法缴纳的企业所得税,以人民币计算。所得以人民币以外的货币计算的,应当折合成人民币计算并缴纳税款。

## 二、企业所得税的纳税申报

企业在年度纳税申报时,应当向税务部门提供下列资料:企业所得税年度纳税申报表、销售(营业)收入明细表、投资所得(损失)明细表、销售(营业)成本明细表、工资薪金和职工福利等经费明细表、资产折旧、摊销明细表、坏账损失明细表、广告支出明细表、公益救济性捐赠明细表、税前弥补亏损明细表等。

新的企业所得税法于 2008 年 1 月 1 日开始实施,国家税务总局印发了新的企业所得税季(月)度预缴纳税申报表和企业所得税年度纳税申报表。

**(1)企业所得税预缴纳税申报表** 查账征收企业所得税的居民纳税人及在中国境内设立机构的非居民纳税人在月(季)度预缴企业所得税时应填制《企业所得税预缴纳税申报表》(A 类)(见表 5-7);实行核定征收管理办法(包括核定应税所得率和核定税额征收方式)缴纳企业所得税的纳税人在月(季)度申报缴纳企业所得税时应填制《企业所得税预缴纳税申报表》(B 类)(见表 5-8)。

表 5-7　中华人民共和国企业所得税月(季)度预缴纳税申报表(A类)

税款所属期间：　　年　月　日至　　年　月　日

纳税人识别号：

纳税人名称：　　　　　　　　　　　　　　金额单位：人民币元(列至角分)

| 行次 | 项　目 | 本期金额 | 累计金额 |
|---|---|---|---|
| 1 | 一、据实预缴 | | |
| 2 | 营业收入 | | |
| 3 | 营业成本 | | |
| 4 | 实际利润额 | | |
| 5 | 税率(25%) | | |
| 6 | 应纳所得税额(4行×5行) | | |
| 7 | 减免所得税额 | | |
| 8 | 实际已缴所得税额 | | |
| 9 | 应补(退)的所得税额(6行－7行－8行) | | |
| 10 | 二、按照上一纳税年度应纳税所得额的平均额预缴 | | |
| 11 | 上一纳税年度应纳税所得额 | | |
| 12 | 本月(季)应纳税所得额(11行÷12或11行÷4) | | |
| 13 | 税率(25%) | | |
| 14 | 本月(季)应纳所得税额(12行×13行) | | |
| 15 | 三、按照税务机关确定的其他方法预缴 | | |
| 16 | 本月(季)确定预缴的所得税额 | | |
| 17 | 总分机构纳税人 | | |
| 18 | 总机构 | 总机构应分摊的所得税额(9行或14行或16行×25%) | | |
| 19 | | 中央财政集中分配的所得税额(9行或14行或16行×25%) | | |
| 20 | | 分支机构分摊的所得税额(9行或14行或16行×25%) | | |
| 21 | 分支机构 | 分配比例 | | |
| 22 | | 分配的所得税额(20行×21行) | | |

谨声明：此纳税申报表是根据《中华人民共和国企业所得税法》、《中华人民共和国企业所得税法实施条例》和国家有关税收规定填报的，是真实的、可靠的、完整的。

法定代表人(签字)：　　　年　月　日

| 纳税人公章： | 代理申报中介机构公章： | 主管税务机关受理专用章： |
|---|---|---|
| | 经办人： | |
| 会计主管： | 经办人执业证件号码： | 受理人： |
| 填表日期：　年　月　日 | 代理申报日期：　年　月　日 | 受理日期：　年　月　日 |

国家税务总局监制

### 表5-8 中华人民共和国企业所得税月(季)度预缴纳税申报表(B类)

税款所属期间　　年　月　日至　年　月　日

纳税人识别号：□□□□□□□□□□□□□□□

纳税人名称：　　　　　　　　　　　　　　金额单位：人民币元(列至角分)

| 项　目 | | | 行次 | 累计金额 |
|---|---|---|---|---|
| 应纳税所得额的计算 | 按收入总额核定应纳税所得额 | 收入总额 | 1 | |
| | | 税务机关核定的应税所得率(%) | 2 | |
| | | 应纳税所得额(1行×2行) | 3 | |
| | 按成本费用核定应纳税所得额 | 成本费用总额 | 4 | |
| | | 税务机关核定的应税所得率(%) | 5 | |
| | | 应纳税所得额[4行÷(1－5行)×5行] | 6 | |
| | 按经费支出换算应纳税所得额 | 经费支出总额 | 7 | |
| | | 税务机关核定的应税所得率(%) | 8 | |
| | | 换算的收入额[7行÷(1－8行)] | 9 | |
| | | 应纳税所得额(8行×9行) | 10 | |
| 应纳所得税额的计算 | | 税率(25%) | 11 | |
| | | 应纳所得税额(3行×11行或6行×11行或10行×11行) | 12 | |
| | | 减免所得税额 | 13 | |
| 应补(退)所得税额的计算 | | 已预缴所得税额 | 14 | |
| | | 应补(退)所得税额(12行－13行－14行) | 15 | |

谨声明：此纳税申报表是根据《中华人民共和国企业所得税法》、《中华人民共和国企业所得税法实施条例》和国家有关税收规定填报的,是真实的、可靠的、完整的。

法定代表人(签字)：　　　年　月　日

| 纳税人公章：<br><br>会计主管：<br><br>填表日期：　　年　月　日 | 代理申报中介机构公章：<br>经办人：<br>经办人执业证件号码：<br><br>代理申报日期：　年　月　日 | 主管税务机关受理专用章：<br><br>受理人：<br><br>受理日期：　年　月　日 |
|---|---|---|

国家税务总局监制

**(2)企业所得税年度纳税申报表**　查账征收企业所得税的纳税人在年度汇算清缴时,无论盈利或亏损,都必须在规定的期限内进行纳税申报,填写企业所得税纳税年度申报表及其有关附表,其具体格式、内容如下：

①企业所得税纳税年度申报表,其格式和内容见表5-9。

表5-9 中华人民共和国企业所得税年度纳税申报表(A类)

税款: 年 月 日至 年 月 日

纳税人名称:

纳税人识别号: □□□□□□□□□□□□□□□ 金额单位:元(列至角分)

| 类别 | 行次 | 项目 | 金额 |
|---|---|---|---|
| 利润总额计算 | 1 | 一、营业收入(填附表一) | |
| | 2 | 减:营业成本(填附表二) | |
| | 3 | 营业税金及附加 | |
| | 4 | 销售费用(填附表一) | |
| | 5 | 管理费用(填附表二) | |
| | 6 | 财务费用(填附表一) | |
| | 7 | 资产减值损失 | |
| | 8 | 加:公允价值变动收益 | |
| | 9 | 投资收益 | |
| | 10 | 二、营业利润 | |
| | 11 | 加:营业外收入(填附表一) | |
| | 12 | 减:营业外支出(填附表二) | |
| | 13 | 三、利润总额(10+11-12) | |
| 应纳税所得额计算 | 14 | 加:纳税调整增加额(填附表三) | |
| | 15 | 减:纳税调整减少额(填附表三) | |
| | 16 | 其中:不征税收入 | |
| | 17 | 免税收入 | |
| | 18 | 减计收入 | |
| | 19 | 减、免税项目所得 | |
| | 20 | 加计扣除 | |
| | 21 | 抵扣应纳税所得额 | |
| | 22 | 加:境外应税所得弥补境内亏损 | |
| | 23 | 纳税调整后所得(13+14-15+22) | |
| | 24 | 减:弥补以前年度亏损(填附表四) | |
| | 25 | 应纳税所得额 | |

续表 5-9

| 类别 | 行次 | 项目 | 金额 |
|---|---|---|---|
| 应纳税额计算 | 26 | 税率(25%) | |
| | 27 | 应纳所得税额(25×26) | |
| | 28 | 减:减免所得税额(填附表五) | |
| | 29 | 减:抵免所得税额(填附表五) | |
| | 30 | 应纳税额(27－28－29) | |
| | 31 | 加:境外所得应纳所得税额(填附表六) | |
| | 32 | 减:境外所得抵免所得税额(请填附表六) | |
| | 33 | 实际应纳所得税额(30+31－32) | |
| | 34 | 减:本年累计实际已预缴的所得税额 | |
| | 35 | 其中:汇总纳税的总机构分摊预缴的税额 | |
| | 36 | 汇总纳税的总机构财政调库预缴的税额 | |
| | 37 | 汇总纳税的总机构所属分支机构分摊的预缴税额 | |
| | 38 | 合并纳税(母子体制)成员企业就地预缴比例 | |
| | 39 | 合并纳税企业就地预缴的所提税额 | |
| | 40 | 本年应补(退)的所得税额(33－34) | |
| | 41 | 以前年度多缴的所得税额在本年抵减额 | |
| 附例 | 42 | 以前年度应缴未缴在本年入库所得税额 | |

| 纳税人公章: | 代理申报中介机构公章: | 主管税务机关受理专用章: |
|---|---|---|
| 经办人: | 经办人执业证件号码: | 受理人: |
| 申报日期:　年　月　日 | 代理申报日期:　年　月　日 | 受理日期:　年　月　日 |

②企业所得税纳税申报表附表,分以下几种:附表一《收入明细表》、附表二《成本费用明细表》、附表三《纳税调整项目明细表》、附表四《企业所得税弥补亏损明细表》、附表五《税收优惠明细表》、附表六《境外所得税抵免计算明细表》、附表七《以公允价值计量资产纳税调整表》、附表八《广告和业务宣传费跨年度纳税调整表》、附表九《资产折旧、摊销纳税调整明细表》、附表十《资产减值准备项目调整明细表》、附表十一《长期股权投资所得(损失)明细表》。附表一至附表六是主表的附表,附表七至附表十一是附表的附表。上述附表具体形式及填写说明本书不再列示。

## 三、开具税收缴款书,缴纳税款

纳税人在向税务机关报送企业所得税月(季)度预缴纳税申报表或年度纳税申报表后,在规定期限内向税务机关指定为代理金库的银行缴纳税款,缴纳税款时,应开具税收缴款书。税收缴款书共六联,纳税人缴纳税款后,以经国库经收处收款签章后的"收据联"作为完税凭证,证明纳税义务完成,并据此作为会计核算的依据。税收缴款书的格式和内容见表5-10。

**表5-10 中华人民共和国**
**××××××税收通用缴款书 NO 0000000 国**

| 隶属关系:见《填写须知》 | | | | | (97)京国缴 | | | | | | | | | | |
|---|---|---|---|---|---|---|---|---|---|---|---|---|---|---|---|
| | | | 填发日期: | | 年 月 日 | | | | | | | | | | |
| 注册类型:见《填写须知》 | | | | | 征收机关:海淀区国家税务局第三税务所 | | | | | | | | | | |
| 缴款单位 | 代 码 | 纳税人识别码 | | 预算科目 | 编码 | 见《填写须知》 | | | | | | | | | |
| | 全 称 | 必须填写全称 | | | 名称 | 见《填写须知》 | | | | | | | | | |
| | 开户银行 | | | | 级次 | 见《填写须知》 | | | | | | | | | |
| | 账 号 | | | | 收款国库 | 45 海淀支库 | | | | | | | | | |
| 税款所属时期 | | 年 月 日 | | 税款限缴日期 | | 年 月 日 | | | | | | | | | |
| 品目名称 | 课税数量 | 计税金额或销售收入 | 税率或单位税额 | 已缴或扣除额 | 亿 | 千 | 百 | 十 | 万 | 千 | 百 | 十 | 元 | 角 | 分 |
| 见《填写须知》 | | 必须填写 | 必须填写 | | | | | | | | | | | | |
| | | | | | | | | | | | | | | | |
| | | | | | | | | | | | | | | | |
| 金额合计(大写) | | 亿 千 百 十 万 千 百 十 元 角 分 | | | | | | | | | | | | | |
| 缴款单位(人)(盖章)经办人(章) | 税务机关(盖章)经办人(章) | 上列款项已核收记入收款单位账户 国库(银行)盖章 年 月 日 | | | 备注: | | | | | | | | | | |

## 第五节 企业所得税的税务筹划

新《企业所得税法》根据国民经济和社会发展的需要,借鉴国际上的成功经验,按照"简税制、宽税基、低税率、严征管"的要求,对原税收优惠政策进行了适当调整,将企业所得税以区域优惠为主的格局,调整为产业优惠为主、区域优惠为辅的新的税收优惠格局。新税法与原税法相比有许多不同之处,企业应适应新政策,重新思考企业所得税的税务筹划问题,加强对专管人员的业务培训,不断提高专管人员的业务素质,合理地利用税收优惠政策进行税务筹划,提高企业的经济利益。

### 一、免税收入的税务筹划

新《企业所得税法》首次正式引入"免税收入"这一概念,将国债利息收入、权益性投资收益和非营利组织的收入作为"免税收入",予以所得税优惠。但这并不意味着与国债有关的收入都可以免税,对于国债持有者在二级市场转让国债获得的收入,还是应当作为转让财产收入计算缴纳企业所得税。企业针对这一政策,将国债在二级市场转让时,应当考虑税收因素,即只有当转让所得收益的利益大于应交税款时,才应进行转让。

对于符合条件的居民企业之间的股息、红利等权益性投资收益也是免税收入。新《企业所得税法》规定免予征税的股息、红利等权益性投资收益,不包括持有居民企业公开发行并上市流通的股票、连续时间不超过12个月取得的权益性投资收益。企业根据这一政策,应尽量避免将公开发行上市流通不超过12个月的股票进行交易。在不影响公司盈利的情况下,企业应尽量选择以上免税收入,直接降低所得税税负。

### 二、销售费用的税务筹划

现行税法规定,销售费用作为期间费用可在当期扣除,而产品成本只能将本期已销售部分的成本转出扣除,未售出部分待以后年度销售时再确认扣除。将此类支出尽量计入销售费用,就可以在当年税前扣除,企业该部分所得税的纳税时间就会后滞。例如,企业为销售本企业产品而专设的销售部门,其发生的差旅费、工资、业务费、福利费等可作为销售费用列支,而不单独设立销售机构的公司,上述费用则计入产品成本。所以,企业应单独设立一个销售机构,这样可以递延企业纳税时间,相应地增加公司的营运资金。

### 三、投资规模的税务筹划

新《企业所得税法》规定,对小型微利企业实行20%的照顾性税率。因此,企业在筹建之初,就应考虑利弊得失,选择筹建大企业还是筹建小型微利企业。当然,前提条件之一是必须与企业价值最大化的目标相一致。不能因为节税而限制了企业的发展。另外,还可以利用临界点进行规避筹划,使企业的应纳税所得额正好居于临界点上,从而适用较低税率。

### 四、投资地点的税务筹划

①国务院发布《关于经济特区和上海浦东新区新设立高新技术企业实行过渡性税收优惠的通知》规定,对深圳、珠海、汕头、厦门、海南经济特区和上海浦东新区内,在2008年1月1日(含)之后完成登记注册的国家需要重点扶持的高新技术企业,在经济特区和上海浦东新区内取得的所得,自取得第一笔生产经营收入所属纳税年度起,第一年至第二年免征企业所得税、第三年至第五年按照25%的法定税率减半

征收企业所得税。

②符合《产业结构调整指导目录》中项目的,地属西部大开发地区的企业,只要鼓励类产业项目为主营业务收入占企业总收入70%以上的企业,可享受企业所得税优惠。

③民族自治地方的自治机关对本民族自治地方的企业缴纳的企业所得税中属于地方分享的部分,可以减征或免征。

企业应充分利用现行的税收优惠政策,结合企业的战略目标,选择税负较轻的地区作为注册地点。例如,昆明钢铁股份有限公司地属西部大开发地区,在生产项目投资之初,就选择了许多符合《产业结构调整指导目录》中的项目,如钢铁中的冶金综合自动化技术应用、高强度钢生产等项目,现正享受15%税率的所得税税收优惠政策。

### 五、企业研发费用的税务筹划

企业为开发新技术、新产品、新工艺发生的研究开发费用,未形成无形资产计入当期损益的,在按照规定实行100%扣除的基础上,按照研究开发费用的50%加计扣除;形成无形资产的,按照无形资产的150%摊销。企业应很好把握以上税收优惠政策,在实际操作中,应尽量使企业研究开发费用达到享受优惠政策的标准,以减轻企业的税收负担。

### 六、从业人员的税务筹划

企业在招聘员工时,还应充分考虑到安置符合条件的人员就业,可以享受到所得税的税收优惠。新《企业所得税法》实行加计扣除政策并取消了安置人员的比例限制。企业支付给每一个特殊职工的月工资为1000元,如按照200%扣除的办法,企业在计算应纳税所得额时,不仅可据实扣除1000元,还可另外加计扣除1000元,也就是说,在25%税率的情况下,企业每安置一名特殊人员就业,每月将可享受到250元的税收减免优惠。如果企业支付给职工更高的工资,所获得的税收优惠也就更多。因此,企业在招聘员工时,应结合实际,尽量选择符合税收优惠条件的从业人员,达到节税的目的。

### 七、计价方法的税务筹划

新会计准则规定,对存货的核算不允许采用后进先出法,可以采用先进先出法、加权平均法(包括移动加权平均法和月末一次加权平均法)或者个别计价法确定发出存货的实际成本。选择不同的计价方法,对企业成本、利润及纳税金额的影响是不同的。企业应结合自身实际情况和市场状况来选择不同的计价方法。

①在物价持续下跌时,宜采用先进先出法,可使期末存货成本降低,本期销货成本增加,使利润减少,减少应纳税所得额,从而降低企业的税负。

②在市场价格上下波动时,企业应采用加权平均法或移动加权平均法,避免企业利润的波动,使企业的应纳税所得额保持一定的稳定性。值得注意的是,纳税人采用不同的计价方法,计算出的应纳税所得额是不同的,但这并不能绝对减少税收,只能相对减少税收。如在物价持续下跌时,先进先出法会减少纳税人的本期应纳税

所得额，把减少的应纳税额延期到以后年度缴纳。

## 八、固定资产折旧的税务筹划

新《企业所得税法》规定，对于由于技术进步、产品更新换代较快的固定资产，常年处于强震动、高腐蚀状态的固定资产，可以采取缩短折旧年限或者采取加速折旧的方法。不同的折旧方法，对企业的利润影响不同，从而影响企业的税负。企业应根据当前的税收优惠政策结合自身实际情况来选择不同的折旧方法。

①直线折旧法。直线折旧法的特点是费用分摊均匀，但如果设备损耗较快，企业往往未能在规定的年限内提足折旧费用，就面临着更新先进技术设备的选择，由此造成各期折旧费用偏低而低估成本、高估利润，负担了较高的所得税费用。但是，如果企业在享有税收优惠期间，就应选用直线法计提折旧，使该期间的折旧费用最低，达到节税的目的。

②加速折旧法。加速折旧法是加速和提前提取折旧费。加速折旧法因前几年费用较大，而减轻了所得税负担，企业可以因此提前取得部分现金净收入，加快固定资产的更新改造。对于企业来说，推迟缴纳的部分所得税，相应地增加了公司的营运资金。

【案例分析】 某企业有一台机器设备，原值为30000元，残值按原值的5%估计，如果按直线折旧法计提折旧，五年内提完，每年的折旧额相同，均为5700元。如果按加速折旧法（双倍余额递减法）计提折旧，折旧年限也是五年，第一年折旧额为12000元，第二年折旧额为7200元，第三年折旧额为4320元，最后两年为2490元。如果该企业正在享受税收优惠期间，就应采用直线法计提折旧，使该期间的折旧费用最低，达到节税的目的。如果企业没有享受税收优惠，就应采用加速折旧法计提折旧。

## 九、业务招待费的税务筹划

新《企业所得税法》规定，业务招待费按实际发生额的60%扣除，最高不得超过销售（营业）收入的0.5%，广告费和业务宣传费不超过销售（营业）收入的15%。对此，企业应做好业务招待费的预算，尽量减少支出。可以将业务招待费转为广告费、业务宣传费、办公费用等支出。这样可以调节费用，达到节税的目的。

### 回顾、思考、回答：检验一下你弄清下列问题了吗？

1. 企业所得税的纳税人是如何规定的？居民纳税人和非居民纳税人的纳税业务有何不同？

2. 企业所得税包括哪些税收优惠政策？如何运用优惠政策使企业获得最大纳税收益？

3. 企业所得税的应税收入是如何构成的？哪些项目可以扣除？哪些项目不可以扣除？

4. 企业所得税的应纳税所得额如何计算？

5. 何为资产的计税基础和账面价值？暂时性差异有几种？是如何形成的？

6. 如何确定企业的递延所得税资产、递延所得税负债和递延所得税费用？
7. 简述资产负债表法下的企业所得税的账务处理程序？
8. 企业年度经营亏损的弥补有哪些规定？你学会实际操作了吗？
9. 企业所得税是如何申报和缴纳的？所得税申报表有哪几种？你会填写了吗？
10. 企业所得税的税务筹划有哪些具体方法？

# 第六章 个人所得税纳税实务

**读者导航**

个人所得税是以自然人取得的各项应税所得征收的一种税。具有调节社会财富分配的功能。本章主要介绍个人所得税法的基本规定、个人所得税的计算与申报、个人所得税的会计核算和个人所得税的税务筹划等内容。

通过本章的学习,您应熟知个人所得税的基本规定,能够正确计算个人所得税的应纳税额、进行个人所得税账务处理与纳税申报;进行个人所得税的税务筹划。

## 第一节 个人所得税基本规定

个人所得税是对纳税人个人(自然人)取得的各项应税所得征收的一种税。具体地讲,我国现行的个人所得税是对中国境内有住所,或者无住所而在境内居住满一年的个人,从中国境内和境外取得的所得,以及在中国境内无住所又不居住,或者无住所而在境内居住不满一年的个人,就其来源于中国境内的所得征收的一种税。

### 一、个人所得税的纳税人和扣缴义务人

个人所得税的纳税人包括中国公民、个体工商户(个人独资企业和合伙企业投资者)以及在中国境内有所得的外籍人员、香港、澳门和台湾同胞等。依据住所和居住时间两个标准,分为居民纳税人和非居民纳税人。

#### (一)居民纳税人

个人所得税的纳税义务人是指在中国境内有住所或者无住所但在中国境内居住满一年的个人;以及在中国境内无住所又不居住或者无住所居住不满一年的个人。包括中国公民、个体工商户、外籍个人、香港、澳门和台湾同胞等。

在中国境内有住所的个人是指因户籍、家庭、经济利益关系而在中国境内习惯性居住的个人。在境内居住满一年是指在一个纳税年度中在中国境内居住365日。临时离境的,不扣减日数。

临时离境是指在一个纳税年度中一次不超过30日或者多次累计不超过90日

的离境。

居民纳税人负有无限的纳税义务,应来源于中国境内、境外的全部所得,依法向中国缴纳个人所得税。

在中国境内无住所,但是居住一年以上五年以下的个人,其来源于中国境外的所得,经主管税务机关批准,可以只就由中国境内公司、企业以及其他经济组织或者个人支付的部分缴纳个人所得税;居住超过五年的个人,从第六年起,应当就其来源于中国境外的全部所得缴纳个人所得税。

(二)非居民纳税人

非居民纳税人是指在中国境内无住所又不居住或者无住所而在境内居住不满一年的个人。非居民纳税人负有有限的纳税义务,仅就其来源于中国境内的所得,向中国缴纳个人所得税。

在中国境内无住所,但是在一个纳税年度中,在中国境内连续或者累计居住不超过90日的个人,其来源于中国境内的所得,由境外雇主支付并且不由该雇主在中国境内的机构、场所负担的部分,免予缴纳个人所得税。

我国个人所得税实行代扣代缴和个人申报相结合的管理制度。税法规定,凡是支付应纳税所得的单位或个人,都是个人所得税的扣缴义务人。包括企业(公司)、事业单位、机关单位、社会组织、军队、驻华机构、个体户等单位或者个人等。

扣缴义务人在向个人支付应税所得时,应当依照税法规定代扣税款,按时缴库,并专项记载备查。

## 二、个人所得税的征收对象

个人所得税的征税对象是纳税人取得的各项应税所得。《中华人民共和国个人所得税法》中列举的应税所得项目共十一项。其具体内容如下:

(一)工资、薪金所得

工资、薪金所得是指个人因任职或者受雇而取得的工资、薪金、奖金、年终加薪、劳动分红、津贴、补贴以及与任职或者受雇有关的其他所得。

根据我国目前个人收入的构成情况,对于一些不属于工资、薪金性质的补贴、津贴或者不属于纳税人本人工资、薪金所得项目的收入,不予征税。这些项目包括:

①独生子女补贴。

②执行公务员工资制度,未纳入基本工资总额的补贴、津贴差额和家属成员的副食品补贴。

③托儿补助费。

④差旅费津贴、误餐补助(指因工作在同城不能及时赶回原地而在外就餐的补助)。

(二)个体工商户的生产、经营所得

个体工商户的生产、经营所得是指个体工商户从事工业、手工业、建筑业、交通运输业、商业、饮食业、服务业、修理业以及其他行业生产、经营取得的所得;个人经

## 第六章

政府有关部门批准,取得执照,从事办学、医疗、咨询以及其他有偿服务活动取得的所得;其他个人从事个体工商业生产、经营取得的所得。

(三)对企事业单位的承包经营、承租经营所得

对企事业单位的承包经营、承租经营所得是指个人承包经营、承租经营以及转包、转租取得的所得,包括个人按月或者按次取得的工资、薪金性质的所得。

1)企业实行个人承包、承租经营后,如果工商登记仍为企业的,不管其分配方式如何,均应先按照企业所得税的有关规定缴纳企业所得税。承包经营、承租经营者按照承包、承租经营合同(协议)规定取得的所得,依照个人所得税法的有关规定缴纳个人所得税,具体规定有:

①承包、承租人对企业经营成果不拥有所有权,仅是按合同(协议)规定取得一定所得的,其所得按工资、薪金所得项目征税,适用5%~45%的九级超额累进税率。

②承包、承租人按合同(协议)的规定只向发包、出租方交纳一定费用后,企业经营成果归其所有的,承包、承租人取得的所得,按对企事业单位的承包经营、承租经营所得项目,适用5%~35%的五级超额累进税率征税。

2)企业实行个人承包、承租经营后,如工商登记改变为个体工商户的,应依照个体工商户的生产、经营所得项目计征个人所得税,不再征收企业所得税。

3)企业实行承包经营、承租经营后,不能提供完整、准确的纳税资料、正确计算应纳税所得额的,由主管税务机关核定其应纳税所得额,并依据《中华人民共和国税收征收管理法》的有关规定,自行确定征收方式。

(四)劳务报酬所得

劳务报酬所得是指个人从事设计、装潢、安装、制图、化验、测试、医疗、法律、会计、咨询、讲学、新闻、广播、翻译、审稿、书画、雕刻、影视、录音、录像、演出、表演、广告、展览、技术服务、介绍服务、经纪服务、代办服务以及其他劳务取得的所得。

个人担任董事职务所取得的董事费收入,应按劳务报酬所得项目征税。

(五)稿酬所得

稿酬所得是指个人因其作品以图书、报刊形式出版、发表而取得的所得。作者去世后,财产继承人取得的遗作稿酬,亦应征收个人所得税。

(六)特许权使用费所得

特许权使用费所得是指个人提供专利权、商标权、著作权、非专利技术以及其他特许权的使用权取得的所得;提供著作权的使用权取得的所得,不包括稿酬所得。

对于作者将自己的文字作品手稿原件或复印件公开拍卖(竞价)取得的所得,应按特许权使用费所得征收个人所得税。

(七)利息、股息、红利所得

利息、股息、红利所得是指个人拥有债权、股权而取得的利息、股息、红利所得。

### (八)财产租赁所得

财产租赁所得是指个人出租建筑物、土地使用权、机器设备、车船以及其他财产取得的所得。

### (九)财产转让所得

财产转让所得是指个人转让有价证券、股权、建筑物、土地使用权、机器设备、车船以及其他财产取得的所得。

### (十)偶然所得

偶然所得是指个人得奖、中奖、中彩以及其他偶然性质的所得。

### (十一)经国务院财政部门确定征税的其他所得

个人取得的所得,难以界定应纳税所得项目的,由主管税务机关确定。对股票转让所得征收个人所得税的办法,由国务院财政部门另行制定,报国务院批准施行。

## 三、个人所得税税率

个人所得税的计税依据是纳税人取得的应纳税所得额。应纳税所得额是个人取得的各项应税所得减去税法规定的扣除项目或扣除金额之后的余额。

我国对不同的所得项目分别确定不同的适用税率和不同的税率形式。采用的税率形式分别为比例税率和超额累进税率。

### (一)工资、薪金所得

工资、薪金所得适用超额累进税率,税率为5%～45%按收入额共分为九级。工资、薪金所得税九级累进税率见表6-1。

表6-1 工资、薪金所得税九级累进税率

| 级数 | 全月应纳税所得额 | 税率(%) | 速算扣除数 |
| --- | --- | --- | --- |
| 1 | 不超过500元的 | 5 | 0 |
| 2 | 超过500～2 000元的部分 | 10 | 25 |
| 3 | 超过2 000～5 000元的部分 | 15 | 125 |
| 4 | 超过5 000～20 000元的部分 | 20 | 375 |
| 5 | 超过20 000～40 000元的部分 | 25 | 1 375 |
| 6 | 超过40 000～60 000元的部分 | 30 | 3 375 |
| 7 | 超过60 000～80 000元的部分 | 35 | 6 375 |
| 8 | 超过80 000～100 000元的部分 | 40 | 10 375 |
| 9 | 超过100 000元的部分 | 45 | 15 375 |

注:本表所称全月应纳税所得额是指依照所得税法规定,以每月收入额减除2 000元后的余额或者减除附加减除费用的余额。

(二)个体工商户的生产、经营所得;对企事业单位的承包经营、承租经营所得

按年计算、分月预缴税款。适用超额累进税率,按应税所得额划分级距,税率为5%～35%,按所得额由低到高共分5级。个体工商户生产经营所得和对企事业单位承包经营、承租经营所得税率见表6-2。

表6-2 个体工商户生产经营所得和对企事业单位承包经营、承租经营所得税率

| 级数 | 全月应纳税所得额 | 税率(%) | 速算扣除数 |
| --- | --- | --- | --- |
| 1 | 不超过5 000元的部分 | 5 | 0 |
| 2 | 超过5 000～10 000元的部分 | 10 | 250 |
| 3 | 超过10 000～30 000元的部分 | 20 | 1 250 |
| 4 | 超过30 000～50 000元的部分 | 30 | 4 250 |
| 5 | 超过50 000元的部分 | 35 | 6 750 |

注:本表所称全年应纳税所得额是指依照所得税法的规定,以每一纳税年度的收入总额,减除成本、费用和损失后的余额。

(三)劳务报酬所得

劳务报酬所得适用20%的税率,对劳务报酬所得一次收入畸高的,可以实行加成征收;应纳税所得额超过20 000元至50 000元的部分,依照税法规定计算应纳税额后再按照应纳税额加征五成;超过50 000元的部分,加征十成。劳务报酬所得实际适用税率20%、30%、40%的税率。劳务报酬所得个人所得税税率表见表6-3。

表6-3 劳务报酬所得个人所得税税率表

| 级数 | 每次应纳税所得额 | 税率(%) | 速算扣除数 |
| --- | --- | --- | --- |
| 1 | 不超过20 000元的部分 | 20 | 0 |
| 2 | 超过20 000～50 000元的部分 | 30 | 2 000 |
| 3 | 超过50 000元的部分 | 40 | 7 000 |

注:本表所称"每次应纳税所得额",是指每次收入额减除费用800元(每次收入额不超过4 000元时)或减除20%的费用(每次收入额超过4 000元时)后的余额。

(四)稿酬所得

稿酬所得适用20%的比例税率。并按应纳税额减征30%,即实际税率为14%[20%×(1－30%)]。

(五)特许权使用费所得;利息、股息、红利所得;财产租赁所得;财产转让所得;偶然所得;其他所得

特许权使用费所得,利息、股息、红利所得,财产租赁所得,偶然所得和其他所

得,适用比例税率,税率为20%。

从2007年8月15日开始,储蓄存款利息个人所得税税率调整为5%。自2008年10月9日起暂免收储蓄存款利息的个人所得税。自2008年3月1日,对个人出租住房取得的所得减按10%的税率征收个人所得税。

### 四、税收优惠

个人所得税的优惠项目比较多。下列各项所得,免征个人所得税:

①省级人民政府、国务院各部委和中国人民解放军军以上单位,以及外国组织、国际组织颁发的科学、教育、技术、文化、卫生、体育、环境保护等方面的奖金。

②国债和国家发行的金融债券利息,包括因持有财政部发行的债券而取得的利息所得,以及因持有经国务院批准发行的金融债券而取得的利息所得。

③个人取得的教育储蓄存款利息所得,以及国务院财政部门确定的其他专项存款或者储蓄性专项基金存款的利息所得,免征个人所得税。

④按照国家统一规定发放的补贴、津贴,即按国务院规定发放的政府特殊津贴和国务院规定免征个人所得税的补贴、津贴。

⑤企业和个人按照省级以上政府规定的比例提取并缴付的四项基金(住房公积金、医疗保险金、基本养老保险金、失业保险金),不计入个人当期的工薪收入,免征个人所得税;超过规定比例缴付的部分,计征个人所得税。个人领取原提存的住房公积金、医疗保险金、基本养老保险金时,免征个人所得税。

⑥按照国家统一规定发给干部、职工的安家费、退职费、退休工资、离休工资、离休生活补助费;达到离退休年龄,但确因工作需要,适当延长离退休年龄的高级专家(指享受国家发放的政府特殊津贴的专家、学者),其在延长离退休期间的工资,免征个人所得税。

⑦福利费、抚恤金、救济金;保险赔款;军人的转业费、复员费等,免征个人所得税。

⑧发给见义勇为者的奖金、奖品;个人举报、协查各种违法、犯罪行为而获得的奖金,免征个人所得税。

⑨储蓄机构内从事代扣代缴工作的办税人员取得的扣缴利息税手续费所得;个人办理代扣代缴税款手续取得的手续费所得,免征个人所得税。

⑩个人转让自用达5年以上并且唯一的家庭居住用房的所得;拆迁补偿款,免征个人所得税。

⑪残疾、孤老人员和烈属的所得;因严重自然灾害造成重大损失等,经批准可以减征个人所得税。

## 第二节 个人所得税的计算

个人所得税的计税依据是纳税人取得的应纳税所得额。应纳税所得额是个人取得的各项应税所得减去税法规定的扣除项目或扣除金额之后的余额。各项所得的计算，以人民币为单位。所得为外国货币的，按照国家外汇管理机关规定的外汇牌价折合成人民币缴纳税款。

个人所得的形式包括现金、实物、有价证券和其他形式的经济利益。所得为实物的，应当按照取得的凭证上所注明的价格计算应纳税所得额；无凭证的实物或者凭证上所注明的价格明显偏低的，参照市场价格核定应纳税所得额。所得为有价证券的，根据票面价格和市场价格核定应纳税所得额。所得为其他形式的经济利益的，参照市场价格核定应纳税所得额。

## 一、工资、薪金所得

**(1)工资、薪金所得扣除标准** 工资薪金所得按月计征个人所得税，在工薪收入的基础上，减去按省规定缴纳的住房公积金、基本养老保险金、基本医疗保险金、失业保险等免税项目可得应税收入。在应税收入的基础上，按月减除2000元的或2000元和附加费用后的余额，为应纳税所得额。附加费用是考虑到外籍人员和在境外工作的中国公民生活费用较高的实际情况，税法增列了附加减除费用的规定，也就是在2000元扣除额的基础上，再附加2800元的费用扣除额。根据应纳税所得额查九级超额累进税率表，找出适用税率和速算扣除数。代入公式，即可计算出工资薪金所得应交个人所得税。

附加减除费用适用的范围和标准具体规定如下：

①在中国境内的外商投资企业和外国企业中工作的外籍人员。

②应聘在中国境内的企业、事业单位、社会团体、国家机关中工作的外籍专家。

③在中国境内有住所而在中国境外任职或者受雇取得工资、薪金所得的个人。

④财政部确定的其他人员。附加减除费用也适用于华侨和香港、澳门、台湾同胞。

**(2)计算公式** 工资、薪金所得，按月计征，其计算公式为：

应纳税额＝(每月收入额－2000或4800)×适用税率－速算扣除数

**【例6-1】** 某公司职工张胜2009年10月份取得扣除四项基金后月薪5400元，请计算其10月份应缴纳个人所得税。

**【解析】**

张胜5月份应交纳个人所得税＝(5400－2000)×15%－25＝235(元)

**(3)全年一次性奖金的计税方式** 是企业、单位根据其全年效益和对职工全年工作业绩的综合考核情况，向职工发放的一次性奖金。实行年薪制和绩效工资办法的单位根据考核情况兑现的年薪和绩效工资也属于一次性奖金。

纳税人取得全年一次性奖金，单独作为一个月工资、薪金所得计算纳税，按以下计税方法，由扣缴义务人代扣代缴：

先将雇员当月内取得的全年一次性奖金，除以12个月，按其商数确定适用税率和速算扣除数。

如果在发放年终一次性奖金的当月,雇员当月工资、薪金所得低于税法规定的费用扣除额,应将全年一次性奖金减除"雇员当月工资、薪金所得与费用扣除额的差额"后的余额,按上述办法确定全年一次性奖金的适用税率和速算扣除数。

将雇员个人当月内取得的全年一次性奖金,按上述确定的适用税率和速算扣除数计算征税。其计算公式如下:

雇员当月工资薪金所得高于或等于税法规定的费用扣除额的,计算公式为:

应纳税额＝雇员当月取得全年一次性奖金×适用税率－速算扣除数

雇员当月工资、薪金所得低于税法规定的费用扣除数的,计算公式为:

应纳税额＝(雇员当月取得全年一次性奖金－雇员当月工资、薪金所得与费用扣除额的差额)×适用税率－速算扣除数

在一个纳税年度内,对每一个纳税人,该计税办法只允许采用一次,并且除全年一次性奖金以外其他各种名目奖金,如半年奖、季度奖、加班奖、先进奖、考勤奖等,一律与当月工资、薪金收入合并,按税法规定缴纳个人所得税。

实行年薪制和绩效工资的单位,个人取得年终兑现的年薪和绩效工资按上述规定执行。

**【例6-2】** 李明、高升月薪都已超过免征额李明取得年终奖24 000元,高升取得年终奖25 000元,请分别计算李明和高升年终奖应交个人所得税?

**【解析】**

李明取得年终奖24 000元,平均到全面每月2 000元;适用税率10%,速算扣除数25元,年终应交个人所得税＝24 000×10%－25＝2 375(元) 实得21 625元

高升取得年终奖25 000元,平均全年每月2 083元,适用税率15%,速算扣除数为125,年终应交个人所得税＝25 000×15%－125＝3 625(元),实得21 375元。

**(4)个人因解除劳动合同取得补偿收入** 个人因解除劳动合同取得的一次性补偿收入在当地上年平均工资3倍数额以内的部分,免征个人所得税;超过当地上年职工平均工资3倍的部分,计征个人所得税,但在计税时,"四项基金"可以扣除。

**(5)公务用车补贴和通信补贴** 个人因公务用车和通信制度改革而取得的公务用车、通讯补贴收入,扣除一定标准的公务费用后,按月发放,并入当月工资薪金所得计税;不按月发放的,分解所属月份,并与该月份工资薪金所得合并计税。

**(6)个人兼职和退休人员再任职取得收入** 在职人员兼职取得的收入,按照劳务报酬所得征税;退休人员再任职取得的收入,在减去法定扣除标准后,按工资薪金所得征税。

## 二、劳务报酬所得、稿酬所得、特许权使用费所得、财产租赁所得

劳务报酬所得、稿酬所得、特许权使用费所得、财产租赁所得,每次收入不超过4 000元的,减除费用800元;4 000元以上的,减除20%的费用,其余额为应纳税所得额。

**(1)劳务报酬所得** 劳务报酬所得每次收入是指只有一次性收入的,以取得该项收入为一次;属于同一项目连续性收入的,以一个月内取得的收入为一次。

①每次收入不超过4 000元的:

应纳税额=应纳所得税额×适用税率=(每次收入额-800)×20%

②每次收入超过4 000元且应纳税所得额不超过20 000元的:

应纳税额=应纳税所得额×适用税率

=每次收入额×(1-20%)×20%

③每次收入的应纳税所得额超过20 000元不超过50 000元的:

应纳税额=应纳税所得额×适用税率-速算扣除数

=每次收入额×(1-20%)×30%-2 000

④每次收入的应纳税所得额超过50 000元的:

应纳税额=应纳税所得额×适用税率-速算扣除数

=每次收入额×(1-20%)×40%-7 000

【例6-3】 刘教授担任某上市公司的独立董事,每季度取得董事费60 000元,请计算该上市公司代扣代缴个人所得税?

【解析】

应交个人所得税=60 000×(1-20%)×30%-2 000=12 400(元)

【例6-4】 李工程师2009年6月份从A公司取得咨询费2 200元,从B公司取得设计费17 000元,请计算李工程师两笔劳务收入应交所得税款?

【解析】

咨询费应交个人所得税=(2 200-800)×20%=280(元)

设计费应交个人所得税=17 000×(1-20%)×20%=544(元)

李工程师两笔劳务费收入应交个人所得税合计=280+544=824(元)

⑤为纳税人代付税款的计算方法。如果单位或个人为纳税人代付税款的,应将单位或个人支付纳税人的不含税支付额换算为应纳税所得额,然后按规定计算应代付所得税款。不含税劳务报酬收入适用税率见表6-4。

**表6-4 不含税劳务报酬收入的适用税率**

| 级次 | 不含税劳务报酬收入额 | 税率(%) | 速算扣除数 | 换算系数(%) |
|---|---|---|---|---|
| 1 | 未超过3 360元的部分 | 20 | 0 | 无 |
| 2 | 超过3 360~21 000元的部分 | 20 | 0 | 84 |
| 3 | 超过21 000~49 500的部分 | 30 | 2 000 | 76 |
| 4 | 超过49 500的部分 | 40 | 7 000 | 68 |

应纳税所得额的计算公式为:

代付个人所得税的应纳税所得额＝
[(不含税的劳务报酬－速算扣除数)×(1－20％)]÷换算系数
代扣代缴个人所得税＝应纳税所得额×适用税率－速算扣除数

【例6-5】 王工程师为C公司进行一项工程设计,按照合同规定,公司应支付劳务报酬48 000元,与其报酬相关的个人所得税由公司代付。在不考虑其他税收的情况下,计算C公司应代付的个人所得税税额。

【解析】
应纳税税所得额＝(48 000－2 000)×(1－20％)÷76％＝48 421.05(元)
应代付个人所得税＝48 421.05×30％－2 000＝12 526.32(元)

(2)稿酬所得　稿酬所得每次收入是以每次出版、发表取得收入为一次。
①每次收入不超过4 000元的:
应纳税额＝应纳税所得额×适用税率×(1－30％)＝(每次收入额－800)×20％×(1－30％)
②每次收入超过4 000元的:
应纳税额＝应纳税所得额×适用税率×(1－30％)＝每次收入额×(1－20％)×20％×(1－30％)

【例6-6】 甲、乙两人合著一本书,共得稿费8 000元,甲分得稿酬5 000元,乙分得稿酬3 000元。请计算甲、乙各应交个人所得税计算。

【解析】
甲应纳税额＝5 000×(1－20％)×20％×(1－30％)＝560(元)
乙应纳税额＝(3 000－800)×20％×(1－30％)＝308(元)

(3)特许权使用费所得　特许权使用费所得每次收入是以一项特许权的一次许可使用所取得的收入为一次,如某项转让收入是分笔支付的,应将各笔收入相加为一次。
①每次收入不超过4 000元的:
应纳税额＝应纳税所得额×适用税率＝(每次收入额－800)×20％
②每次收入超过4 000元的:
应纳税额＝应纳税所得额×适用税率＝每次收入额×(1－20％)×20％

(4)财产租赁所得　以一个月内取得的收入为一次。
①每次(月)收入不超过4 000元的:
应纳税额＝[每次收入额－准予扣除项目－修缮费用(800元为限)－800]×20％
②每次(月)收入超过4 000元的:
应纳税额＝[每次收入额－准予扣除项目－修缮费用(800元为限)]×(1－20％)×20％

【例6-7】 李峰于2009年1月将其自用的2间面积为140平方米的房屋出租

给赵某全家居住,租期1年。李峰每月取得租金收入2800元,适用10%的税率。请计算李峰的租金收入应缴纳的个人所得税。

【解析】

每月应交个人所得税=(2800-800)×10%=200(元)

全年应交个人所得税=200×12=2400(元)

本例在计算个人所得税时未考虑其他税费。如果对租金收入计征营业税、城市维护建设税、房产税和教育附加等,还应将其从税前的收入中先扣除后才计算应缴纳的个人所得税。

【例6-8】承【例6-7】假定当年2月份因下水道堵塞找人修理,发生修理费用420元,有维修部门的正式收据。请计算李峰2月份和全年应纳个人所得税额。

【解析】

2月份应交个人所得税=(2800-800-420)×10%=158(元)

全年应交个人所得税=200×11+158=2358(元)

## 三、个体工商户生产、经营所得

个体工商户的生产、经营所得,以每一纳税年度的收入总额,减除成本、费用以及损失后的余额,为应纳税所得额。其计算公式为:

应纳税额=[纳税年度收入总额-(成本+费用+损失)]×适用税率-速算扣除数

【例6-9】 全方圆饭店为个体经营企业,2009年1月6日申报2008年度个人所得税,2008年营业收入40万元,营业税2.2万元,营业成本25万元,营业费用6.8万元。另外,营业成本中列支个体老板工资2万元,5名员工工资13.6万元,其中每名员工合理的年工资为2.4万元。为扩大经营,租用房屋一间,租期2年,一次性缴纳租金1.8万元,在费用中一次性列支。营业费用列支业务招待费0.5万元。12月1日购买空调2台,每台0.4万元,在营业成本中列支;支付老板个人生活费用0.4万元,在营业费用中列支。请计算该个体经营者应纳个人所得税款。

【解析】

(1)个体老板工资不得列支。

(2)员工工资超标列支额=136 000-24 000×5=16 000(元)。

(3)支付租金应在收益的2年内平均摊销,多摊销费用(18 000÷2)=9 000元。

(4)业务招待费超标额=5 000-400 000×5‰=3 000(元)。

(5)购入固定资产及个人生活费不得列支。

(6)应纳所得税额=400 000-22 000-250 000-68 000+20 000+16 000+9 000+3 000+4 000+4 000=116 000(元)。

(7)应交个人所得税=116 000×35%-6 750=33 850(元)。

## 四、对企事业单位承包、承租经营所得

对企事业单位的承包经营、承租经营所得,以每一纳税年度的收入总额,减除必

要费用每月2000元后的余额,为应纳税所得额。收入总额是指纳税人按照承包经营、租赁经营合同规定分得的经营利润和工资、薪金性质的所得。其计算公式为:

$$应纳税额=(纳税年度收入总额-必要费用)\times 适用税率-速算扣除数$$

【例6-10】 李生本年度取得承包经营收入110 000元,允许抵扣的必要费用24 000元(2 000×12)。请计算李生本年度应交个人所得税。

【解析】

年应纳税所得额=110 000-24 000=86 000(元)

李生应交个人所得税款=86 000×35%-6 750=23 350(元)

【例6-11】 2009年1月1日王亮与某单位签订了承包经营招待所,承包期为3年。2007年招待所实现承包经营利润85 000元,按合同规定承包人每年从承包经营利润中上交承包费20 000元,请计算王亮2009年应交个人所得税。

【解析】

年应纳税所得额=承包经营利润-上交费用-每年必要费用
 =85 000-20 000-2 000×12=41 000(元)

王亮应交个人所得税款=41 000×30%-4 250=8 050(元)

## 五、财产转让所得

财产转让所得,按照一次转让财产的收入额减除财产原值和合理费用后的余额,计算纳税。其计算公式为:

$$应纳税额=(每次财产转让收入额-财产原值-合理费用)\times 20\%$$

【例6-12】 陈叶子转让5年前购买的80平方米的普通住房,原购买价6万元,购房时缴纳契税900元,缴纳印花税30元,支付其他费用50元,转让价60万元,按规定缴纳土地出让金1 980元/平方米,转让时支付交易费100元。请计算陈叶子应交纳个人所得税。

【解析】

(1)房产原值=60 000+900+30+50=60 980(元)。

(2)转让环节免征营业税、城建税、教育附加费及土地增值税、印花税。

(3)土地出让金=1 980×80=158 400(元)。

(4)应交个人所得税=(600 000-60 698-158 400-100)×20%=76 104(元)。

## 六、利息、股息、红利所得、偶然所得

利息、股息、红利所得,以支付利息、股息、红利时取得的收入为一次。偶然所得,以每次取得该项收入为一次。其计算公式为:

$$应纳税额=应纳所得税额\times 适用税率=每次收入额\times 20\%$$

## 第三节 个人所得税的会计核算

### 一、个体工商户的生产经营所得缴纳个人所得税的会计核算

对采用自行申报缴纳个人所得税的纳税人,除实行查账核实征收的个体工商户外,一般不需进行会计核算;

实行查账核实征收的个体工商户,其应缴纳的个人所得税,应以每一纳税年度的收入总额减除成本、费用、损失后,按适用税率计算个人所得税:

会计核算应通过"留存利润"和"应交税费——应交个人所得税"等账户核算。

【例6-13】 某个体工商户全年经营收入200 000元,其中生产经营成本、费用总额146 000元,则全年应纳个人所得税为:

应纳税所得额=200 000-146 000=54 000元

应纳税额=54 000×35%-6 750=12 150元

①计算应纳个人所得税时,会计分录如下:

　　借:留存利润　　　　　　　　　　　　　　　12 150
　　　　贷:应交税费——应交个人所得税　　　　　　　12 150

②缴纳个人所得税时,会计分录如下:

　　借:应交税费——应交个人所得税　　　　　　　12 150
　　　　贷:银行存款　　　　　　　　　　　　　　　　12 150

### 二、代扣代缴个人所得税的会计核算

单位代扣代缴个人所得税的核算应通过"应交税费——代扣个人所得税"、"应付职工薪酬"、"应付债券"、"应付股利"、"其他应付款"等账户核算。

(1)支付工资、薪金所得的单位代扣代缴个人所得税会计核算　代扣时,借记"应付职工薪酬"等账户,贷记"应交税费——代扣个人所得税"账户;税款实际代缴入库时,借记"应交税费——代扣个人所得税"账户,贷记"银行存款"等账户;取得代扣代缴手续费时,应记入"营业外收入"账户;缴纳应扣未扣、应收未收税款以及相应的滞纳金或罚款时,应记入"营业外支出"账户。

【例6-14】 某公司支付给职工工资时,代扣个人所得税20 454.3元,按期编制并报送代扣代缴个人所得税报告表,在规定期限内以银行转账方式上交个人所得税,会计部门做会计分录如下:

①代扣个人所得税时:

　　借:应付职工薪酬——应付工资　　　　　　　20 454.30
　　　　贷:应交税费——代扣个人所得税　　　　　　　20 454.30

②在规定纳税期限内以银行转账方式上缴个人所得税时:

　　借:应交税费——代扣个人所得税　　　　　　　20 454.30

贷：银行存款　　　　　　　　　　　　　　　　　20 454.30

③按期报送代扣代缴个人所得税报告表，由地方税务机关获取代扣手续费200元，会计分录如下：

借：银行存款　　　　　　　　　　　　　　　　　200
　　贷：营业外收入　　　　　　　　　　　　　　　200

**(2) 支付其他所得的单位代扣代缴个人所得税会计核算**　代扣时，借记"应付债券"、"应付股利"、"应付账款"、"其他应付款"、"财务费用"等账户，贷记"应交税费——代扣个人所得税"账户；税款实际代缴入库时，借记"应交税费——代扣个人所得税"账户，贷记"银行存款"等账户。

**【例6-15】**　某公司支付股东股利12 000元，代扣个人所得税时，会计分录如下：

代扣代缴税款＝12 000×20％＝2 400

借：应付股利　　　　　　　　　　　　　　　　　12 000
　　贷：库存现金　　　　　　　　　　　　　　　　9 600
　　　　应交税费——代扣个人所得税　　　　　　　2 400

缴纳税款时，会计分录如下：

借：应交税费——代扣个人所得税　　　　　　　　2 400
　　贷：银行存款　　　　　　　　　　　　　　　　2 400

**(3) 由单位或他人代付税款会计核算**　由单位或他人代付税款即收入取得者收到的是已纳个人所得税后的净收入，也可以理解为单位或他人本来支付给个人的款项是净收入加税款，而现在税款没有支付，由单位代为缴纳。这样做势必会使得收入者的税负从某种意义上说减轻了，他们的纳税意识不会增加，却增加了支付方的负担。支付方的这笔税款由什么项目负担，目前尚没有明确的规定。既然在税收规定上已经认可了单位或他人为纳税义务人代付(承租)税款这种做法，且支付多少是代付单位与纳税人之间的协议或合同的关系。因此，在会计核算上应遵循"支付纳税人的净收入由何项目负担，则代付的税款也由何项目负担"的原则，进行会计核算。

**【例6-16】**　某企业生产工人金某每月取得税后的工资、薪金收入7 675元，由任职的企业代付个人所得税税款，其每月应纳税款为：

应纳税所得额＝(7 675－375)/(1－20％)＝8 125(元)
应纳所得税税款＝8 125×20％－375＝1 250(元)

会计处理：

① 支付工资时：

借：生产成本——基本生产成本　　　　　　　　　7 675
　　贷：应付职工薪酬　　　　　　　　　　　　　　7 675
借：应付职工薪酬　　　　　　　　　　　　　　　　7 675
　　贷：库存现金　　　　　　　　　　　　　　　　7 675

②代付个人所得税时：

借：生产成本——基本生产成本　　　　　　1250
　　贷：应付职工薪酬　　　　　　　　　　　1250
借：应付职工薪酬　　　　　　　　　　　　1250
　　贷：应交税费——代付个人所得税　　　　1250
借：应交税费——代付个人所得税　　　　　1250
　　贷：银行存款　　　　　　　　　　　　　1250

扣缴义务人代扣代缴个人所得税与支付单位代付税款的差异在于收入取得者实际取得的收入是"含税"还是"不含税"，其会计处理均通过"其他应付款——代扣(付)个人所得税"或"应交税费——代扣(付)个人所得税"账户核算，而代付税款的单位或他人却因此而加大了原支出项目的成本费用。

## 第四节　个人所得税的申报与缴纳

我国个人所得税实行全员全额申报制度。从2006年1月1日起，单位向个人支付税法规定的九类收入时，不论其是否属于本单位人员、支付的应税所得是否达到纳税标准，支付所得的单位都应在规定的期限内向主管税务机关报送必要的纳税人涉税信息。

### 一、个人自行纳税申报

**(1)自行纳税申报项目**　凡有下列情形之一的，纳税人必须自行向税务机关申报所得并缴纳税款。

①个人所得超过规定数额的(年所得12万元以上者)。
②在两处或两处以上取得工资、薪金所得的。
③没有扣缴义务人的，分笔取得属于一次劳务报酬所得、稿酬所得、特许权使用费所得和财产租赁所得的，扣缴义务人未按规定扣缴税款的，税务主管部门规定必须自行申报纳税的。

**(2)自行纳税申报期限**　除特殊情况外，自行申报纳税人每月应纳的税款，都应当在次月7日前缴入国库，并向税务机关报送纳税申报表。

年所得12万元以上的纳税义务人，在年度终了后3个月内到主管税务机关办理纳税申报。

**(3)自行纳税申报表**　自行纳税申报表主要有"个人所得税月报表"、"个人所得税年度申报表"。

1)个人所得税月报表(见表6-5)。本表适用于纳税人取得除个体工商户生产经营所得和对企事业单位的承包、承租经营所得以外的工资、薪金等项所得月份的自行申报。凡由扣缴义务人扣缴个人工资、薪金等项所得税款的，以及特定行业的个人所得不填报此表。

### 表6-5 个人所得税月份申报表

纳税月份： 　　　　　填表日期： 　年　　月　　日

纳税人编码： 　　　　　纳税人顺序号： 　　　　　金额单位：人民币元

| 纳税人姓名 | | | | 国籍 | | | 抵华日期 | | | |
|---|---|---|---|---|---|---|---|---|---|---|
| 在中国境内住址 | | | | | | | | | | |
| 在中国境内通信地址 | | | | 邮编 | | | 电话 | | | |
| 职业 | | | | 服务单位 | | | 服务地点 | | | |

| 所得项目 | 所得期间 | 收入额 | | | | 减费用额 | 应纳税所得额 | 税率 | 速算扣除数 | 应纳税额 | 已扣缴税款 | 应补（退）税款 |
|---|---|---|---|---|---|---|---|---|---|---|---|---|
| | | 人民币 | 外币 | | | 人民币合计 | | | | | | |
| | | | 货币名称 | 金额 | 外汇牌价 | 折合人民币 | | | | | | |
| | | | | | | | | | | | | |
| | | | | | | | | | | | | |
| | | | | | | | | | | | | |

| 授权代理人 | （如果你已委托代理人，请填写下列资料）<br>　　为代理一切税务事宜，现授权_____（地址）_____为本人代理申报人，任何与本申报表有关的来往文件都可寄与此人。<br>授权人签字：_____ | 我声明：此纳税申报表是根据《中华人民共和国个人所得税法》的规定填报的，我确信它是真实的，可靠的，完整的。<br>声明人签字：_____ |
|---|---|---|

代理申报人签字：　　　　　　　　　　　　　　　　纳税人（签字或盖章）：

以下由税务机关填写

| 收到日期 | | 接收人 | 审核日期 | 主管税务机关盖章 |
|---|---|---|---|---|
| 审核记录 | | | | |

本表各栏的填写如下：
1. 纳税月份：填写取得所得的所属月份。
2. 纳税人编码：填写办理税务登记时，由主管税务机关所确定的税务登记证编码。
3. 填表日期：填写办理纳税申报表的实际日期。

4. 抵华日期：在中国境内无住所的纳税人填写此栏。
5. 中国境内住址：在中国境内有住所的纳税人填写此栏。
6. 在中国境内通讯地址：在中国境内无住所的纳税人填写此栏。
7. 所得项目：工资、薪金所得，劳务报酬所得，稿酬所得，特许权使用费所得，利息、股息、红利所得，财产租赁所得，财产转让所得，偶然所得，经国务院财政部门确定征税的其他所得。
8. 减费用额：
(1) 工资薪金所得；减费用额为929元（重庆市规定）。
(2) 劳务报酬、稿酬所得，特许权使用费所得，财产租赁所得：
收入额＜4 000元，减费用额为800元
收入额＞4 000元，实际收入所得×20%为实际应该扣除的费用额
(3) 财产所得：减费用额为"财产原值＋合理费用"。
(4) 利息、股息、红利所得，偶然所得和其他所得不得减费用。
9. 已扣缴税款：如纳税义务人在同一所得期间取得所得已被扣缴的税款，填写此栏。
10. 声明人：填写纳税人本人姓名。如纳税人不在时，也可填写代理申报人姓名。

2) 个人所得税年报表。个人所得年度申报表适用于年所得12万元以上的纳税人的年度自行申报。纳税人可以由本人或者委托他人在规定的期限以内向主管税务报送本表。不能按照规定期限报送本表时，应当在规定的报送期限内提出申请，经当地税务机关批准，可以适当的延期。个人所得税纳税申报表（适用于年所得12万元以上的纳税人申报）见表6-6。

## 二、代扣代缴纳税申报

(1) **个人所得税扣缴项目**　包括工资、薪金所得；对企事业单位的承包经营、承租经营所得；劳务报酬所得；稿酬所得；特许权使用费所得；利息、股息、红利所得；财产租赁所得；财产转让所得；偶然所得；经国务院财政部门确定征税的其他所得。

(2) **扣缴义务人的业务和责任**　扣缴义务人对纳税人的应扣未扣的税款，其应纳税款仍然由纳税人缴纳，扣缴义务人应承担应扣未扣税款50%以上至3倍的罚款。扣缴义务人已将纳税人拒绝代扣代缴的情况及时报告税务机关的除外。

(3) **代扣代缴税款的手续费**　付给2%的手续费，由扣缴义务人用于代扣代缴费用开支和奖励代扣代缴工作做得较好的办税人员。

(4) **个人所得税代扣代缴报告表**　扣缴义务人每月扣缴的税款，应当在次月的7日内缴入国库，并向主管税务机关报送《扣缴个人所得税报告表》（见表6-7）和代扣代收税款凭证《支付个人收入明细表》（见表6-8）以及税务机关要求报送的其他资料。

## 表6-6 个人所得税纳税申报表
### （适用于年所得12万元以上的纳税人申报）

所得年份：　　年　　　　　　　　　　　　　填表日期：　　年　　月　　日　　　　　　　　　　　金额单位：人民币元（列至角分）

| 纳税人姓名 | | 国籍(地区) | | 身份证照类型 | | 身份证照号码 | |
|---|---|---|---|---|---|---|---|
| 任职受雇单位 | | 任职受雇单位税务代码 | | 任职受雇单位所属行业 | | 职务 | | 职业 |
| 在华天数 | | 境内有效联系地址 | | | | 境内有效联系地址邮编 | | 联系电话 |
| 此行由取得经营所得的纳税人填写 | 经营单位纳税人识别号 | | | 经营单位名称 | | | |

| 所得项目 | 年所得额 | | | 应纳税所得额 | 应纳税额 | 已缴税额 | 抵扣税额 | 减免税额 | 应补税额 | 应退税额 | 备注 |
|---|---|---|---|---|---|---|---|---|---|---|---|
| | 境内 | 境外 | 合计 | | | | | | | | |
| 1. 工资、薪金所得 | | | | | | | | | | | |
| 2. 个体工商户的生产、经营所得 | | | | | | | | | | | |
| 3. 对企事业单位的承包经营、承租经营所得 | | | | | | | | | | | |
| 4. 劳务报酬所得 | | | | | | | | | | | |
| 5. 稿酬所得 | | | | | | | | | | | |
| 6. 特许权使用费所得 | | | | | | | | | | | |
| 7. 利息、股息、红利所得 | | | | | | | | | | | |
| 8. 财产租赁所得 | | | | | | | | | | | |
| 9. 财产转让所得 | | | | | | | | | | | |
| 其中：股票转让所得 | | | | | — | — | — | — | — | — | |
| 个人房屋转让所得 | | | | | | | | | | | |
| 10. 偶然所得 | | | | | | | | | | | |
| 11. 其他所得 | | | | | | | | | | | |
| 合计 | | | | | | | | | | | |

我声明，此纳税申报表是根据《中华人民共和国个人所得税法》及有关法律、法规的规定填报的，我保证它是真实的、可靠的、完整的。

纳税人(签字)：　　　　　　　代理人(签章)：　　　　　　　税务机关受理时间：　　年　　月　　日

税务机关受理人(签字)：　　　　　　　受理申报税务机关名称(盖章)：　　　　　　　联系电话：

# 第六章

该表各栏的填写说明如下：

1. 所得年份和填表日期：申报所得年份，填写纳税人实际取得的年度；填报日期，填写纳税人办理纳税申报的实际日期。
2. 身份证照类型：填写纳税人的有效身份证照（居民身份证、军人身份证件、护照、回乡证等）名称。
3. 身份证照号码：填写中国居民纳税人的有效身份证照上的号码。
4. 任职、受雇单位：填写纳税人的任职、受雇单位的名称。纳税人有多个任职、受雇单位时，填写受理申报的税务机关主管的任职、受雇单位。
5. 任职、受雇单位代码：填写受理申报的税务机关主管的任职、受雇单位在税务机关办理税务登记或扣缴登记的编码。
6. 任职、受雇单位所属行业：填写受理申报的任职、受雇单位所属的行业。其中，行业按国民经济行业分类标准填写，一般填至大类。
7. 职务：填写纳税人在任职、受雇单位所担任的职务。
8. 职业：填写纳税人的主要职业。
9. 在华天数：由中国境内无住所纳税人填写在税款所属期内在华实际停留的总天数。
10. 中国境内有效联系地址：填写纳税人的地址或者有效联系地址。其中，中国有任所的纳税人应写其经常居住地址，中国境内无任所居住在公寓、宾馆、饭店的应填写公寓、宾馆、饭店名称和房间号码。
    经常居住地，是指纳税人离开户籍所在地最后连续居住一年以上的地方。
11. 经营单位纳税人识别号：纳税人取得的年所得中含个体工商户的生产、经营所得和对企事业单位的承包经营、承租经营所得时填写本栏。
    纳税人识别码：填写税务登记证号码。
    纳税人名称：填写个体工商户、个人独资企业、合伙企业名称，或者承包承租经营的企事业单位名称。
12. 年所得额：填写在纳税年度内取得的相应所得项目的收入总额。年所得额按《个人所得税自行纳税申报办法》的规定计算。
    各项所得的计算，以人民币为单位。所得以非人民币计算的，按照税法实施条例第四十三条的规定折合成人民币。
13. 应纳税所得额：填写按税法规定以各所得项目的收入额计算的应当缴纳个人所得税的所得额。
14. 已缴（扣）税额：填写个人所得税法规定该项目在中国境内已经扣缴或缴纳的个人所得税额。
15. 抵扣税额：填写个人所得税法允许抵扣的在中国境外已经缴纳的个人所得税额。
16. 减免税额：填写个人所得税法允许减征或免征的个人所得税额。
17. 该表一式两联，第一联报税务机关，第二联纳税人留存。

# 个人所得税纳税实务

## 表 6-7 扣缴个人所得税报告表

扣缴义务人编码：□□□□□□□□□□□□□□□

扣缴义务人名称（公章）：

填表日期：　　年　　月　　日

金额单位：元（列至角分）

| 序号 | 纳税人姓名 | 身份证照类型 | 身份证照号码 | 国籍 | 所得项目 | 所得期间 | 收入额 | 免税收入额 | 允许扣除的税费 | 费用扣除标准 | 准予扣除的捐赠额 | 应纳税所得额 | 税率(%) | 速算扣除数 | 应扣税额 | 已扣税额 | 备注 |
|---|---|---|---|---|---|---|---|---|---|---|---|---|---|---|---|---|---|
| 1 | 2 | 3 | 4 | 5 | 6 | 7 | 8 | 9 | 10 | 11 | 12 | 13 | 14 | 15 | 16 | 17 | 18 |
| 合计 | | | | | | | | | | — | — | — | — | — | | | |

| 扣缴义务人声明 | 我声明：此扣缴报告表是根据国家税收法律、法规的规定填报的，我确定它是真实的、可靠的、完整的。<br>声明人签字： | 扣缴单位（或法定代表人）（签章）： |
|---|---|---|
| 会计主管签字： | | |
| 受理人（签章）： | 受理日期：　　年　　月　　日 | 受理税务机关（章）： |

国家税务总局监制

本表一式二份，一份扣缴义务人留存，一份报主管税务机关。

# 第六章

扣缴个人所得税报告表项目填写说明:

1. 纳税人姓名:纳税义务人如在中国境内无住所,其姓名应当用中文和外文两种文字填写。
2. 身份证照类型:填写纳税人的有效证件(身份证、户口簿、护照、回乡证等)名称。
3. 所得项目:按照税法规定项目填写。同一纳税义务人有多项所得时,应分别填写。
4. 所得期间:填写扣缴义务人支付所得的时间。
5. 收入额:如支付外币的,应折算成人民币。外币折合人民币时,如为美元、日元和港币,应当按照缴款上一月最后一日中国人民银行公布的人民币基准汇价折算;如为美元、日元和港币以外的其他外币的,应当按照缴款上一月最后一日中国人民银行公布的外汇牌价中的现钞买入价折算。
6. 免税收入特准津贴:指按照国家规定,资深院士津贴、院士津贴、单位为个人缴付和个人缴付的基本养老保险费、基本医疗保险费、失业保险费、住房公积金,按照国务院规定发给的政府特殊津贴、国务院规定免税的补贴、津贴等按照税法及其实施条例和国家有关政策规定免予纳税的所得。
此栏只适用于工资、薪金所得项目,其他所得项目不得填列。
7. 允许扣除的税费:只适用劳务报酬所得、特许权使用费所得、财产租赁所得和财产转让所得项目。
   (1)劳务报酬所得的税费是指劳务发生过程中实际缴纳的税费;
   (2)特许权使用费所得的税费是指提供特许权过程中发生的中介费和相关税费;
   (3)适用财产租赁所得的税费,允许扣除的税费是指修缮费和出租财产过程中发生的相关税费;
   (4)适用财产转让所得的税费,允许扣除的税费是指财产原值和转让过程中发生的合理税费。
8. 除法律法规另有规定的外,准予扣除的捐赠额不得超过纳税义务人申报的应纳税所得额的30%。
9. 已扣税:是指法律规定实际扣除的个人所得税税款及减免税额。
10. 扣缴非本单位职工的税款,须在备注栏反映。
11. 表间关系:
    (1)应纳税额=应纳税所得额×税率-速算扣除数
    (2)应纳税所得额=收入额(人民币合计)-免税收入等一允许扣除的税费一费用扣除标准-准予扣除的捐赠额;
    注:全年一次性奖金等特殊政策的应纳税所得额计算除外。
    (3)收入额(人民币合计)=收入额(人民币)+收入额(外币折合人民币)。
12. 声明人:填写扣缴义务人名称。

212

表 6-8　支付个人收入明细表

扣缴义务人编码：□□□□□□□□□□□□□□□

扣缴义务人名称(公章)：　　　　　　　　　　　金额单位：元(列至角分)

所属期：　年　月　日至　年　月　日　　　　　填表日期　年　月　日

| 姓名 | 身份证照类型及号码 | 收入额 | | | | | | 备注 |
|---|---|---|---|---|---|---|---|---|
| | | 合计 | 工资薪金所得 | 承包、承租所得 | 劳务报酬所得 | 利息、股息、红利所得 | 其他各项所得 | |
| 1 | 2 | 3 | 4 | 5 | 6 | 7 | 8 | 9 |
| | | | | | | | | |
| | | | | | | | | |
| | | | | | | | | |
| | | | | | | | | |
| | | | | | | | | |
| | | | | | | | | |
| 合计 | | | | | | | | |

制表人：　　　　　　　　　　　　审核人：

填表说明

①本表根据《中华人民共和国税收征收管理法》及其实施细则、《中华人民共和国个人所得税法》及其实施条例制定。各省、自治区、直辖市地方税务局可根据本地实际情况,本着有利征管、方便纳税人的原则,在本表样的基础上增加栏目和内容。

②适用范围：扣缴义务人向个人支付应税所得,但未达到纳税标准、没有扣缴税款的纳税人情况报送。

③"收入项目"栏填写金额：4+5+6+7+8=3

④非本单位雇员、非本期收入及其他有关事项应在备注栏中注明。

⑤"审核人"指单位的财务部门负责人。

⑥本表为 A4 横式,填写一式二份,扣缴义务人留存一份,报税务机关一份。

## 第五节　个人所得税的税务筹划

我国现行的个人所得税属于分类所得税,税目众多,税率复杂,税负差别较大,而且还有不少的优惠政策。充分利用各项规定,在纳税义务发生前进行筹划就能达到节税的目的,下面介绍几种常用的税务筹划方法。

### 一、在纳税义务发生前估算收入并根据情况确定税目

工资、薪金所得适用的是 5%～45% 的九级超额累进税率；劳务报酬所得适用

的 20%～40%三级超额累进税率,不同的收入情况采用劳务报酬或工资、薪金计算应纳税所得会产生很大的差异,这就要求纳税人在纳税义务发生前提前筹划,在不违反税法规定的情况下,采用最有利的方式确定税目。

**【案例分析一】** 李先生 2006 年 2 月从 A 公司取得工资、薪金 1 000 元,由于单位工资太低,李先生同月在 B 公司找了一份兼职,取得收入 5 000 元。如果李先生与 B 公司没有固定的雇佣关系,则按照税法规定,工资、薪金所得和劳务报酬所得应该分别计算征收个人所得税。从 A 公司取得的工资、薪金没有超过扣除限额,不用纳税。从 B 公司取得的劳务报酬应纳税额为:5 000×(1-20%)×20%=800(元),则二月份李先生共应缴纳个人所得税 800 元;如果李先生与 B 公司存在固定的雇佣关系,则两项收入应合并按工资、薪金所得缴纳个人所得税为:(5 000+1 000-2 000)×15%-125=475(元)。显然,在这种情况下,采用工资、薪金计算应缴个人所得税是明智的,因此,李先生应该与 B 公司签订固定的劳动合同,将此项收入由 B 公司以工资、薪金的方式支付给李先生。

**【案例分析二】** 王教授是某大学经济管理学院的教师,对企业管理颇有研究,经常应企业的邀请,到企业讲课。王教授 2006 年 2 月在学校的收入是 40 000 元,为 A 企业讲课取得讲课收入 40 000 元。如果王教授和 A 企业存在稳定的雇佣关系,则应按工资、薪金所得缴税,王教授 2 月份应缴纳所得税额为:(40 000+40 000-2 000)×35%-6 375=20 925(元)。如果王教授与 A 企业不存在稳定的雇佣与被雇佣关系,则该项所得应按劳务报酬所得缴纳个人所得税,王教授 2 月份应纳税额为:工资、薪金收入应纳税额:(40 000-2 000)×25%-1 375=8 125(元);劳务报酬所得应纳税额:40 000×(1-20%)×30%-2 000=7 600(元),合计 15 725 元,比第一种方法节税 20 925-15 725=5 200 元。在这种情况下,王教授即使和 A 企业有长期合作的关系,也不应该将此项收入作为工资、薪金,而应作为自己的一项劳务报酬申报纳税。

## 二、合理利用税收临界点

《国家税务总局关于调整个人取得全年一次性奖金等计算征收个人所得税方法问题的通知》(国税发[2005]9 号),对年终一次性奖金的计税方法做出了新的规定:纳税人取得全年一次性奖金,单独作为一个月工资、薪金所得计算纳税,但在计征时,应先将纳税人当月内取得的全年一次性奖金除以 12 个月,按其商数确定适用税率和速算扣除数并据以计算应扣缴的个人所得税,按这种方法计算年终奖个人税后所得时会出现奖金多的反而税后所得却少了的现象。其原因是计算应纳税额时只扣除了一个月的速算扣除数。这是我国个税计算中一个不太合理的地方。

**【案例分析三】** 刘先生和张先生是某公司两名高级管理人员,年终公司根据两人业绩发放年终奖,刘先生应发年终奖 24 000 元;张先生应发年终奖 25 000 元,按照国税发[2005]9 号文方法计算,结果出现了刘先生税后所得比张先生的税后所得多的情况。对此,我们可以采用两种方式解决,一是将年终奖分散到各月发放。这样可以使每月都扣除速算扣除数,但这种方法失去了年终奖的本义;二是将年终奖分成两部分。因为24 000元是一个临界点,低于等于24 000元高于6 000元的年终奖适用税率10%,高于24 000元低于60 000元的部分适用税率15%,上述张老师25 000元刚好超过24 000元这个临界点,这样,我们将25 000元分成24 000元年终奖和1 000元第12月月份奖,这样,张老师的年终奖24 000元适用税率为10%,税后所得为21 625元,1 000元的12月月份奖税后收入是925元(假设张老师12月份工资2 000元),张老师最终获得税后奖金收入21 625+925=22 550元,比一次性发放25 000元年终奖多得22 550-21 375=1 175元。

### 三、分散税基

利用分散税基进行税务筹划是在工资、薪金收入或劳务报酬不均衡时的筹划方法。

①对于工资、薪金收入各月不均衡的企业,应采用年薪制。由于我国个人所得税对工资、薪金所得采用的是九级超额累进税率,随着应纳税所得额的增加,其适用税率也随着攀升,因此某个时期的收入越多,其相应的个人所得税税收比重就越大。如对于季节性企业,由于这类企业淡、旺季非常明显,若采用月薪制或计件工资制,职工的工资收入将会极不平均,税负将会很高。

【案例分析四】 赵先生是一家啤酒企业高级管理人员,该企业采用月薪制绩效工资,每年6个月淡季工资每月1 000元,6个月旺季工资每月4 000元,赵先生每年应纳所得税额为[(4 000-2 000)×10%-25]×6=1 050元,每年应得税后收入为1 000×6+4 000×6-1 050=28 950元。若该企业采用年薪制,赵先生每年应纳所得税额为{[(1 000×6+4 000×6)÷12-2 000]×5%}×12=300元,其每年应得税后收入为1 000×6+4 000×6-300=29 700元,采用年薪制比采用月薪制每年税负减轻1 050-300=750元。由此可见,对于收入不均衡的企业,采用年薪制要比采用月薪制可使职工减轻税收负担。

②劳务报酬等收入尽可能转化为多次性收入。根据我国个人所得税规定,劳务报酬等收入项目是按次计算应纳税额。纳税人取得一次收入,就可以扣除一次费用(股息、红利、利息、偶然所得除外),然后计算出应税所得和应纳税额。在收入额一定的情况下,如果是纳税人多次取得的收入,其可以扣除的费用金额就会加大,相应的应税所得和应纳税额也会减少。

【案例分析五】 张教授应邀到A公司讲课,时间为20天,这时张教授最好同A公司协商,将讲课时间安排到两个月,即一个月的月底和下月月初,同时咨询费也应当分月取得,这样属于两次取得收入,可以两次扣除费用,这样每次的应纳税所得额会大大降低,税负也会相应减轻。若A公司因时间原因,张教授的讲课必须在同一个月内完成,则张教授和A公司可以协商采用跨县来提供讲课服务,例如将讲课地点分别安排在A公司在甲地的总部和乙地的分部,张教授分别在两地讲课,并从两地取得收入,这样也可以达到降低税负的目的。

## 第六章

### 四、利用公积金优惠政策

根据《财政部、国家税务总局关于住房公积金、医疗保险金、养老保险金征收个人所得税问题的通知》(财税字〔1997〕144号)规定:"企业和个人按照国家或地方政府规定的比例提取并向指定机构实际缴付的住房公积金、医疗保险金、基本养老保险金,不计入个人当期的工资、薪金收入,免予征收个人所得税。个人领取提存住房公积金、医疗保险金、基本养老保险金时,免予征收个人所得税。"企业可充分利用上述政策,利用当地政府规定的住房公积金最高缴存比例为职工缴纳住房公积金,为职工建立一种长期储备。

【案例分析六】 王先生是一家公司的中层经理,每月的工资薪金所得扣除养老保险及公积金后为1万元,每月要缴纳$(10000-2000)\times 20\%-375=1225$元的个人所得税。这对王先生来说,是每月一笔固定且不小的"损失"。而公积金免征个人所得税,根据相关规定,补充公积金额度最多可交至职工公积金缴存基数的30%。如果王先生通过单位,按缴存基数1万元交纳补充公积金3000元,则王先生每月缴纳个人所得税为$(10000-3000-2000)\times 15\%-125=625$元,节省了600元。利用公积金进行贷款购置房产,还可盘活公积金账户中的资金,享受公积金贷款的优惠利率。

总的来说,一个有效的个税筹划,首先是合法的行为,是法律所允许的;其次是成本低廉,合乎经济效益原则;最后是做出有效的事先安排和适当的呈报。通过对现行税法的研究,根据个人在近期内收入情况的预计,制订税收计划,通过合法的手段来实现节税,对于个人来说是一种重要的理财方式。

### 第六节 个人所得税的修正案(草案)

财政部、税务总局为了贯彻中央关于加强税收对居民收入分配调节的要求,降低中低收入者税收负担,加大对高收入者的调节,在认真调查研究的基础上,起草了《中华人民共和国个人所得税法修正案(草案)》(以下简称草案)。草案已经国务院常务会议讨论通过,并在网上向社会各界公布广泛征求意见。将于2011年6月底进行二审,二审通过则最快于2011年下半年颁布实施。草案与现行个税比较主要变化包括三个方面,即工资薪金所得的计算;个体工商户的生产经营所得和对企事业单位的承包经营、承租经营所得的计算;纳税申报时间。

#### 一、工资、薪金所得的计算

工资薪金所得的计算与原个税法相比变化有两个方面。

①提高了工资、薪金的扣除标准,草案拟将减除费用标准由现行的2000元/月提高到3500元/月。

②调整了工资、薪金所得的税率级次级距,草案拟将现行工薪所得9级超额累

进税率修改为7级,取消了15%和40%两档税率,扩大了5%和10%两个低档税率的适用范围。同时扩大了最高税率45%的覆盖范围,将现行适用40%税率的应纳税所得额并入了45%税率,加大了对高收入者的调节力度。工资、薪金所得税七级累进税率见表6-9。

表6-9 工资、薪金所得税七级累进税率

| 级 数 | 全月应纳税所得额 | 税率(%) | 速算扣除数 |
|---|---|---|---|
| 1 | 不超过1500元的 | 3 | 0 |
| 2 | 超过1500元至4500元的部分 | 10 | 75 |
| 3 | 超过4500元至9000元的部分 | 20 | 535 |
| 4 | 超过9000元至35000元的部分 | 25 | 975 |
| 5 | 超过35000元至55000元的部分 | 30 | 2725 |
| 6 | 超过55000元至80000元的部分 | 35 | 5475 |
| 7 | 超过80000元的部分 | 45 | 13475 |

## 二、个体工商户的生产、经营所得和对企事业单位的承包经营、承租经营所得的计算

为平衡个体工商户生产、经营所得纳税人和承包、承租经营所得纳税人与工薪所得纳税人的税负水平,草案维持现行5级税率级次不变,对个体工商户生产经营所得和承包、承租经营所得(以下统称生产经营所得)税率表的级距作了相应调整,将生产经营所得税率表第一级级距由年应纳税所得额5000元调整为15000元,其他各档的级距也相应作了调整。个体工商户的生产、经营所得和对企事业单位的承包经营、承租经营所得税率见表6-10。

表6-10 个体工商户的生产、经营所得和对企事业单位的承包经营承租经营所得税率

| 级 数 | 全年应纳税所得额 | 税率(%) |
|---|---|---|
| 1 | 不超过15000元的 | 5 |
| 2 | 超过15000元至30000元的部分 | 10 |
| 3 | 超过30000元至60000元的部分 | 20 |
| 4 | 超过60000元至100000元的部分 | 30 |
| 5 | 超过100000元的部分 | 35 |

## 三、延长申报缴纳税款时间

为方便扣缴义务人和纳税人办税,草案将扣缴义务人、纳税人申报缴纳税款的

时限由现行的次月7日内延长至15日内,与企业所得税、增值税、营业税等税种申报缴纳税款的时间一致。

**回顾、思考、回答:检验一下你弄清下列问题了吗?**

1. 居民纳税人和非居民纳税人是如何确定的?他们的纳税义务一样吗?
2. 个人所得税有哪些具体项目?其应税所得额如何计算?
3. 个人所得税的税率有几种?如何计算个人所得税的应纳税额?
4. 年终一次性奖金应如何计算应纳个人所得税额?
5. 代扣代缴个人所得税应如何申报缴纳?怎样进行账务处理?
6. 扣缴义务人代缴税款的申报期限如何规定的?
7. 个人所得税的税务筹划主要从哪几方面进行?采用什么税务筹划方法?
8. 劳务报酬所得和工资、薪金所得有何不同?其税务筹划方法有哪些?

# 第七章 其他税种纳税实务

**读者导航**

其他税种是企业中计算和核算都比较简单、税额相对较小的各种税。本章主要介绍房产税、车船税、城镇土地使用税、资源税、印花税、城市维护减税税、教育费附加等税种的基本规定、应纳税额的计算、应交税费的会计处理、纳税申报与缴纳以及纳税筹划等。

通过本章的学习，您应能熟知其他税法的各项基本规定，能够正确的计算各种应纳税额，进行纳税核算与纳税申报，进行各种税的税务筹划与安排。

## 第一节 房产税的纳税实务

### 一、房产税基本规定

房产税是以房屋为征税对象，依据房产价格或房产租金收入向房产所有人或经营人征收的一种财产税。自2009年1月1日起，我国废止了《城市房地产税暂行条例》，外商投资企业、外国企业组织以及外籍个人，依照《中华人民共和国房产税暂行条例》，和内资企业一样缴纳房产税。

(1)**房产税的纳税人** 凡在中华人民共和国境内拥有房屋产权的单位和个人为房产税的纳税义务人。具体是指城市、县城、建制镇和工矿区的房屋产权所有人。具体的纳税人为：

①产权属国家所有的，以其经营管理单位为房产税的纳税人。

②产权属集体单位的，以该集体单位为房产税纳税人。

③产权属个人所有的，以该产权所有者个人为房产税纳税人。

④产权出典的，以该房产承典人为房产税纳税人。承典人不在房屋所在地的，或者产权未确定及租典纠纷未解决的，以其房产代管人或使用人为房产税纳税人。

(2)**房产税的课税对象、征税范围** 房产税的课税对象是房产。房产税的征税范围是城市、县城、建制镇和工矿区范围内的房产。不包括农村及行政村所在地。

**(3) 房产税的计税依据和税率** 根据纳税人对房产经营形式的不同,房产税有两种征税形式:对将房屋用于生产经营及自用的,按房产计税余值征收;对于出租、出典的房屋按租金收入征税。

我国现行房产税采用的是比例税率,有两种情况:一种是按房产原值一次减除10%~30%后的余值计征的,税率为1.2%;一种是按房产出租的租金收入计征的,单位税额为12%。从2001年1月1日起,对个人按市场价格出租的居民住房,用于居住的,可暂按4%的税率征收房产税。从2006年1月1日起,房屋附属设备和配套设施计征房产税。

**(4) 房产税的减免税** 免缴房产税的房产主要有:国家机关、人民团体、军队自用的房产;由国家财政部门拨付事业经费的单位本身业务范围内使用的自用房产;宗教寺庙、公园、名胜古迹自用的房产;个人所有的非营业用房产;中国人民银行总行所属分支机构自用的房产。

经财政部批准免税的其他房产主要有:损坏不堪使用的房屋和危险房屋;大修期间(大修停用半年以上)的房屋;非营利性医疗机构、疾病控制机构和妇幼保健机构等卫生机构自用的房产、老年服务机构自用的房产。

## 二、房产税的计算

根据税法,房产税的计算方法有两种,即从价计征与从租计征的方法。

**(1) 从价计征的计算** 自用房产,从价计征是按房产原值一次减除10%~30%后的余值计算。其计算公式为:

年应纳税额=房产账面原值×(1-10%~30%)×1.2%

**(2) 从租计征的计算** 出租房产,从租计征按租金收入计算,其计算公式为:

年应纳税额=年租金收入×适用税率12%

**【例7-1】** 某企业自有房屋12栋,其中10栋用于生产经营,经营用房原值为5 000万元,当地政府规定允许减除比例为20%,适用税率为1.2%。另外2栋房屋租给某企业做经营使用,年租金收入50万元,适用税率为12%。请计算该企业全年应纳房产税额。

**【解析】**

自用房产应纳税额=5 000×(1-20%)×1.2%=48(万元)

出租房产应纳税额=50×12%=6(万元)

全年应纳房产税额=48+6=54(万元)

## 三、房产税的会计核算

为了核算应缴纳的房产税,可设置"应交税费——应交房产税"账户。专门用来核算企业应交房产税的发生和缴纳情况。该账户贷方反映计算应缴纳的房产税税额;借方反映实际已缴纳数;贷方余额反映应交未交数,借方余额为实际多交数。

企业缴纳的房产税应该在"管理费用"账户中列支,企业计算应交房产税时,借记"管理费用"账户,贷记"应交税费——应交房产税"账户;缴纳房产税时,借记"应交税费——应交房产税"账户,贷记"银行存款"账户。

【例7-2】 接【例7-1】该企业应作如下会计处理:

①每月计算应交房产税时:

每月计提应交房产税＝540 000÷12＝45 000(元)

  借:管理费用           45 000

   贷:应交税费——应交房产税     45 000

②年末缴纳房产税时:

  借:应交税费——应交房产税     540 000

   贷:银行存款         540 000

### 四、房产税的申报

**(1)纳税义务发生时间**

①纳税人自建的房屋,自建成次月起征收房产税。

②纳税人委托施工企业建设的房屋,从办理验收手续的次日起征收房产税。纳税人在办理验收手续前已经使用或出租、出借的新建房屋,应从使用或出租、出借的当日起,缴纳房产税。

③纳税人将原有房屋用于生产经营,从生产经营之日起,缴纳房产税。

**(2)纳税地点** 房产税应向房产所在地的地方税务机关缴纳。房产不在同一地方的纳税人,应按房产的坐落地分别向房产所在地的税务机关纳税。

**(3)纳税期限** 房产税实行按年计算,分期(半年或季度)缴纳的征收办法。具体纳税期限由省、自治区、直辖市人民政府确定。

**(4)纳税申报表的编制** 房产税纳税人申报、缴纳房产税,应填写《房产税纳税申报表》,并在规定的期限内申报纳税。房产税纳税申报表的格式见表7-1。

# 第七章

## 表7-1 房产税纳税申报表

税款所属时期： 年 月 日 至 年 月 日

计算单位：元、平方米

| 纳税人名称 | | 纳税编码 | | 身份证号码(个人) 组织机构代码(单位) | | 电话 | |
|---|---|---|---|---|---|---|---|
| 房产登记编号 | | 房产所属税务机关 | | | | | |
| 房产地址 | 房屋名称(楼名、栋号、房号) | 房产用途 | 房产原值 | 计税余值 | 适用税率 | 年应缴纳税额 | 本期应缴税额 | 本期减免税额 | 本期实缴税额 |

合计

**代理人声明**：为本申报人本次申报事项的代理人，其法律代表人电话。若采取邮寄方式送达申报有关文件，请寄给下列收(件)人：□申报人、□代理人。委托代理合同编号：
授权人(法定代表、自然人申报人)签名(盖章)：
年 月 日

**申报人声明**：本人对所提交的文件、证件以及填写内容的真实性、有效性和合法性承担责任，如有虚假内容，申报人依法承担相关责任。
法定代表人(自然人申报人)签名(盖章)：
年 月 日

**代理人声明**：本申报事项根据国家税收法律法规及国家税务机关的有关规定填报，如有虚假内容，代理人依法承担相关责任。
代理人(法定代表、自然人申报人)签名(盖章)：
年 月 日

**特别声明**：本人同意按照税务机关登记的本申报人的房地产信息申报纳税。
法定代表人(自然人申报人)签名(盖章)：
年 月 日

受理税务机关(章)： 受理人日期： 受理录入人： 受理录入人日期：

# 其他税种纳税实务

填表说明：

① "房产所属税务机关"：指房产所在地的主管税务机关。

② "房产用途"：用数字表示 1. 工业、2. 商业、3. 居住、4. 办公、5. 旅馆业、6. 其它。

③ "房产原值"：指取得房产时的账面价值或购买价值（包括企业出租房产原值）。

④ "计税余值"：指按房产原值申报缴纳房产税的房产，其计税余值等于房产原值的 70%。

⑤ "适用税率"：

　a. 按房产原值征税的适用 1.2% 的税率

　b. 按租金征税的适用 12% 的税率，纳税人申报时请填写《综合申报表》；

　c. 个人出租房产暂适用 4% 的税率，纳税人申报时请填写《综合申报表》。

⑥ "本期应缴税额"：等于全年应缴纳税额/4。

⑦ "本期实缴税额"：等于本期应缴税额－本期减免税额。

## 第二节 车船税的纳税实务

### 一、车船税基本规定

2011年2月25日第十一届全国人民代表大会常务委员会第十九次会议通过《中华人民共和国车船税法》，定于2012年1月1日起实施，届时2006年12月29日国务院公布的《中华人民共和国车船税暂行条例》同时废止。2011年，仍按现行《车船税暂行条例》及其实施细则和各地制定的征收办法计征车船税。

车船税是指在中华人民共和国境内属于本法所附《车船税税目税额表》规定的车辆、船舶征收的一财产种税。

(1) **车船税的纳税人** 为在中华人民共和国境内，车辆、船舶的所有人或者管理人。车船是指属于本法所附《车船税税目税额表》中规定的车船。车船管理人是指对车船具有管理使用权，不具有所有权的单位。

(2) **车船税的扣缴义务人** 车船税法第六条规定：从事机动车第三者责任强制保险业务的保险机构为机动车车船税的扣缴义务人，应当在收取保险费时依法代收车船税，并出具代收税款凭证。

(3) **车船税的征税范围** 是在中华人民共和国境内属于本法所附《车船税税目税额表》规定的车辆、船舶。车辆、船舶是指依法应当在车船管理部门登记的车船；在单位内部场所行驶或者作业，依法不需在车船管理部门登记的车船；单位和个人收藏的，且依法不需在车船管理部门登记的车船。具体包括乘用车、商用车、货车、挂车、其他车辆、摩托车、船舶等。

(4) **车船税的计税依据** 对于不同类型的车船采用不同的计税依据，对于乘用车，以排气量为计税依据，排气量越高，征税额度越高；对于商用客车、摩托车以辆为计税依据；对于商用货车、挂车、专用作业车辆、轮式专用机械车以整备质量每吨为计税依据；对于机动船舶以净吨位为计税依据；对于游艇以艇身长度每米为计税依据。

(5) **车船税的税目和税率** 车船实行定额税率，车船税的税目税额见表7-2。

车船的适用税额依照本法所附《车船税税目税额表》执行。车辆的具体适用税额由省、自治区、直辖市人民政府依照本法所附《车船税税目税额表》规定的税额幅度和国务院的规定确定。

船舶的具体适用税额由国务院在本法所附《车船税税目税额表》规定的税额幅度内确定。

其他税种纳税实务

表 7-2　车船税税目税额表

| 税目 | | 计税单位 | 年基准税额 | 备注 |
|---|---|---|---|---|
| 乘用车〔按发动机汽缸容量（排气量）分档〕 | 1.0升(含)以下的 | 每辆 | 60元至360元 | 核定载客人数9人(含)以下 |
| | 1.0升以上至1.6升(含)的 | | 300元至540元 | |
| | 1.6升以上至2.0升(含)的 | | 360元至660元 | |
| | 2.0升以上至2.5升(含)的 | | 660元至1200元 | |
| | 2.5升以上至3.0升(含)的 | | 1200元至2400元 | |
| | 3.0升以上至4.0升(含)的 | | 2400元至3600元 | |
| | 4.0升以上的 | | 3600元至5400元 | |
| 商用车 | 客车 | 每辆 | 480元至1440元 | 核定载客人数9人以上,包括电车。 |
| | 货车 | 整备质量每吨 | 16元至120元 | 包括半挂牵引车、三轮汽车和低速载货汽车等。 |
| 挂车 | | 整备质量每吨 | 按照货车税额的50%计算 | |
| 其他车辆 | 专用作业车 | 整备质量每吨 | 16元至120元 | 不包括拖拉机。 |
| | 轮式专用机械车 | 整备质量每吨 | 16元至120元 | |
| 摩托车 | | 每辆 | 36元至180元 | |
| 船舶 | 机动船舶 | 净吨位每吨 | 3元至6元 | 拖船、非机动驳船分别按照机动船舶税额的50%计算。 |
| | 游艇 | 艇身长度每米 | 600元至2000元 | |

**(6) 车船税税收优惠**

1)《中华人民共和国车船税法》规定,下列车船免征车船税：

①捕捞、养殖渔船是指在渔业船舶管理部门登记为捕捞船或者养殖船的渔

业船舶。不包括在渔业船舶管理部门登记为捕捞船或者养殖船以外类型的渔业船舶。

②军队、武装警察部队专用的车船是指按照规定在军队、武装警察部队车船管理部门登记，并领取军用牌照、武警牌照的车船。

③警用车船是指公安机关、国家安全机关、监狱、劳动教养管理机关和人民法院、人民检察院领取警用牌照的车辆和执行警务的专用船舶。

④依照我国有关法律规定应当予以免税的外国驻华使馆、领事馆和国际组织驻华机构及其有关人员的车船。

2）三项优惠规定：

①对节约能源、使用新能源的车船可以减征或者免征车船税。

②对受严重自然灾害影响纳税困难以及有其他特殊原因确需减税、免税的，可以减征或者免征车船税。具体办法由国务院规定，并报全国人民代表大会常务委员会备案。

③省、自治区、直辖市人民政府根据当地实际情况，可以对公共交通车船，农村居民拥有并主要在农村地区使用的摩托车、三轮汽车和低速载货汽车定期减征或者免征车船税。

## 二、车船税的计算

车船税的计算是依据车船的种类与功能进行，载客汽车按"辆"计算车船税；船舶按"净吨位"计算车船税；载货等其他汽车按自重吨位计算车船税。

**(1) 乘用车、商用客车、摩托车应交车船税的计算公式**

$$应纳税额 = 应税车辆的辆数 \times 单位税额$$

其中乘用车根据其气缸排气量确定其具体标准。

**(2) 商用货车、挂车、专用作业车、轮式专用机械车应交车船税的计算公式**

$$应纳税额 = 应税车辆的整备质量（吨）\times 单位税额$$

**(3) 机动船舶应交车船税的计算公式**

$$应纳税额 = 应税船舶的净吨位 \times 单位税额$$

**(4) 游艇应交车船税的计算公式**

$$应纳税额 = 应税游艇艇身长度（米）\times 单位税额$$

【例7-3】 某出租汽车公司拥有100辆，排气量为1.6升的小汽车进行营业。当地税务部门按每年每辆应缴车船税480元计税，请计算该公司当年应纳车船税税额。

【解析】 应纳税额＝100×480＝48 000（元）

【例7-4】 北京宏远运输公司，拥有大型客运汽车50辆，小型客车1辆，其中大客车载客量40人/辆，每年每辆交税960元，小客车载客15人，每年交税550元；拥有载货汽车30辆，整备质量3.5吨/辆，每年每吨交税38元；请计算该公司全年应交车船税。

**【解析】**
该公司全年应交车船税＝50×960＋1×550＋30×3.5×38＝52 540(元)

### 三、车船税的核算

车船税通过"管理费用"和"应交税费——应交车船税"账户核算,应缴的车船税应直接计入"管理费用"账户,并在"应交税费"账户下设置"应交车船税"明细账户,该账户贷方反映计算的应交数,借方反映实际已交数;贷方余额反映应交未交数,借方余额为实际多交数。

**【例7-3】** 某企业拥有载货车8辆,整备质量为48吨,根据当地政府规定,核定年税额为每吨100元;拥有乘人车10辆,排气量均为2.0升,核定每辆年税额为660元。税务部门规定按年计征和缴纳税款。

计算每月应交车船税及编制相应会计分录。

全年应交车船税＝48×100＋10×660＝11 400(元)

每月应交车船税＝11 400÷12＝950(元)

①根据计算结果,每月编制会计分录如下:

  借:管理费用           950

    贷:应交税费——应交车船税     950

②年末实际缴纳税款时的会计分录:

  借:应交税费——应交车船税     11 400

    贷:银行存款          11 400

### 四、车船税的申报

**(1)纳税义务发生的时间** 车船税纳税义务发生时间为取得车船所有权或者管理权的当月。取得车船所有权或者管理权的当月是指该车船交付的当月,应当以合同、协议载明的车船交付日期的当月为准;不能取得合同、协议载明的车船交付日期的,以发票或其他证明文件所载日期的当月为准。

**(2)纳税期限** 车船税实行按年征收,分期(季度或半年)缴纳。具体的纳税期限由省、自治区、直辖市人民政府确定。

**(3)纳税地点** 由扣缴义务人代收代缴车船税的,纳税地点为扣缴义务人所在地;自行申报缴纳车船税的,纳税地点为车船的登记地主管税务机关;依法不需办理登记的车船,应当向车船所有人或者管理人所在地的税务机关申报缴纳车船税。

**(4)纳税申报表的编制** 车船税纳税人申报、缴纳车船税,应填写《车船税纳税申报表》,并在规定的期限内申报纳税。车船税纳税申报表的格式见表7-3所示。

## 表 7-3　车船税纳税申报表

填表日期　　　年　　月　　日

纳税人识别号：□□□□□□□□□□　　　　　　　　金额单位：元（列至分）

| 纳税人名称 | | | | | 税款所属时期 | | | |
|---|---|---|---|---|---|---|---|---|
| 车船类别 | 计税标准 | 数量 | 单位税额 | 全年应纳税额 | 年缴纳次数 | 本　期 | | |
| | | | | | | 应纳税额 | 已纳税额 | 应补(退)税额 |
| 1 | 2 | 3 | 4 | 5=2×4 或 5=3×4 | 6 | 7=5+6 | 8 | 9=7-8 |
|  |  |  |  |  |  |  |  |  |
|  |  |  |  |  |  |  |  |  |
|  |  |  |  |  |  |  |  |  |
|  |  |  |  |  |  |  |  |  |
|  |  |  |  |  |  |  |  |  |
|  |  |  |  |  |  |  |  |  |
|  |  |  |  |  |  |  |  |  |
|  |  |  |  |  |  |  |  |  |
|  |  |  |  |  |  |  |  |  |
|  |  |  |  |  |  |  |  |  |

| 如纳税人填报，由纳税人填写以下各栏 | | 如委托代理人填报，由代理人填写以下各栏 | | 备注 |
|---|---|---|---|---|
| 会计主管<br><br>（签章） | 纳税人<br><br>（公章） | 代理人名称 |  | 代理人<br>（签章）<br><br>电话 |
| | | 代理人地址 |  | |
| | | 经办人姓名 |  | |

| 以下由税务机关填写 | | | |
|---|---|---|---|
| 收到申报表日期 |  | 接收人 |  |

## 第三节 城镇土地使用税的纳税实务

### 一、城镇土地使用税规定

城镇土地使用税是以国有土地为征税对象,对拥有土地使用权的单位和个人征收的一种税。征收土地使用税,有利于促进合理、节约使用土地,提高土地的使用效益,调节不同地区、不同地段之间的土地级差收入。

#### (一)土地使用税的纳税人

城镇土地使用税的纳税人是在城市、县城、建制镇、工矿区范围内使用土地的单位和个人。单位包括国有企业、集体企业、私营企业、股份制企业、外商投资企业、外国企业以及其他企业和事业单位、社会团体、国家机关、军队以及其他单位;个人包括个体工商户以及其他个人。依照税法规定,城镇土地使用税的纳税人具体包括:

①拥有土地使用权的单位和个人。

②拥有土地使用权的纳税人不在土地所在地的,该土地的代管人或实际使用人为纳税人。

③土地使用权未确定或权属纠纷未解决的,由实际使用人纳税。

④土地使用权为多方共有的,由共有各方分别纳税。

#### (二)土地使用税的征税范围

城镇土地使用税的征税范围包括在城市、县城、建制镇、工矿区内的国家所有和集体所有的土地。

#### (三)土地使用税的税率

城镇土地使用税采用定额税率,即采用有幅度的差别税额,结合不同地区收取土地占用费的金额标准测算确定。按大、中、小城市和县城、建制镇、工矿区分别规定每平方米土地使用税年应纳税额。具体标准见表7-4。

表7-4 城镇土地使用税税率表

| 级 别 | 非农业正式户人数 | 每平方米税额(元/平方米) |
|---|---|---|
| 大城市 | 50万以上 | 1.5~30 |
| 中等城市 | 20万~50万 | 1.2~24 |
| 小城市 | 20万以下 | 0.9~18 |
| 县城、建制镇、工矿区 |  | 0.6~12 |

城镇土地使用税属于地方税,各省、自治区和直辖市人民政府可根据市政建设

情况和经济繁荣程度在规定税额幅度内,确定所辖地区的适用税额幅度。

各省(区、市)人民政府可根据本地区经济发展状况,适当降低税额,但降低额不得超过最低税额的30%;经济发达地区适用税额标准可以适当提高,但须报经财政部批准。

2007年4月27日北京市人民政府第188号令,北京市实施修改后的《中华人民共和国城镇土地使用税暂行条例》中规定:北京市城镇土地使用税的纳税等级划分为六级,各级每平方米年纳税为一级土地30元;二级土地24元;三级土地18元;四级土地12元;五级土地3元,六级土地1.5元。

(四)土地使用税的税收优惠

**(1)法定免缴土地使用税的税收优惠** 包括:

①国家机关、人民团体、军队自用的土地。

②国家财政部门拨付事业经费的单位自用的土地。

③宗教寺庙、公园、名胜古迹自用的土地。

④市政街道、广场、绿化地带等公共土地。

⑤直接用于农、林、牧、渔业的生产用地,不包括农副产品加工场地和生活办公用地。

⑥经批准开山填海整治的土地和改造的废弃土地,从使用月份起免征5~10年。

⑦非营利性医疗机构、疾病控制机构和妇幼保健机构等卫生机构自用的土地免征城镇土地使用税,营利性医疗机构自用的土地从经营之日起免征3年城镇土地使用税。

⑧企业办的学校、医院、托儿所、幼儿园及其用地能与企业其他用地明确区分的。

⑨为了体现国家的产业政策,支持重点产业的发展,对一些能源用地,交通用地和水利设施用地及特殊用地划分了征免税界限,给予政策性减免税照顾。

**(2)省、自治区、直辖市地方税务局确定减免的优惠政策** 主要包括:

①个人所有的居住房屋及院落用地。

②免税单位职工家属的宿舍用地。

③民政部门举办的安置残疾人占一定比例的福利工厂用地。

④集体和个人办的各类学校、医院、托儿所、幼儿园用地。

⑤房产管理部门在房租调整改革前经租的居民住房用地。

## 二、城镇土地使用税计算

土地使用税以纳税人实际占用的土地面积为计税依据,依照规定税额计算征收。土地占用面积的组织测量工作,由省、自治区、直辖市人民政府根据实际情况确定,按年计算,分期缴纳。应纳税额的计算公式如下:

$$应纳税额 = 实际占用应税土地的面积 \times 适用税额$$

**【例7-6】** 北京市某企业实际占用的土地面积为40 000平方米,其中企业自办托儿所用地200平方米,企业自办的医院用地2 000平方米,该企业位于北京市四级土地地段,土地使用税额为12元/平方米。请计算该企业全年应交城镇土地使用税。

**【解析】**
按税法规定,企业自办托儿所、医院占用的土地,可以免征城镇土地使用税,故全年应纳城镇土地使用税额=(40 000-200-2 000)×12=4 536 000(元)

### 三、城镇土地使用税的核算

企业核算土地使用税,应设置"应交税费——应交土地使用税"账户进行。企业缴纳土地使用税与商品生产和销售的数量没有直接关系,故城镇土地使用税属期间费用,记入"管理费用"账户。

**【例7-7】** 接【例7-6】对上述企业的土地使用税进行会计核算。

会计分录如下:

借:管理费用——应交城镇土地使用税　　　453 600
　　贷:应交税费——应交城镇土地使用税　　　　　453 600

### 四、城镇土地使用税的申报

(1)**纳税期限**　城镇土地使用税实行按年计算、分期缴纳。具体纳税期限由各地方人民政府决定。

北京市城镇土地使用税全年税额分两次申报缴纳,申报缴纳期限分别为每年4月1日至4月15日和10月1日至10月15日。纳税人应在规定的期限内向地方税务机关提交使用土地面积数量的依据,办理土地情况登记手续。纳税人使用土地情况变动的,应当自变动之日起30日内,到当地的地方税务机关办理土地情况变更税务登记手续。

(2)**纳税地点**　城镇土地使用税在土地所在地缴纳。由土地所在地的税务机关征收。纳税人使用的土地不属于同一省级区划管理范围的,应由纳税人分别向土地所在地税务机关缴纳。在同一省级区划管理范围内,纳税人跨地区使用的土地,其纳税地点由省级税务机关确定。

(3)**纳税义务发生时间**

①纳税人购置新建房,自房屋交付使用之次月起缴纳城镇土地使用税。

②纳税人购置存量房,自办理房屋权属转移、变更登记手续、取得房屋的产权证书之次月起缴纳城镇土地使用税。

③纳税人出租、出借房产,自交付出租、出借之次月起缴纳城镇土地使用税。

④房地产开发企业自用、出租、出借本企业建造的商品房,自房屋使用或交付之次月起缴纳城镇土地使用税。

⑤纳税人新征用的耕地,自批准征用之日起满一年时开始缴纳城镇土地使用税。

⑥纳税人新征用的非耕地,自批准征用次月起缴纳城镇土地使用税。

(4)**纳税申报表的编制**　土地使用税纳税人申报、缴纳土地使用税,应填写《土地使用税纳税申报表》,并在规定的期限内申报纳税。土地使用税纳税申报表的格式见表7-5。

# 第七章

企业纳税实务

表7-5  城镇土地使用税纳税申报表

填表日期　　　年　　月　　日

| 纳税人识别号 | | | | | | | | | | 金额单位：元(列至分) | | |
|---|---|---|---|---|---|---|---|---|---|---|---|---|
| 纳税人名称 | | | | | | 税款所属时间 | | | | | | |
| 房产坐落地点 | | | | | | | | | | | | |

| 坐落地点 | 上期占地面积 | 本期增减 | 本期实际占地面积 | 法定免税面积 | 应税面积 | 土地等级 | | | 适用税额 | 全年应缴税额 | 缴纳次数 | 本　期 | | |
|---|---|---|---|---|---|---|---|---|---|---|---|---|---|---|
| | | | | | | Ⅰ | Ⅱ | Ⅰ | Ⅱ | | | 每次应纳税额 | 已纳税额 | 应补(退)税额 |
| 1 | 2 | 3 | 4=3+2 | 5 | 6=4+5 | 7 | 8 | 9 | 10 | 11=6×9 或10 | 12 | 13=11÷12 | 14 | 15=11−14 |
| | | | | | | | | | | | | | | |
| | | | | | | | | | | | | | | |
| | | | | | | | | | | | | | | |
| | | | | | | | | | | | | | | |
| 合计 | | | | | | | | | | | | | | |

| 如纳税人填报，由纳税人填写以下各栏 | | 如委托代理人填报，由代理人填写以下各栏 | | 备注 |
|---|---|---|---|---|
| 会计主管 | 纳税人 | 代理人名称 | 代理人(签章) | |
| | | 代理人地址 | | |
| (签章) | (公章) | 经办人姓名 | 电话 | |

| 以下由税务机关填写 | | |
|---|---|---|
| 收到申报表日期 | | 接收人 |

## 第四节　资源税的纳税实务

### 一、资源税规定

资源税是以自然资源为课税对象征收的一种税。目前我国开征的资源税是对在我国境内开采应税矿产品及生产盐的单位和个人，就其应税产品销售数量或自用数量为计税依据而征收的。资源税的立法目的主要在于调节资源开采企业因资源开采条件的差异所形成的级差收入，为资源开采企业之间开展公平竞争创造条件。

(一)资源税的纳税人与扣缴义务人

资源税的纳税人是指在中华人民共和国境内开采应税矿产品及生产盐资源的单位和个人。

资源税的扣缴义务人为收购未税产品的单位。主要包括独立矿山、联合企业及其他收购未税矿产品的单位。扣缴义务人主要是对那些税源小、零散、不定期开采,税务机关难以控制,容易发生漏税的单位和个人,在收购其未税矿产品时代扣代缴其应纳的税款。

(二)资源税的征税范围

资源税的征税范围采用选择法,即从众多具有商品属性的资源中,选择需要税收进行调节的矿产资源和盐,列入纳税范围,具体包括:

**(1)矿产品**

①原油指开采的天然原油;人造石油不征税。

②天然气指专门开采和与原油同时开采的天然气;煤矿生产的天然气暂不征税。

③煤炭指原煤,以原煤加工的洗煤、选煤和其他煤炭制品不征税。

④其他非金属矿原矿指原油、天然气、煤炭和井矿盐以外的非金属矿原矿,如宝石、金刚石、玉石、石墨、大理石、花岗石、石灰石等。

⑤黑色金属矿原矿包括铁矿石、锰矿石、铬矿石等。

⑥有色金属矿原矿包括铜矿石、铅锌矿石、铝土矿石、钨矿石、锡矿石、锑矿石、铝矿石、镍矿石、钒矿石、黄金矿等。

**(2)盐**  包括固体盐和液体盐。固体盐包括海盐原盐、湖盐、井矿盐;液体盐(卤水)指氯化钠含量达到一定浓度的溶液,是用于生产碱和其他产品的原料。

(三)资源税的税目和税额

资源税的税目反映资源税的具体征收范围,是资源税课征对象的具体表现形式。现行的资源税采取选择法,按照各种课税的产品类别分别设置税目,共设置了七大税目。

资源税采用定额税率,即固定税率,以应税资源的计量单位"吨"或"千立方米"等确定 0.3~60 元的 8 个幅度税额。资源税税目、税额见表 7-6。

表 7-6  资源税税目、税额幅度表

| 税　　目 | 税额幅度 |
| --- | --- |
| 一、原油 | 8~30 元/吨 |
| 二、天然气 | 2~15 元/千立方米 |
| 三、煤炭 | 0.3~5 元/吨 |
| 四、其他非金属矿原矿 | 0.5~20 元/(吨或立方米) |

续表 7-6

| 税　目 | 税额幅度 |
|---|---|
| 五、黑色金属矿原矿 | 2～30 元/吨 |
| 六、有色金属矿原矿 | 0.4～30 元/吨 |
| 七、盐 | |
| 固体盐 | 10～60 元/吨 |
| 液体盐 | 2～10 元/吨 |

**（四）资源税的税收优惠**

资源税的税收优惠主要是对符合下列条件的，减征免征资源税。

①开采原油过程中用于加热、修井的原油免征资源税。

②纳税人开采或生产应税产品过程中，因意外事故或自然灾害等原因遭受重大损失的，由省、自治区、直辖市人民政府酌情决定减税或免税。

③自 2007 年 2 月 1 日起，北方海盐资源税减按 15 元/吨征收；南方海盐、湖盐、井盐资源税减按 10 元/吨征收；液体盐资源税暂减按 2 元/吨征收。

④国务院规定的其他减税、免税项目。例如：2002 年 4 月 1 日起，对冶金联合企业矿山铁矿石资源税减征 60％；对有色金属矿应纳资源税减征 30％。

纳税人的减税、免税项目，应单独核算课税数量；未单独核算的或者不能准确提供课税数量的，不予减税或免税。

进口矿产品和盐不征收资源税，出口应税矿产品和盐不免征或退还已缴纳资源税。

## 二、资源税计算

资源税是以产品的实际销售数量或自用数量为计税依据和适用的税额计量的。其计算公式为：

$$应纳资源税税额＝课税数量×单位税额$$
$$代扣代缴应纳税额＝收购未税矿产品的数量×单位税额$$

资源税课税数量按如下方法确定：

①纳税人开采或生产应税产品销售的，以销售数量为课税数量。

②纳税人开采或生产应税产品自用的，以自用（非生产用）数量为课税数量。

③纳税人不能准确提供应税产品销售数量或移送使用数量的，以应税产品的产量或主管税务机关确定的折算比换算成的数量为课税数量。

④原油中的稠油、高凝油与稀油划分不清或不易划分的，一律按原油的数量课税。

⑤对于连续加工前无法正确计算原煤移送使用量的煤炭，可按加工产品的综合回收率，将加工产品实际销售量和加工产品自用量折算成原煤数量，以此作为课税

数量。

⑥金属和非金属矿产品原矿,因无法准确掌握纳税人移送使用原矿数量的,可将其精矿按选矿比折算成原矿数量,以此作为课税数量。

选矿比=精矿数量÷耗用原矿数量

⑦纳税人以自产的液体盐加工固体盐,按固体盐税额征税,以加工的固体盐数量为课税数量。纳税人以外购的液体盐加工成固体盐,其加工固体盐所耗用液体的已纳税额准予抵扣。

纳税人开采或者生产不同税目应税产品的,应当分别核算不同税目应税产品的课税数量;未分别核算或者不能准确提供不同税目应税产品的课税数量的,从高适用税额。

【例7-8】 宏天能源开发公司2008年12月份专门开采的天然气45000千立方米,开采原煤450万吨,采煤过程中生产天然气2800千立方米;销售原煤280万吨;以原煤直接加工洗煤110万吨,对外销售90万吨;企业职工食堂和供热等用原煤2500吨;销售天然气37000千立方米(含采煤过程中生产的2000千立方米);请计算该联合企业2008年12月应缴纳的资源税。

(提示:资源税单位税额,原煤3元/吨,天然气8元/千立方米;洗煤与原煤的选矿比为60%)

【解析】

根据我国资源税的计算方法,该公司2008年12月份应纳资源税计算如下:

外销原煤应纳资源税=280×3=840(万元)

外销洗煤应纳资源税=90÷60%×3=450(万元)

食堂用煤应纳资源税=0.25×3=0.75(万元)

外销天然气应纳资源税=(37000-2000)×8=28(万元)

应缴纳资源税合计=840+450+0.75+28=1318.75(万元)

## 三、资源税的核算

企业进行资源税会计核算时,应在"应交税费"账户下设置"应交资源税"明细账户,专门用来核算企业应交资源税的发生和缴纳情况。该账户贷方核算企业依法应缴纳的资源税,借方核算企业已缴纳或允许抵扣的资源税,期末余额在贷方,反映企业期末应缴未缴的资源税额。

纳税人与税务机关结算上月税款,补缴税款时,借记"应交税费——应交资源税",贷记"银行存款"。退回多缴的税款时,借记"银行存款",贷记"应交税费——应交资源税"。企业未按规定期限缴纳资源税,向税务机关缴纳滞纳金时,借记"营业外支出",贷记"银行存款"。

(1)销售应税资源税产品会计处理 企业计算销售应税产品应缴纳的资源税时,借记"营业税金及附加",贷记"应交税费——应交资源税";在上缴资源税时,借记"应交税费——应交资源税",贷记"银行存款"。

**【例7-9】** 某铜矿6月份销售精铜矿4600吨,税务机关无法准确掌握入选精铜矿时移送使用的铜矿石原矿量,只知道其选矿比为1∶35,该铜矿资源等级属于3等,其单位税额为1.40元/吨。该铜矿纳税期为1个月。计算应纳税额并作会计处理。

**【解析】**

应纳资源税税额=1.40×4600×35=225400(元)

① 计算出应纳资源税时:

　　借:营业税金及附加　　　　　　　　　　　　　　225400
　　　　贷:应交税费——应交资源税　　　　　　　　　　225400

② 上缴资源税税款时:

　　借:应交税费——应交资源税　　　　　　　　　　225400
　　　　贷:银行存款　　　　　　　　　　　　　　　　225400

**(2)自产自用应税资源税产品的会计处理**　企业计算自产自用应税产品应交纳的资源税时,借记"生产成本"、"制造费用"、"管理费用"等账户,贷记"应交税费——应交资源税";在上缴资源税时,借记"应交税费——应交资源税",贷记"银行存款"。

**【例7-10】**　某油田5月份原油实际产量80000吨,自产自用60000吨,按规定计提的资源税480000元,其中,应记入"生产成本"的450000元,记入"制造费用"的30000元,试作会计处理。

① 计提资源税时:

　　借:生产成本　　　　　　　　　　　　　　　　　450000
　　　　制造费用　　　　　　　　　　　　　　　　　30000
　　　　贷:应交税费——应交资源税　　　　　　　　　480000

② 缴纳资源税时:

　　借:应交税费——应交资源税　　　　　　　　　　480000
　　　　贷:银行存款　　　　　　　　　　　　　　　　480000

### 四、资源税的申报

**(1)纳税义务发生时间**

① 纳税人销售应税产品,其纳税义务发生时间为:纳税人采取分期付款方式结算的,其纳税义务发生时间为销售合同规定的收款日期当天;纳税人采取预收款规定方式结算的,其纳税义务发生时间为发出应税产品的当天;纳税人采购其他方式结算的,其纳税义务发生时间为收讫销售款或者取得索取销售款凭据的当天。

② 扣缴义务人代扣、代缴税款的义务发生时间为支付货款的当天。

③ 纳税人自产自用应税产品的纳税义务发生时间为移送使用应税产品的当天。

**(2)纳税期限**　是纳税人发生纳税义务的缴纳税款的期限。资源税的纳税期限为1日、3日、5日、10日、15日或者1个月,由主管税务机关根据实际情况具体核定。不能按固定期限计算纳税的,可以按次计算纳税。

纳税人以1个月为一期纳税的,自期满之日起10日内申报纳税,以1日、3日、5日、10日或者15日为一期纳税的,自期满之日起5日内预缴税款,于次月1日起的10日内申报纳税并结清上月税款。

**(3)纳税地点**
①纳税人应当向应税产品的开采或者生产所在地主管税务机关缴纳。
②扣缴义务人代扣、代缴资源税,应当向收购地主管税务机关缴纳。
③纳税人在本省、自治区、直辖市范围内开采或者生产应税产品,纳税地点的调整由省、直辖市、自治区税务机关确定。

**(4)纳税申报表的编制** 资源税的纳税人申报、缴纳资源税,应填写《资源税纳税申报表》,并在规定的期限内申报纳税。《资源税纳税申报表》适用于开采应税矿产品或者生产盐的单位和个人申报缴纳资源税,其格式见表7-7。

表7-7 资源税纳税申报表

填表日期　　年　月　日

| 纳税人识别号: | | | | | | | 金额单位:元(列至分) | | |
|---|---|---|---|---|---|---|---|---|---|
| 纳税人名称 | | | | | 税款所属时期 | | | | |
| | 产品名称 | 课税单位 | 课税数量 | 单位税额 | 应纳税款 | 已纳税款 | 应补(退)税款 | 备注 | |
| 应税项目 | | | | | | | | | |
| | | | | | | | | | |
| | | | | | | | | | |
| 免税项目 | | | | | | | | | |
| | | | | | | | | | |
| | | | | | | | | | |
| 如纳税人填报,由纳税人填写以下各栏 | | | | | 如委托代理人填报,由代理人填写以下各栏 | | | | 备注 |
| 会计主管<br><br>(签章) | 纳税人<br><br>(签章) | | 代理人名称 | | | 代理人<br>(公章) | | | |
| | | | 代理人地址 | | | | | | |
| | | | 经办人 | | | 电话 | | | |
| 以下由税务机关填写 | | | | | | | | | |
| 收支申报表日期 | | | | | 接收人 | | | | |

## 第五节 印花税的纳税实务

### 一、印花税规定

印花税是对经济活动和经济交往中书立、使用、领受的具有法律效力的凭证（包括合同、协议、权利、许可证照等）的单位和个人征收的一种行为税。征收印花税能为国家经济建设积累资金，有利于加强对经济合同的管理和监督，提高纳税人的法制观念。1988年8月6日，国务院正式发布了《中华人民共和国印花税暂行条例》，并规定自1988年10月10日起施行。

（一）印花税的纳税人

在我国书立、领受应税范围内各种应税凭证的单位和个人都是印花税的纳税义务人。具体包括：各种经济合同的立合同人；立账簿人；各种产权转移书据的立据人；各种权利证照的领受人。如果同一凭证，由两方或者两方以上当事人签订并各执一份的，应由各方就所执的一份各自全额贴印花税。

（二）印花税的征税范围

印花税的征税对象为合法凭证。印花税列举的纳入征税范围的有以下五类凭证：

①购销、加工承揽、建设工程承立、财产租赁、货物运输、仓储保管、借款、财产保险、技术等合同或具有合同性质的凭证。

②产权转移书据包括财产所有权和版权、商标专用权、专利权、专有技术使用权等转移的书据。

③营业账簿，包括单位和个人记载生产、经营活动的各种财务会计账簿。

④权利许可证照包括房屋产权证、工商营业执照、商标注册证、土地使用权证、专利证等证照。

⑤经财政部确定征税的其他凭证。

（三）印花税税率

经济合同和具有合同性质的凭证，如产权转移书据、记载资金的账簿适用比例税率。

营业账簿税目中的其他账簿、权利许可证照适用定额税率，均为按件贴花，税额5元。印花税税目税率见表7-8。

表 7-8 印花税税率

| 类别 | 范围 | 计税依据 | 税率 比例 | 税率 定额 | 纳税义务人 |
|---|---|---|---|---|---|
| 各种合同 | 财产租赁合同 | 租赁金额 | 千分之一 | | 立合同人 |
| | 仓储保管合同(包括单据作为合同) | 仓储保管费用 | | | |
| | 财产保险合同(包括单据作为合同) | 保险费收入 | | | |
| | 加工承揽合同 | 加工或承揽收入 | 万分之五 | | |
| | 建设工程勘察设计合同 | 收取的费用 | | | |
| | 货物运输合同(包括单据作为合同) | 运输费用 | | | |
| | 购销合同 | 购销金额 | | | |
| | 建筑安装工程承包合同(包括总包、分包、转包) | 承包金额 | 万分之三 | | |
| | 技术合同 | 所载金额 | | | |
| | 借款合同(包括单据作为合同) | 借款金额 | 万分之零点五 | | |
| 产权转移书据 | 财产所有权和版权、商标专用权、专利权、专有技术使用权所载金额 | 所载金额 | 万分之五 | | 立据人 |
| 生产经营账簿 | 记载资金账簿 | 实收资本和资本公积的合计 | 万分之五 | | 立账簿人 |
| | 其他账簿 | 按件贴花 | | 5元 | |
| 权利许可证照 | 房屋产权证、工商营业执照、商标注册证、专利证、土地使用证 | 按件贴花 | | 5元 | 领受人 |

### (四)印花税优惠政策

①对已缴纳印花税凭证的副本或者抄本免税。凭证的正式签署本已按规定缴纳了印花税,其副本或者抄本对外不发生权利义务关系,只是留存备查。但以副本或者抄本视同正本使用的,则应另贴印花。

②对财产所有人将财产赠给政府、社会福利单位、学校所立的书据免税。社会福利单位是指抚养孤老伤残的社会福利单位。

③对国家指定的收购部门与村民委员会、农民个人书立的农副产品收购合同免税。

④对无息、贴息贷款合同免税。无息、贴息贷款合同是指我国的各专业银行按照国家金融政策发放的无息贷款,以及由各专业银行发放并按有关规定由财政部门或中国人民银行给予贴息的贷款项目所签订的贷款合同。

⑤对外国政府或者国际金融组织向我国政府及国家金融机构提供优惠贷款所书立的合同免税。

⑥对房地产管理部门与个人签订的用于生活居住的租赁合同免税。

⑦对农牧业保险合同免税。

⑧对特殊货运凭证免税。这类凭证有：军事物资运输凭证即附有军事运输命令或使用专用的军事物资运费结算凭证；抢险救灾物资运输凭证即附有县级以上（含县级）人民政府抢险救灾物资运输证明文件的运费结算凭证；新建铁路的工程临管线运输凭证，即为新建铁路运输施工所需物料，使用工程临管线专用的运费结算凭证。

## 二、印花税计算

**(1)适用比例税率的应税凭证**　适用比例税率的应税凭证，以凭证上所记载的金额为计税依据，按金额比例贴花。计税公式为：

$$应纳税额 = 计税金额 \times 适用税率$$

**(2)适用定额税率的应税凭证**　适用定额税率的应税凭证，以凭证件数为计税依据，按件定额贴花。计税公式为：

$$应纳税额 = 计税数量 \times 单位税额$$

## 三、印花税的核算

企业缴纳的印花税是由纳税人根据规定自行计算的，以购买并一次贴足印花税票的方法来缴纳税款，因此不需要预计应交税金数额，与税务部门不发生结算业务，不必通过"应交税费"账户核算。企业在购买印花税税票时，直接借记"管理费用"账户，贷记"银行存款"账户。

**【例7-11】**　甲公司从乙公司购入材料200 000元，双方签订购销合同一份。要求计算甲公司缴纳的印花税并编制相应的会计分录。

**【解析】**

应纳印花税税额 = 200 000 × 3‰ = 600(元)

借：管理费用　　　　　　　　　　　　　　　　　　　　600

　　贷：银行存款　　　　　　　　　　　　　　　　　　　　600

## 四、印花税的申报

(一)印花税的缴纳

印花税按照应纳税额大小，纳税次数多少以及税源控管需要，分别采用自行贴花、汇贴或汇缴、委托代征三种征收办法。

**(1)自行贴花**　纳税人书立、领用或者使用应税凭证的同时，纳税义务即已产生，应当根据应税凭证的性质和适用税率，自行计算应纳税额，自购印花税票，自行一次贴足印花税票，并加以注销或画销，纳税义务才算全部履行完毕。这种办法一般适用于应税凭证较少或同一凭证纳税次数较少的纳税人。

**(2)汇贴或汇缴**　一份凭证应纳税额超过500元的，应向当地税务机关申请填写缴款书或者完税凭证，将其中的一联粘贴在凭证上或由税务机关在凭证上加注完税标记代替贴花。这就是通常所说的"汇贴"。

同一种类应税凭证，需要频繁贴花的，应向当地税务机关申请按期汇总缴纳印花税。获准汇总缴纳印花税的纳税人,应持有税务机关发给的汇缴许可证。汇总缴纳的期限由当地税务机关确定,但最长期限不得超过一个月。

上述办法一般适用于应纳税额较大或者贴花次数频繁的纳税人。

**(3)委托代征** 凡通过国家有关部门发放、鉴证、公证或仲裁的应税凭证可由税务机关委托这些部门代为征收印花税税款。

(二)印花税纳税申报表的编制

印花税的纳税人申报、缴纳印花税,应填写《印花税纳税申报表》,并在规定的期限内申报纳税,其格式见表7-9。

表7-9 印花税纳税申报表

填表日期: 年 月 日

| 纳税人识别号: | | | | | | | | | 金额单位:元(列至分) | |
|---|---|---|---|---|---|---|---|---|---|---|
| 纳税人名称 | | | | | | 税款所属时期 | | | | |
| 应税凭证名称 | 件数 | 计税金额 | 适用税率 | 应纳税额 | 已纳税额 | 应补退税额 | 购花贴花情况 | | | |
| | | | | | | | 上期结存 | 本期购进 | 本期贴花 | 本期结存 |
| 1 | 2 | 3 | 4 | 5=2×3×4 | 6 | 7=5-6 | 8 | 9 | 10 | 11=8+9-10 |
| | | | | | | | | | | |
| | | | | | | | | | | |
| | | | | | | | | | | |
| | | | | | | | | | | |
| | | | | | | | | | | |
| 如纳税人填报,由纳税人填写以下各栏 | | | 如委托代理人填报,由代理人填写以下各栏 | | | | | | 备注 | |
| 会计主管 | 经办人 | 纳税人 | 代理人名称 | | | 代理人(签章) | | | | |
| | | | 代理人地址 | | | | | | | |
| (签章) | (签章) | (公章) | 经办人 | | | 电话 | | | | |
| 以下由税务机关填写 | | | | | | | | | | |
| 收到申报表日期 | | | | | 接收人 | | | | | |

填表说明:
①"应税凭证名称"按合同适用的印花税税目填写。
②"计税金额"应填写印花税的计税依据。如货物运输合同,其金额要将卸费剔除。
③"已纳税额"反映本月已贴花的税额,或以缴款书缴纳的印花税额。
④"购花贴花情况"反映企业购买印花税票自行完税贴花后结存的税票金额。本栏可为税务票证管理的原始资料。

## 第六节 城市维护建设税的纳税实务

### 一、城市维护建设税的基本规定

城市维护建设税(简称城建税)是以纳税人实际缴纳的增值税、消费税、营业税税额为计税依据征收的一种税。城建税是以增值税、消费税、营业税税额为计税依据,如果减免增值税、消费税、营业税,也同时免征或减征城建税。但对海关代征的进口货物增值税、消费税,不征收城建税。对出口货物按规定应退还增值税、消费税的,也不能同时退还已缴纳的城市维护建设税。城建税属于特定目的税,税额收入专门用于城市公共事业和公共设施的维护、建设。

**(1)城市维护建设税的纳税义务人** 是以缴纳增值税、消费税、营业税的单位和个人为纳税人。包括国有企业、集体企业、私营企业、股份制企业、其他企业和行政单位、军事单位、社会团体、其他单位以及个体工商户及其他人。

**(2)城市维护建设税的征税范围** 包括城市、县城、建制镇以及税法规定征税的其他地区。城市、县城、建制镇的范围应根据行政区划分标准。不得随意扩大或缩小各行政区域的管辖范围。凡要缴纳增值税、消费税、营业税的地方,都属于征收城市维护建设税的范围。

**(3)城市维护建设税的计税依据** 是纳税人实际缴纳的增值税、消费税、营业税的税额。如果免征或减征增值税、消费税、营业税,也要同时免征或减征城市维护建设税。但对已出口产品退还增值税、消费税的不退还已缴纳的城市维护建设税。

**(4)城市维护建设税的税率** 根据纳税人所在地不同,设置三档差别比例税率:
①纳税人所在地为城市市区,税率为7%。
②纳税人所在地为县城建制镇的,税率为5%。
③纳税人所在地不在市区、县城或镇的,税率为1%。
由受托方代征代扣增值税、消费税、营业税的单位和个人,其代征代扣的城市维护建设税按受托方所在地适用的税率。
流动经营及无固定纳税地点的单位和个人,在经营地缴纳增值税、消费税、营业税的,其城市维护建设税的缴纳按经营地适用税率。

**(5)城市维护建设税的税收优惠** 城建税原则上不单独减免,但因"三税"发生减免时,势必影响城建税,使城建税相应发生税收减免。城建税的税收减免具体有三种情况:
①城建税按减免后实际缴纳的"三税"税额计征,随"三税"的减免而减免。
②对于因减免税而需进行"三税"退库的,城建税也同时退库。
③海关对进口产品代征的增值税、消费税,不征收城建税。

## 二、城市维护建设税的计算

城市维护建设税以纳税人实际缴纳的"三税"税额为计税依据,其计税公式如下:

$$应纳税额 = 实际缴纳的"三税"税额合计 \times 适用税额$$

按照现行税法规定,城市维护建设税应以纳税人实际缴纳的"三税"税额为计税依据。纳税人违反"三税"有关税法而加收的滞纳金和罚款,是税务机关对纳税务人违法行为的经济制裁,不作为城建税的计税依据,但纳税人在被查补"三税"和被处以罚款时,应同时对其偷漏的城建税进行补税和罚款。

【例 7-12】 某企业设在市区,9 月份应缴纳增值税 200 万元,缴纳消费税 60 万元,缴纳营业税 40 万元,该企业适用的城市维护建设税税率为 7%。请计算该企业 9 月份应纳城市维护建设税是多少?

【解析】
应纳税额 = (200+60+40)×7% = 2.1(万元)

## 三、城市维护建设税的核算

企业应当在"应交税费"账户下设置"应交城市维护建设税"明细账户,专门用来核算企业应交城市维护建设税的发生和缴纳情况。该账户的贷方反映企业按税收政策法规计算出的应当缴纳的城市维护建设税,借方反映企业实际向税务机关缴纳的城市维护建设税,余额在贷方反映企业应交而未交的城市维护建设税。

【例 7-13】 接【例 7-12】 该企业应如何作会计处理。

① 计提应交的城市维护建设税时:
　　借:营业税金及附加　　　　　　　　　　　　21 000
　　　　贷:应交税费——应交城市维护建设税　　　　21 000
② 缴纳城市维护建设税时:
　　借:应交税费——应交城市维护建设税　　　　21 000
　　　　贷:银行存款　　　　　　　　　　　　　　21 000

## 四、城市维护建设税的申报

(1)**纳税义务发生时间** 纳税人只要发生了增值税、消费税、营业税的纳税义务,也就产生了城建税的纳税义务。其纳税义务发生时间与增值税、消费税和营业税一致。

(2)**纳税地点** 城建税以纳税人实际缴纳的增值税、消费税、营业税额为计税依据,因此纳税人缴纳"三税"的地点,就是该纳税人缴纳城建税的地点。但属于下列情况的企业,单位纳税地点例外:

①对代扣、代缴"三税"的单位和个人,其纳税地点为代扣、代缴地。

②对跨省开采的油田,下属生产单位与核算单位不在同一省内的,其生产的原油、在油井所在地缴纳城建税。

③对管道输油部门的收入,由取得收入的各管理局于所在地缴纳营业税。

④对流动经营等无固定纳税地点的单位和个人,应随同"三税"在经营地缴纳城建税。

**(3)纳税期限** 城建税的纳税期限分别与"三税"的纳税期限一致。城建税具体纳税期限,主管税务机关根据纳税人应纳税额大小分别核定。不能按照固定期限纳税的,可以按次纳税。

**(4)纳税申报表的编制** 城建税纳税人申报、缴纳城建税,应填写《城市维护建设税纳税申报表》,并在规定的期限内申报纳税。城市维护建设税纳税申报表的格式见表7-10。

表7-10 城市维护建设税纳税申报表

填表日期　　年　　月　　日

| 纳税人识别号: | | | | | | 金额单位:元(列至分) | |
|---|---|---|---|---|---|---|---|
| 纳税人名称 | | | | 税款所属时间 | | | |
| 计税依据 | 计税金额 | 税率 | | 应纳税额 | 已纳税款 | 应补(退)税额 | |
| 1 | 2 | 3 | | 4=2×3 | 5 | 6=4-5 | |
| 增值税 | | | | | | | |
| 营业税 | | | | | | | |
| 消费税 | | | | | | | |
| 合　计 | | | | | | | |
| 如纳税人填报,由纳税人填写以下各栏 | | | 如委托代理人填报,由代理人填写以下各栏 | | | 备注 | |
| 会计主管 | 纳税人 | 代理人名称 | | | 代理人(签章) | | |
| | | 代理人地址 | | | | | |
| (签章) | (公章) | 经办人姓名 | | | 电话 | | |
| 以下由税务机关填写 | | | | | | | |
| 收到申报表日期 | | | | 接收人 | | | |

## 第七节　教育费附加的纳税实务

### 一、教育附加费的基本规定

教育费附加是以纳税人实际缴纳的增值税、消费税、营业税税额为计税依据征收的一种附加费。征收教育费附加,是为了较快发展地方教育事业,扩大地方教育经费的资金来源。

**(1)征收范围和缴纳人** 凡缴纳增值税、消费税、营业税的单位和个人,除按照《国务院关于筹措农村学校办学经费的通知》的规定缴纳农村教育事业费附加的农业和乡镇企业外,都是教育费附加和缴纳人。

(2) **教育费附加的计征依据及计征比率**　教育费附加以增值税、消费税、营业税税额为计征依据,如果减免增值税、消费税、营业税,也同时免征或减征教育费附加。但对海关代征的进口货物增值税、消费税、不征收教育费附加。对出口货物按规定应退还增值税、消费税的,也不能同时退还已缴纳的教育费附加。教育费附加计征比率为3%。

(3) **教育费附加的税收优惠**　教育费附加随三税而减免,当三税因减免而退税,同时退还教育费附加。但对出口产品退还增值税、消费税的,不退还已征的教育费附加。

### 二、教育附加费的计算

教育费附加以纳税人实际缴纳的"三税"税额为计税依据,其计算公式如下：

应纳税额＝实际缴纳的"三税"税额合计×计征比率

**【例7-14】**　某县城一加工企业2009年2月份因进口半成品缴纳增值税120万元,销售产品缴纳增值税280万元,当月又出租门面房收到租金40万元。计算该企业当月应缴纳的教育费附加。

应纳教育费附加＝[280＋40×5%]×3%＝8.46(万元)

### 三、教育附加费核算

企业应当在"应交税费"账户下设置"应交教育费附加"明细账户,专门用来核算企业应交教育费附加的发生和缴纳情况。该账户的贷方反映企业按法规计算出的应当缴纳的教育费附加,借方反映企业实际向税务机关缴纳的教育费附加,余额在贷方反映企业应交而未交的教育费附加。

**【例7-15】**　地处某市的某工厂2009年5月31日计算出企业当月应交的增值税68 000元,试做计提与缴纳教育费附加的会计处理。

① 计提教育费附加时：

应纳教育费附加＝68 000×3%＝2 040(元)

在实际进行会计处理时,企业应按实际预缴的教育费附加作如下会计分录：

借：营业税金及附加　　　　　　　　　　　　2 040
　　贷：应交税费——应交教育费附加　　　　　　2 040

② 缴纳教育费附加时：

借：应交税费——应交教育费附加　　　　　　2 040
　　贷：银行存款　　　　　　　　　　　　　　2 040

### 四、教育附加费的申报

教育费附加的纳税义务发生时间、纳税期限、纳税地点等方面的相关规定与城市维护建设税的规定基本一致。

教育费附加纳税人申报、缴纳教育费附加,应填写《教育费附加申报表》,并在规定的期限内申报纳税。教育费附加纳税申报表的格式见表7-11。

表 7-11 教育费附加申报表

填表日期　　　年　　月　　日

纳税人识别号：　　　　　　　　　　　　　　　　　　　　金额单位：元（列至分）

| 纳税人名称 | | | 税款所属时间 | | |
|---|---|---|---|---|---|
| 纳税人开户行 | | | 纳税人开户银行账号 | | |
| 计税依据 | 计税金额 | 税率 | 应纳税额 | 已纳税额 | 应补（退）税额 |
| 1 | 2 | 3 | 4＝2×3 | 5 | 6＝4－5 |
| 增值税 | | | | | |
| 营业税 | | | | | |
| 消费税 | | | | | |
| 合　计 | | | | | |
| 如纳税人填报，由纳税人填写以下各栏 | | 如委托代理人填报，由代理人填写以下各栏 | | | 备注 |
| 会计主管 | 纳税人 | 代理人名称 | | 代理人（签章） | |
| | | 代理人地址 | | | |
| （签章） | （公章） | 经办人姓名 | | 电话 | |
| 以下由税务机关填写 | | | | | |
| 收到申报表日期 | | | 接收人 | | |

## 第八节　其他税种的税务筹划

### 一、房产税的税务筹划

（1）**合理确定房产原值筹划**　房产原值指房屋的造价，包括与房屋不可分割的各种附属设备或一般不单独计算价值的配套设施。可见，房产原值的大小直接决定房产税的多少，合理的减少房产原值是房产税筹划的关键。

①纳税人是否将房产在固定资产中正确分类及合理计价，直接影响到企业的折旧额，进而影响所得税，同时也影响房产税。

②附属设备分散筹划。作为房产的有关附属设备按照财务制度的规定有可能单独划分为非房屋类的固定资产处理，因而也就可能不计入房产原值。比如某一超市的保鲜制冷设备虽然在物理上是建在超市之中，直观上是房屋不可分割的附属设备，但是其特殊的功能，使其使用年限与房屋也不同，具有相对的独立性，因此可以将其划分为机器设备类计提折旧，而不归属于房屋，那么也就不用纳房产税。

（2）**房产修理、更新改造的筹划**　进行房产的更新改造或装饰装修而发生的相

关费用,是否应计入房产原值非常关键。按企业所得税法实施细则规定,固定资产的大修理支出是指同时符合下列条件的支出:

①修理支出达到取得固定资产时的计税基础50%以上。

②修理后固定资产的使用年限延长两年以上。固定资产大修理支出,按照固定资产尚可使用年限分期摊销;不同时满足条件的修理支出,则直接在税前扣除,不计入房产原值。发生改扩建房产行为的,应将房产改扩建支出减去改扩建过程中发生的变价收入计入房产原值。

**(3)利用税收优惠筹划** 税法规定,对个人按市场价格出租的居民住房,房产税暂减按4%的税率征收。因此纳税人出租房屋时,可使用市场价格,享受税收优惠。

又如,税法规定房产大修停用半年以上,经税务机关审核在大修期间可以免税,因此,纳税人可加以利用。

### 二、车船税的税务筹划

车船税的税务筹划主要是利用优惠政策进行。如果企业办的学校、医院自用的车船可以享受免税;企业内部行驶的车辆,不领取执照,不上公路行驶,也免征车船税,但要分开核算,明确记载哪些是完全自用的,哪些是不上公路的,否则,必须照章纳税。

**【案例分析一】** 泰康公司共有20辆净吨位为5吨的载货汽车,10辆乘人汽车,其中有4辆乘人汽车供公司内专门自办的托儿所使用,有10辆载货汽车在公司内部行驶,未领取牌照。依照当地政府规定,该公司载货汽车的车船税适用每净吨位30元,乘人汽车的车船税适用每辆300元。

**【解析】** 如果未准确划分,则应交车船税为:$20 \times 5 \times 30 + 10 \times 300 = 6\,000$(元)

如果进行筹划,准确划分给类车辆,此时公司应交车船税为:$10 \times 5 \times 30 + 6 \times 300 = 3\,300$(元)

### 三、城镇土地使用税的税务筹划

土地使用税实行幅度税额,大城市、中等城市、小城市、县城、建制镇、工矿区的税额各不相同;即使在同一地区,由于不同地段的市政建设情况和经济繁荣程度有较大区别,土地使用税税额规定也各不相同,最大的相差20倍。因此,纳税人可以利用土地级别不同进行城镇土地使用税的筹划。如某复合材料集团公司想要扩大生产基地,初步方案将基地建在北京郊区,面积10000平方米,选用的土地为四级土地,每平方米需缴纳土地使用税3元,因此每年需缴纳城镇土地使用税30000元。由于考虑税务筹划,公司将基地建在某沿海城市,该地区土地使用税每平方米仅0.6元,每年只需缴纳城镇土地使用税6000元。

除此之外,纳税人也可利用改造废弃土地进行筹划。税法规定,经批准开山填海整治的土地和改造的废弃土地,从使用月份起免缴土地使用税5年至10年,纳税人可利用这一政策,以获得免税机会。

## 四、资源税的税务筹划

资源税法规定,纳税人的减免税项目,应当单独核算课税数量;未单独核算或者不能准确提供减免税产品课税数量的,不予减税或者免税;纳税人开采或生产不同税目应税产品的,应当分别核算不同税目应税产品的课税数量,否则从高适用税率。纳税人可以通过准确核算各税目的课税数量,分清免税产品与征税产品,分清不同税率产品,从而充分享受税收优惠,节约资源税。

**【案例分析二】** 华北某矿产开采企业 2008 年 12 月份开采销售原油 10 000 吨,生产销售原煤 5 000 吨,开采天然气 10 万立方米(其中 5 万立方米开采原油时伴生,另 5 万立方米开采煤炭时伴生,该企业未分开核算),原油资源税为 8 元/吨,原煤为 1.5 元/吨,天然气为 5 元/千立方米。

**【解析】** 在没有进行税务筹划的情况下,该企业 2008 年 12 月份应交资源税为:

$$10\,000 \times 8 + 5\,000 \times 1.5 + 100 \times 5 = 88\,000(元)$$

根据税法,煤炭开采时生产的天然气免税。如果该企业将采煤时伴生的天然气分开核算,则可以享受免税,可节省资源税 $50 \times 5 = 250(元)$。

## 五、印花税的税务筹划

税法规定,同一凭证载有两个或两个以上经济事项而适用不同税目税率,如分别记载金额的,应分别计算应纳税额,相加后按合计税额贴花;如未分别记载金额的,按较高税率计税贴花。因此,印花税的税务筹划可以通过分项核算进行。一项合同如果涉及若干项经济业务,应当分别核算各项业务的金额,因而适用不同的印花税税率。

**【案例分析三】** 某铝合金门窗厂与某建筑安装企业订立了一份加工承揽合同。合同中规定,铝合金门窗厂受建筑安装公司委托,负责加工总价值 200 万元的铝合金门窗,加工所需要原材料由铝合金门窗厂提供,铝合金门窗厂共收取加工费及原材料费共计 140 万元;同时,由铝合金门窗厂提供价值 20 万元的零配件。该份合同由铝合金门窗厂交印花税:$(140+20) \times 0.5‰ = 800(元)$。由于合同订立形式不恰当,铝合金门窗厂多缴纳了税款。

**【解析】** 印花税税法规定,加工承揽合同的计税依据为加工或承揽收入,如有受托方提供原材料金额的,可不并入计税依据,但受托方提供辅助材料的金额,则应并入计税金额。由受托方提供材料的,若合同中分别记载加工费金额和原材料金额,应分别计税;加工金额按加工承揽合同适用 0.5‰ 税率,原材料金额按购销合同适用 0.3‰ 税率,最后按两项税额相加的金额贴花;若合同中未分别记载两项金额,而只有混合的总金额,则从高适用税率,应按全部金额依照加工承揽合同,按 0.5‰ 的税率计税贴花。

在这个案例中,如果在合同中将铝合金门窗厂所提供的加工费金额与原材料金额分别核算,则能达到税务筹划的目的。如加工费为 40 万元,原材料费为 100 万元,则加工费和辅助材料费按加工合同贴花,原材料费按照购销合同贴花。该业务共需贴花金额为 600 元(100×0.3‰+40×0.5‰+20×0.5‰),节省印花税 200 元。

### 六、城建税的税务筹划

城建税的税务筹划可以从以下几方面进行:

**(1)利用委托加工进行筹划** 受托方代征代缴"三税"的单位和个人,被代征代缴的城建税按受托方所在地适用税率计算。纳税人进行委托加工时,可以选择适用较低城建税税率的非市区、县城或者镇等的受托单位。

**【案例分析四】** 保洁公司 2009 年拟委托加工一批总价值 400 万元的化妆品,受托加工单位位于市区,由受托加工单位代扣代缴消费税 200 万元,也就是说加工单位同时必须代征代缴城建税 14 万元(200×7%)。

**【解析】** 在没有进行税务筹划的情况下,保洁公司需缴纳城建税 14 万元;如果进行筹划,保洁公司委托某县城的加工企业加工化妆品,则只需要缴纳城建税 10 万元(200×5%);若是委托某乡的乡镇企业加工,缴纳的城建税只有 2 万元(200×1%)。

**(2)城建税计税依据的筹划** 城建税的计税依据是纳税人实际缴纳的增值税、消费税、营业税的税额,纳税人进行三大"流转税"筹划时,就同时进行了城建税的税务筹划。

**(3)利用货物进口进行筹划** 海关对进口产品代征的增值税、消费税,不征收城建税,纳税人在购买货物时,可以权衡各项成本,考虑通过进口方式取得货物。

**回顾、思考、回答:检验一下你弄清下列问题了吗?**

1. 企业日常经营活动涉及的其他税种主要有哪些?各税种的征税范围是如何规定的?

2. 企业缴纳的房产税、车船税、城镇土地使用税、印花税应如何计算?应怎样进行账务处理?

3. 其他税种是如何进行税务筹划的?

# 第八章 涉税争议处理与企业涉税文书

**读者导航**

涉税争议处理与企业涉税文书制作是纳税人保护个人纳税权益的基本手段，是企业一项非常重要纳税管理工作。本章主要介绍企业涉税争议处理方法，主要包括税务行政复议、税务行政诉讼、税务行政赔偿；涉税文书写作主要包括各项涉税申请审批表的填写和各项涉税事项的申请报告的制作。通过本章学习，您应熟悉涉税争议的处理方法，办理涉税争议处理实务；能够熟练的制作涉税文书。

## 第一节 涉税争议处理

### 一、税务行政复议

（一）税务行政复议概述

税务行政复议是指纳税人或扣缴义务人对税务机关在税收征收和管理活动中作出的税务具体行政行为不服，向法定税务行政复议机关提出申请，税务行政复议机关依法对原税务具体行政行为的合法性与适当性进行审查、认定和裁决的一种具体行政行为。它是税务机关系统内部建立的以解决税收争议为直接目的的行政司法制度。

税收行政复议的特征表现在：双方当事人是固定的、复议的对象是税收争议、是一种行政司法行为、是一种行政救济机制。

（二）税务行政复议范围

行政复议机关受理申请人对税务机关下列具体行政行为不服提出的行政复议申请：

（1）**税务机关作出的征税行为** 具体包括确认纳税主体、征税对象、征税范围、减税、免税、退税、抵扣税款、适用税率、计税依据、纳税环节、纳税期限、纳税地点以及税款征收方式等具体行政行为和征收税款、加收滞纳金、扣缴义务人、受税务机关委托的单位和个人作出的代扣代缴、代收代缴、代征行为。

**(2) 税务机关作出的税收保全措施和强制执行措施** 税收保全措施包括书面通知银行或其他金融机构冻结纳税人的银行存款；扣押、查封商品、货物或者其他财产等。

强制执行措施包括书面通知银行或者其他金融机构从纳税人存款中扣缴税款；变卖、拍卖、扣押、查封商品、货物或者其他财产。

税务机关未及时解除税收保全措施，使纳税人及其当事人合法权益遭受损失的行为。

**(3) 税务机关作出的行政处罚行为** 具体包括罚款；没收财物和违法所得；停止出口退税权。

**(4) 税务机关不予依法办理或答复的行为** 具体包括不予审批减免税或出口退税；不予抵扣税款；不予退还税款；不予颁发税务登记证、发售发票；不予开具完税凭证和出具票据；不予认定为增值税一般纳税人；不予核准延期申报、批准延期缴纳税款。

**(5) 税务机关作出的其他税务具体行政行为** 包括取消增值税一般纳税人资格的行为；通知出境管理机关阻止出境行为；不依法给予举报奖励的行为；不依法确认纳税担保行为；纳税信用等级评定行为；政府信息公开工作中的具体行政行为等。

**(三) 税务行政复议的管辖**

税务行政复议管辖是指税务行政系统内部受理税务行政复议案件的分工，是明确复议申请人应向哪一个税务机关提出申请，由哪一个税务机关受理复议案件的制度。根据复议规则具体规定如下：

①对税务机关依法设立的派出机构，依照法律、法规或者规章的规定，以自己名义作出的税务具体行政行为不服申请的复议，由设立该派出机构的税务机关管辖。

②对扣缴义务人作出的扣缴税款行为不服申请的复议，由主管该扣缴义务人的税务机关上一级税务机关管辖。

③对受税务机关委托的单位作出的代征税款行为不服申请的复议，由委托税务机关的上一级税务机关管辖。

④对国家税务局和地方税务局共同作出的具体行政行为不服申请的复议，由国家税务总局管辖。对税务机关与其他机关共同作出的具体行政行为不服申请的复议，由其共同上一级行政机关管辖。

⑤对被撤销的税务机关在其被撤销前所作出的具体行政行为不服申请的复议，由继续行使其职权的税务机关的上一级税务机关管辖。

有以上情形之一的，申请人也可以向具体行政行为发生地的县级地方人民政府提出复议申请，由接受申请的县级地方人民政府依法进行转送。

⑥对省级以上各国家税务局作出的税务具体行政行为不服申请复议的，由上一级机关管辖；对省级国家税务局作出的具体行政行为不服申请复议的，由国家税务总局管辖。

⑦对省级以下各级地方税务局作出的税务具体行政行为不服申请复议的,由其上一级机关管辖;对省级地方税务局作出的具体行政行为不服申请复议的,由国家税务总局或省级人民政府管辖。

⑧对国家税务总局作出的具体行政行为不服申请复议的,由国家税务总局管辖。对复议决定不服,申请人可向人民法院提起行政诉讼;也可以向国务院申请裁决,国务院的裁决为终局裁决。

(四)税务行政复议的参加人

税务行政复议参加人指作为行政复议主体,参加复议的申请人、被申请人、第三人及复议代理人。

复议申请人是指依法提起税务行政复议的纳税人或其他税务当事人。具体是指纳税义务人、扣缴义务人、纳税担保人和其他税务当事人。申请人可以是公民,也可以是法人或其他有组织。对于公民来说,如果有权申请复议的公民死亡的,其近亲属可以申请复议;如果有权申请复议的公民是无行为能力人或者限制行为能力人的,其法定代理人可以代理申请复议。对于法人或其他组织来说,如果有权申请复议的法人或者其他组织发生合并、分立或终止的,承受其权利的法人或者其他组织可以申请复议。

复议被申请人是指作出具体行政行为、因纳税人或其他税务当事人不服申请复议而被税务行政复议机关要求参加复议的税务机关。

复议第三人是指同复议的具体行政行为有利害关系的其他公民、法人或其他组织。复议第三人的设置,对于切实维护各当事人的合法权益,确保税务机关依法行政,努力提高复议机关裁决的公正性是完全必要的。

复议代理人包括委托代理人和法定代理人。委托代理人是指受复议申请人、复议第三人的委托,以被代理人的名义,在法律规定或者委托人授予的权限范围内,为保护被代理人的利益,代为参加行政复议的人。法定代理人,其规定如上所述,如有权申请复议的公民是无行为能力人或限制行为能力人的,可由法定代理人代理其申请复议。被申请人不得委托代理人代为参加行政复议。

(五)税务行政复议的程序

**(1)税务行政复议申请** 申请复议是复议进行的基础和前提条件。根据复议规则,复议申请提出的前提条件及法定期限为:对于必经复议事项,申请人必须先依照税务机关根据法律、行政法规确定的税额、期限缴纳或者解缴税款及滞纳金,然后可以在收到税务机关填发的缴款凭证之日起60天内提出行政复议申请;其他情况下,申请人在可以知道税务机关作出具体行政行为之日起60天内提出复议申请;因不可抗力或者被申请人设置障碍等其他正当理由耽误法定申请期限的,自障碍消除之日起继续计算。

**(2)税务行政复议受理** 对于申请人的申请,税务行政复议机关应当自收到复议申请之日起5日内进行审查,作出受理、不予受理等处理。对于复议申请符合规定条件的,自复议机关法定工作机构收到之日起即为受理并书面告知申请人。对于不符合规定条件,如申请超过法定期限、行政行为不属于行政复议受案范围及申请人不具备申请复议主体资格等,决定不予受理的,也应书面告知申请人。对于符合规定,但不属于本机关受理的行政复议申请,应当告知申请人向有关机关提出申请。

对于应当先向复议机关复议,对复议决定不服再向人民法院提起行政诉讼的具体行政行为,即属必经复议者,复议机关决定不予受理或受理后超过复议期间不作答复的,纳税人和其他税务当事人可以自收到不予受理决定书之日或者行政复议期满之日起15日内,依法向人民法院提起行政诉讼。申请人依法提出复议申请,复议机关无正当理由不予受理且申请人没有向人民法院提起行政诉讼的,上级税务机关应当责令其受理;必要时,上级税务机关也可以直接受理。

申请人向复议机关申请复议,复议机关已经受理的,在法定复议期限内申请人不得再向人民法院起诉;申请人向人民法院提起行政诉讼,人民法院已经依法受理的,不得申请行政复议。

**(3)税务行政复议的审理**　审理是复议工作最重要的环节。税务行政复议原则上实行书面复查制度,但在申请人提出要求或者复议机构认为有必要时,可以向有关组织和人员调查情况,听取申请人、被申请人和第三人的意见。复议机关法制工作机构应当从受理复议之日起7日之内,将复议申请书副本或复议申请书笔录复印件发送被申请人。被申请人应当从收到申请书副本或者申请笔录复印件之日起10日之内,提出书面答复,并提交当初作出具体行政行为的证据、依据和其他有关材料。除涉及国家秘密、商业秘密或者个人隐私外,申请人和第三人可以查阅该书面答复、证据和有关材料。在复议过程中,被申请人不得自行向申请人和其他有关组织或个人搜集证据,复议机关法制工作机构为履行职责取得的有关材料,不得作为支持被申请人具体行政行为的证据。

在对被申请人作出的具体行政行为进行审查时,若认为其依据不合法,本复议机关有权处理的,应在30日内依法处理;无权处理的,应在7日内按法定程序转送有权处理的行政机关依法处理。处理期间,中止对具体行政行为的审查。

在对申请人申请行政复议时一并提出的对具体行政行为所依据的规定申请审查时,依据有关规定,复议机关有权处理的,应在30日内依法处理;无权处理的,应在7日内按法定程序转送有权处理的行政机关依法处理。有权处理的行政机关应当在60日内依法处理。处理期间,中止对具体行政行为的审查。

在审理期间、复议决定做出之前,申请人要求撤回复议申请的,经说明理由,可以撤回。撤回复议申请的,行政复议终止。

**(4)税务行政复议决定**　复议机关应当自受理申请之日起60日内作出行政复议决定。情况复杂,不能在规定期限内作出行政复议决定的,经复议机关负责人批准,可以适当延长期限最多不超过30日。复议机关应当对被申请人作出的具体行政行为进行合法性与适当性审查,提出意见,经复议机关负责人同意,视情况作出决定维持、决定限期履行、决定撤销、变更或确认该具体行政行为违法,以及责令被申请人重新作出具体行政行为或责令被申请人赔偿等处理。具体来说:

对于具体行政行为认定事实清楚,证据确凿,适用依据正确,程序合法,内容适当的,可决定维持。

对于被申请人不履行法定职责的,可决定其在一定期限内履行。

对于事实不清、证据不足;或者适用依据错误;或违反法定程序;或超越或滥用职权;或具体行政行为明显不当的,有上述情况之一者,可决定撤销、变更或者确认该具体行政行为违法。决定撤销或者确认该具体行政行为违法的,可以责令被申请人在一定期限内重新作出具体行政行为。在这种情况下,被申请人不得以同一事实和理由作出与原具体行政行为相同或基本相同的具体行政行为。对于被申请人不按照规定期限提出书面答复,提交当初作出具体行政行为的证据、依据和其他有关材料的,视为该具体行政行为没有证据、依据,可决定撤销该具体行政行为。

对于重大、疑难的复议申请,复议机关应集体讨论作出决定。

对于申请人在申请复议时一并提出行政赔偿请求的,复议机关对符合国家赔偿法的有关规定应当给予赔偿,可在决定撤销、变更具体行政行为或者确认具体行政行为违法时,同时决定被申请人依法给予赔偿。

对于申请人在申请行政复议时没有提出行政赔偿请求的,复议机关在依法决定撤销或者变更原具体行政行为确定的税款、滞纳金、罚款以及对财产的扣押、查封、冻结等强制措施时,可同时责令被申请人退还税款、滞纳金和罚款,解除对财产的扣押、查封等强制措施,或者赔偿相应的价款。

复议机关作出行政复议决定,应当制作行政复议决定书,并加盖印章。行政复议决定书一经送达,即发生法律效力。被申请人应当履行行政复议决定。被申请人不履行或者无正当理由拖延履行行政复议决定的,复议机关或者上级机关应当责令其限期履行。

复议决定书一经送达即发生法律效力。如果纳税人及其他税务当事人对复议决定不服,可以在接到复议决定书15日之内,向人民法院起诉。申请人逾期不起诉又不履行复议决定的,或者不履行最终裁决的行政复议决定的,应当区别情况处理如下:对于决定维持具体行政行为的复议决定,由作出具体行政行为的行政机关依法强制执行,或者申请人民法院强制执行;对于决定变更具体行政行为的复议决定,由复议机关依法强制执行,或者申请人民法院强制执行。

## 二、税务行政诉讼

(一)税务行政诉讼概述

税务行政诉讼是指公民、法人和其他组织认为税务机关的具体行政行为违法或不当,侵害了其合法权益,请求人民法院对税务机关的具体行政行为的合法性和适当性进行审理裁决的诉讼活动。其目的是保证人民法院正确、及时审理税务行政案件,保护纳税人、扣缴义务人等当事人的合法权益,维护和监督税务机关依法行使行政职权。

(二)税收行政诉讼的受案范围

行政诉讼法税务行政诉讼的受案范围是指人民法院对税务机关的哪些行为拥有司法审查权。税务行政诉讼案件的受案范围除受《行政诉讼法》有关规定的限制外,也受《征管法》及其他相关法律、法规的调整和制约。具体来说,税务行政诉讼的受案范围与税务行政复议的受案范围基本一致,包括:

①对税务行政复议决定不服的。

②除税务机关作出的征税行为外的其他税务具体行政行为不服的。

其他税务具体行政行为主要有税务机关委托扣缴义务人作出的代扣代缴税款行为;税务机关作出责令纳税人提交纳税保证金、提供纳税担保、通知出境管理机关阻止出境行为;税务机关作出的税收保全、强制执行措施;税务机关作出的罚款、没收非法所得、停止出口退税权、停供发票;为纳税人、扣缴义务人非法提供银行账户、发票、证明或者其他方便,导致未缴、少缴税款或者骗取国家出口退税,没收其违法所得等税务行政处罚行为。

③为符合法定条件申请税务机关颁发税务登记证、发售发票,税务机关拒绝颁发、发售或不予答复的行为。

④对税务复议机关决定不予受理或受理后超过复议期限不作答复的。

(三)税收行政诉讼的管辖

税务行政诉讼管辖,是指人民法院间受理第一审税务案件的职权分工。《行政诉讼法》第十三条至第二十三条详细具体规定了行政诉讼管辖的种类和内容。同样,对税务行政诉讼也是适用的。

具体讲税务行政诉讼的管辖分为级别管辖、地域管辖和裁定管辖。

**(1)级别管辖** 是上下级人民法院之间受理第一审税务案件的分工和权限。根据《行政诉讼法》的规定,基层人民法院管辖一般的税务行政诉讼案件;中高级人民法院管辖本辖区内重大、复杂的税务行政诉讼案件;最高人民法院管辖全国范围内重大、复杂的税务行政诉讼案件。

**(2)地域管辖** 是同级人民法院之间受理第一审行政案件的分工和权限,分一般地域管辖和特殊地域管辖两种。

**(3)裁定管辖** 是指人民法院依法自行裁定的管辖,包括移送管辖、指定管辖及管辖权的转移三种情况。

(四)税务行政诉讼的受案时限

①对税务机关作出具体行政行为不服的,纳税人可以在税务机关作出具体行政行为之日起三个月内,向该税务机关所在地的人民法院提起诉讼。

②经过税务行政复议,复议机关未改变原税务机关的具体行政行为,纳税人对行政复议决定不服的,可以在收到复议决定书之日起15日内向原税务机关所在地的人民法院提起诉讼。

③经过税务行政复议,复议机关改变了原税务机关的具体行政行为,纳税人对税务行政复议决定不服的,可在收到复议决定书之日起 15 日内向原税务机关或税务复议机关所在地的人民法院提出诉讼。

④复议机关决定不予受理或受理后超过复议期限不作答复的,申请人可以自收到不予受理决定书之日起或行政复议期限期满之日起 15 日内,依法向人民法院提起行政诉讼。

(五)税务行政诉讼程序

**(1)税务行政诉讼起诉**  相关公民、法人、其他组织不服税务机关作出的税务处理决定或复议决定,向人民法院提起行政诉讼。

**(2)税务行政诉讼应诉准备**  税务行政应诉环节按规定时间向人民法院提交《答辩状》。

**(3)税务行政诉讼出庭应诉**  参与法庭辩论阶段,围绕案件事实等方面与原告进行辩论,对原告提出的问题逐一地加以答复和辩驳。

**(4)税务行政诉讼上诉和二审应诉**  税务行政应诉环节对人民法院的一审判决不服时,提起上诉;对人民法院发出二审应诉通知时,制作提交答辩状。

**(5)税务行政诉讼执行与赔偿**  人民法院依照法定程序,对拒不履行已发生法律效力的判决或裁定的作为原告的公民、法人、其他组织或作为被告的税务机关采取强制措施,确保履行。

被撤销的税务具体行政行为给原告造成损害的,致害税务机关应负赔偿责任。

(六)税务行政诉讼的审理和判决

**(1)税务行政诉讼的审理**  人民法院审理行政案件实行合议、回避、公开审判和两审终审的审判制度。审理的核心是审查被诉具体行政行为是否合法,即作出该行为的税务机关是否依法享有该税务行政管理权;该行为是否依据一定的事实和法律作出,税务机关作出行为是否遵照必备的程序等。根据《行政诉讼法》第五十二条、第五十三条的规定,人民法院审查具体行政行为是否合法,依据法律、行政法规和地方性法规;参照部门规章和地方性规章。

**(2)税务行政诉讼的判决**  人民法院对受理的税务行政案件,经过调查、搜集证据、开庭审理之后,分别作出如下判决:

①维持判决。适用于具体行政行为证据确凿,适用法律、法规正确,符合法定程序的案件。

②撤销判决。被诉的具体行政行为主要证据不足,适用法律、法规错误,违反法定程序,或者超越职权、滥用职权,人民法院应判决撤销或部分撤销,同时可判决税务机关重新作出具体行政行为。

③履行判决。税务机关不履行或拖延履行法定职责的,判决其在一定期限内履行。

④变更判决。税务行政处罚显失公正的,可以判决变更。

对一审人民法院的判决不服,当事人可以上诉。对发生法律效力的判决,当事人必须执行,否则人民法院有权依对方当事人的申请予以强制执行。

### 三、税务行政赔偿

税务行政赔偿是指税务机关和税务机关工作人员违法行使税收征管职权,对公民、法人和其他组织的合法权益造成损害的。由国家承担赔偿责任,并由税务机关具体履行义务的一项法律制度。按照《国家赔偿法》的规定,中国的国家赔偿范围包括行政赔偿和司法赔偿。

(一)税务行政赔偿条件

《国家赔偿法》第二条规定:"国家机关和国家机关工作人员违法行使职权侵犯公民、法人和其他组织的合法权益造成损害的,受害人有依法取得国家赔偿的权利。国家赔偿由本法规定的赔偿义务机关履行赔偿义务"。

税务行政机关及其税务人员在行使行政职权时有下列侵犯财产权情形之一的,受害人有取得赔偿的权利:违法实施罚款等行政处罚的;违法对财产采取查封、扣押、冻结等行政强制措施的;造成财产损害的其他违法行为。

税务行政赔偿责任的构成必须同时具备以下五个必要条件:

给受害人造成损害的必须是行使国家税收征管职权的税务机关及其工作人员;必须是税务机关及其工作人员行使税收征管职权的行为;必须是行使税收征管职权的行为具有违法性;必须有公民、法人和其他组织的合法权益受到损害的事实;必须是违法行为与损害后果有因果关系。

(二)税务行政赔偿的范围

**(1)违反国家税法规定作出征税行为损害纳税人合法财产权的征税行为** 税务机关及其工作人员以及由税务机关委托的单位和个人违法作出征税行为,要求公民、法人和其他组织在履行法定义务之外,再额外承担义务;造成管理相对人合法权益损害的就要负责赔偿。

**(2)违反国家法律作出税务行政处罚行为损害纳税人合法财产权的** 税务机关作出的行政处罚是使纳税人的财产权直接受到影响的行为,必须依法而行,最基本的要求,税务机关在作出行政处罚前必须掌握有能证明纳税人已经实施了违法行为的确实、充分的证据,所没收的财产必须是非法的,否则就是处罚无凭或者证据不足,因此给纳税人合法权益造成损害的,就会导致税务行政赔偿。

**(3)违法作出责令纳税人提供纳税保证金或纳税担保行为给纳税人的合法财产造成损害的** 根据征管法及其实施细则的规定,对未取得营业执照从事工程承包或者提供劳务的单位和个人,税务机关可以责令其提供纳税保证金。税务机关有根据认为从事生产、经营的纳税人有逃避纳税义务行为的,可以在规定的纳税期之前,责令限期缴纳税款,在限期内发生纳税人有明显的转移、隐匿其纳税的货物以及其他财产或者应纳税的收入的迹象的,税务机关可以责成纳税人提供纳税担保。法律在赋予税务机关上述职权时是附加了条件的,税务机关丢开这些条件行使,就属违法，给纳税人的合法权益造成损害的，就须予以赔偿。

(4)**违法作出税收保全措施给纳税人的合法财产权造成损害的** 税收保全措施是由于纳税人欲逃避纳税的一种紧急情况处理，税务机关根据纳税人的违法程度和违法性质而对纳税人的货币和实物采取的限制其处理和转移的强制措施，不属于对纳税人财产的终结处理，但也必须遵循一定的程序，并掌握一定的证据材料，使认为或发觉的迹象有据，同时如纳税人在规定的限期内缴纳税款，紧急情况消失后应立即解除，滥用和乱用税收保全措施给纳税人造成不应有的损害，纳税人有权取得税务行政赔偿。

(5)**违法作出通知出入境管理机关阻止纳税人出境给纳税人的合法权益造成损害** 根据征管法的规定，欠缴税款的纳税人在出境前应按税法规定结清应纳税款或者提供纳税担保，否则税务机关可以通知出入境管理机关阻止其出境。因此，税务机关有权作出此决定的前提条件是纳税人在出境前既未结清所欠缴的税款又不提供担保，随意阻止纳税人出境造成纳税人合法权益损害的，纳税人有权求偿。

(6)**违法作出税收强制执行措施造成纳税人合法财产权损害的** 税收强制执行措施是指国家税务机关为了保障税收征收管理权的有效行使和税收征管活动的正常进行，对不履行纳税义务的纳税人，依法采取强制措施，使其履行义务或达到与履行义务相同状态的法律制度。税务机关在采取强制执行措施时，必须有不缴纳或解缴税款的事实，并已经先行催告，如采取强制执行措施不合法或没有遵循法定程序给纳税人合法权益造成损害的，受害纳税人有权索赔。

(7)**违法拒绝颁发税务登记证、审批认定为一般纳税人、发售发票或不予答复造成纳税人合法财产权损害的** 向纳税人颁发税务登记证、认定其为一般纳税人、发售发票等行为，类似于行政许可行为，它既是税务机关的一项权利，也是税务机关的一种义务。对于符合法定条件的申请人，税务机关置之不理，不予颁发、审批、拒绝发售或不予答复，不仅是一种失职行为，而且由此造成纳税人合法权益损害的还应予以赔偿。

(三)税务行政赔偿受理时限

赔偿请求人请求税务行政赔偿的时效为两年，自税务行政人员行使职权时的行为被依法确认为违法之日起计算。

赔偿请求人在赔偿请求时效的最后六个月内，因不可抗力或者其他障碍不能行使请求权的，时效中止。从中止时效的原因消除之日起，赔偿请求时效期间继续计算。

赔偿义务机关应当自收到申请之日起两个月内依照法律规定给予赔偿；逾期不予赔偿或者赔偿请求人对赔偿数额有异议的，赔偿请求人可以自期间届满之日起三个月内向人民法院提起诉讼。

(四)税务行政赔偿机关

税务行政机关及其工作人员行使行政职权侵犯公民、法人和其他组织的合法权益造成损害的,该税务行政机关为赔偿义务机关。

受税务行政机关委托的组织或者个人在行使受委托的行政权力时侵犯公民、法人和其他组织的合法权益造成的损害的,委托的税务行政机关为赔偿义务机关。

赔偿义务机关被撤销的,继续行使其职权的行政机关为赔偿义务机关;没有继续行使其职权的行政机关的,撤销该赔偿义务机关的行政机关为赔偿义务机关。

经复议机关复议的,最初造成侵权行为的税务行政机关为赔偿义务机关,但复议机关的复议决定加重损害的,复议机关对加重的部分履行赔偿义务。

(五)税务行政赔偿受理程序

**(1)税务行政赔偿的受理** 审核纳税人提出的税务行政赔偿是否在规定时限,申请赔偿的主体是否合法;符合条件的,受理纳税人的税务行政赔偿申请;不符合受理条件的当场告知纳税人不予受理的理由。

**(2)税务行政赔偿的审查** 接收受理环节转来的资料进行审查,主要审查以下内容:

法制部门对受理环节转来的申请资料中赔偿申请的具体要求、事实和理由进行审查,确定税务机关具体行政行为是否违法、是否给赔偿请求人造成损害等,审查完毕后制作《赔偿申请书审查表》。

赔偿申请及审查表经审理完毕后制作《行政赔偿决定书》,《行政赔偿决定书》经审批后送赔偿请求人。

**(3)实务行政赔偿业务的履行** 依据《国家赔偿法》的规定,作为履行赔偿义务的税务机关在赔偿损失后,应当责令有故意或者重大过失的工作人员承担全部或者部分赔偿费用。

(六)税务行政赔偿方式

赔偿方式是指国家承担赔偿责任的各种形式。依据《国家赔偿法》规定,国家赔偿以支付赔偿金为主要方式,赔偿义务机关能够通过返还财产或者恢复原状实施国家赔偿的,应当返还财产或者恢复原状。

**(1)支付赔偿金** 这是最主要的赔偿形式。支付赔偿金简便易行,适用范围广,它可以使受害人的赔偿要求迅速得到满足。

**(2)返还财产** 这是对财产所有权造成损害后的赔偿方式。返还财产要求财产或者原物存在,只有这样才谈得上返还财产。返还财产所指的财产一般是特定物,但也可以是种类物,如罚款所收缴的货币。

**(3)恢复原状** 这是指对受到损害的财产进行修复,使之恢复到受损前的形状或者性能。使用这种赔偿方式必须是受损害的财产确能恢复原状且易行。

(七)税务行政赔偿标准

**(1)侵犯纳税人和其他涉税当事人人身权的赔偿**

①侵犯公民人身自由的,每日赔偿金按照国家上年度职工日平均工资计算。

②造成公民身体伤害的,应当支付医疗费,以及赔偿因误工减少的收入。减少

的收入每日赔偿金按照国家上年度职工日平均工资计算,最高限额为国家上年度职工平均工资的5倍。

③造成部分或者全部丧失劳动能力的,应当支付医疗费,以及残疾赔偿金,部分丧失劳动能力的最高赔偿金额为国家上年度职工平均工资的10倍,全部丧失劳动能力的为国家上年度职工平均工资的20倍,造成全部丧失劳动能力的,对其抚养的无劳动能力的人,还应当支付生活费。

④造成死亡的,应当支付死亡赔偿金、丧葬费,总额为国家上年度职工平均工资的20倍。对死者生前抚养的无劳动能力的人,还应当支付生活费。

上述规定的生活费发放标准参照当地民政部门有关生活救济的规定办理。被抚养的人是未成年人的,生活费给付至18周岁为止;其他无劳动能力的人,生活费给付至死亡时为止。

**(2)侵犯财产权的赔偿**

①违反征收税款,加收滞纳金的,应当返还税款及滞纳金。

②违法对应予出口退税而未退税的,由赔偿义务机关办理退税。

③处罚款、没收非法所得或者违反国家规定征收财物、摊派费用的,返还财产。

④查封、扣押、冻结财产的,解除对财产的查封、扣押、冻结,造成财产损坏或者灭失的,应当恢复原状或者给付相应赔偿金。

⑤应当返还的财产损坏的,能恢复原状的恢复原状,不能恢复原状的,按照损害程序给付赔偿金。

⑥应当返还财产丢失的,给付相应的赔偿金。

⑦财产已经拍卖的,给付拍卖所得的款项。

⑧对财产权造成损害的,按照直接损失给予赔偿。

按照《国家赔偿法》和国家赔偿费用管理办法的规定,税务行政赔偿费用列入各级财政预算,由各级财政按照财政管理体制分级负担。

## 第二节 涉税文书写作

涉税文书是办理涉税事宜所使用的文书,纳税人经常使用的涉税文书主要由各种涉税申请报告和申请表构成。本书主要介绍税务行政复议申请、税务行政诉讼、税务行政赔偿和减免税申请、延期纳税申报申请、延期纳税申请等业务的涉税文书的编写。

### 一、税务行政复议申请

**(一)税收行政复议申请基本知识**

税务行政复议申请书是申请人向税务机关申请复议时递交的,引起税务行政复议程序发生的申请文件。

申请复议应注意法律法规规定的条件,如果不具备这些条件,复议申请就不被受理。

①申请人应是申请复议的具体行政行为直接侵犯其合法权益的公民、法人或其他组织以及外国人、无国籍人、外商投资企业、外国企业和其他组织。包括纳税义务人、扣缴义务人、纳税担保人及其他税务争议当事人。

②有明确的被申请人。

③属于规定的申请复议范围。税务机关作出的征税行为;税务机关作出的责令纳税人提交纳税保证金或提供纳税担保行为;税务机关作出的税收保全措施;税务机关作出的通知出境管理机关阻止出境行为;税务机关作出的强制执行措施;税务机关作出的行政处罚行为;税务机关拒绝颁发税务登记证、发售发票或不予答复的行为;法律、法规规定税务机关受理复议的其他具体行政行为。

④属于相应的复议机关管辖。复议申请人应向有管辖权的税务机关递交申请书,申请复议。要根据是国税局还是地税局作出税务行政行为,相应地申请复议。

⑤对税务机关征税行为不服申请复议的,在提出申请前已经依照税务机关根据法律、行政法规确定的税额缴纳或者解缴税款及滞纳金。

⑥复议申请是在法定期限内提出的。申请人超过法定期限不提出复议申请,即丧失复议申请权。

⑦法律法规规定的其他条件。申请人向复议机关申请复议,复议机关已经受理的,在法定复议期限内不得向人民法院起诉。税务机关应当自收到复议申请书之日起10日内书面告知申请人受理复议或裁决不予受理。申请人对不予受理不服的,可以自收到不予受理裁决书之日起15日内,就复议机关不予受理的裁决本身向人民法院提起诉讼。

(二)税务行政复议申请书主要内容及制作要求

复议申请书的内容主要有:申请人的姓名、性别、年龄、职业、住址等(法人或其他经济组织的名称、地址、法定代表人的姓名);被申请人的名称、地址;申请复议的要求和理由;注明是否已经依照税务机关根据法律、行政法规确定的税额缴纳或者解缴税款及滞纳金,并附有关证明材料;提出复议申请的日期。

制作该文书要求详细写明申请复议的事项及相关理由、事实证据等内容。

(三)税务行政复议申请书格式

关于复议申请提出的形式,申请人申请行政复议,可以书面申请,也可以口头申请;口头申请的,复议机关应当场记录申请人的基本情况、行政复议请求、申请行政复议的主要事实、理由和时间。书面申请的格式见表8-1。

表 8-1　税务行政复议申请书

| 法人或其他组织名称 | | | 法定代表人姓名 | | | 住址 | |
|---|---|---|---|---|---|---|---|
| | | | | | | 电话 | |
| 申请人姓名 | | 性别 | | 年龄 | 职业 | 地址 | |
| | | | | | | 电话 | |
| 法定代理人姓名 | | 职业 | | 单位 | | 电话 | |
| | | | | 住址 | | | |
| 营业执照号 | | | | 税务登记证号 | | | |
| 经济性质 | | | | 经营范围 | | | |
| 被申请人 | | | | 地址 | | | |
| 处理决定执行情况 | | | | | | | |
| 申请复议的要求和理由 | 法定代表人(签字)：　　　　　　　申请人(盖章)<br>提出复议申请的日期：　　　　　　　年　月　日 | | | | | | |
| 说明 | 1.申请时需附资料：(1)法定代理人应附有关证明；(2)税务机关处理决定书；(3)已缴税款、滞纳金凭证；(4)申请人认为税务机关作出的具体行政行为不当的依据。<br>2.表中内容填写不下时可另加附页。 | | | | | | |

## (四)税收行政复议文书填写举例

**基本情况：**

企业名称：环球商贸有限公司

税务登记证号：4200541465090221

营业地址：北京市石景山石门大街 380 号

企业登记注册类型：有限责任公司

联系电话：010－66886699　　邮政编码：100042

营业执照：420410265090008

经营范围：商品批发和销售

法定代表人：李升

复议理由：对税务机关的收缴我公司的金税卡、停售我公司的增值税专用发票的处罚决定不服，认为该处罚不符合税收征收管理法的相关规定。

复议请求：责令被申请人退还金税卡，发还发票，赔偿违法行政行为导致的申请人直接经济损失。

请根据税务机关的具体税务处罚行为填写税务行政复议申请书。

【解析】

税务行政复议申请的填写见表 8-2。

表 8-2　税务行政复议申请书

| 法人或其他组织名称 | 环球商贸有限公司 | 法定代表人姓名 | | 李升 | | 地址 | 北京市石景山石门大街380号 |
|---|---|---|---|---|---|---|---|
| | | | | | | 电话 | 010—66886699 |
| 申请人姓名 | 李升 | 性别 | 男 | 年龄 | 45 | 职业 | 经理 | 住址 | |
| | | | | | | | | 电话 | 010—66886699 |
| 法定代理人姓名 | | 职业 | | 单位 | | | | 电话 | |
| | | | | 住址 | | | | | |
| 营业执照号 | 420410265090008 | | | 税务登记证号 | | | 4200541465090221 |
| 经济性质 | 有限责任公司 | | | 经营范围 | | | 商品批发和销售 |
| 被申请人 | A区国税局 | | | 地址 | | | 万商大厦20号 |
| 处理决定执行情况 | 国税局强行收缴了我公司的金税卡、停售我公司的增值税专用发票。 | | | | | | |
| 申请复议的要求和理由 | A区国税局分管南宫区工作组于2009年5月对我公司进行纳税评估并提出评估处理建议，因与被申请人的评估建议存在较大分歧，我公司递交了对评估建议的陈述材料，在等待结果期间，被申请人未下达任何文书，未预先通知我公司就于2009年8月10日收缴了我公司的金税卡，停售我公司的增值税专用发票，导致我公司无法对外开具增值税发票，造成我公司合同违约，产生直接经济损失。<br>　　对此，我公司认为：<br>　　我公司不存在违法行为，未违反增值税专用发票管理办法的规定，被申请人未出具任何文书，而擅自收走我公司的金税卡，严重违反《税收征收管理法》、国务院令362号《税收征管法实施细则》、《发票管理办法》之规定。<br>　　依据《国家赔偿法》第四条的规定，被申请人应对收缴金税卡之日起，退还金税卡之日止给我公司造成的全部直接经济损失××元给予赔偿。<br>　　为此请求贵局依法受理和处理，撤销被申请人的行政行为，以维护申请人的合法权利。<br><br>　　　　　　　　法定代表人签字：李升　　　　　　　　申请人盖章<br>　　　　　　　　提出复议申请的日期：　　　　　　　　2009年5月26日 | | | | | | |
| 说明 | 1.申请时需附资料：(1)法定代理人应附有关证明；(2)税务机关处理决定书；(3)已缴税款、滞纳金凭证；(4)申请人认为税务机关作出的具体行政行为不当的依据。<br>2.表中内容填写不下时可另加附页。 | | | | | | |

## 二、税收行政赔偿申请

### (一)税务行政赔偿申请概述

申请税务行政赔偿是指纳税人对税务机关及其工作人员在执行公务,行使税收征收管理职权过程中,因作出违法的具体行政行为侵害了公民、法人或者其他组织的合法权益造成的损害,纳税人有权要求税务机关承担赔偿义务,按规定程序申请税务行政赔偿,获取由国家承担的赔偿。

根据《国家赔偿法》的有关规定,纳税人有权取得赔偿、可以申请税务行政赔偿的具体行政行为有:

①税务机关及其工作人员违法行使行政职权侵犯公民人身权的行为;暴力行为造成公民身体伤害或者死亡;违法行为造成公民身体伤害或者死亡;造成公民身体伤害或者死亡的其他违法行为。

②税务机关及其工作人员违法行使职权侵犯财产权的行为;违法实施罚款、没收财物等税务处罚;违反税收保全或强制执行规定的措施;违反规定征收财物,摊派费用;以及造成财产损害的其他违法行为。但是,对于税务机关工作人员与行使职权无关的个人行为,以及因纳税人和其他当事人自己的行为等,致使损害发生的,税务机关不承担赔偿责任。

### (二)税务行政赔偿申请书的内容

赔偿请求人要求赔偿应当向作出具体行政行为的税务机关递交赔偿申请书。税务行政赔偿申请书应当载明受害人的姓名、性别、年龄、工作单位和住所;法人或其他组织的名称、住所、经营地点、经济类型、纳税人识别码和法定代表人或主要负责人的姓名、职务;事实经过;赔偿请求的具体内容、理由、根据等。请求赔偿申请书应由请求人和代理人签名或盖章后向赔偿义务机关提出,否则不具有法律效力。《税务行政赔偿申请书》基本格式如下:

行政赔偿申请书

赔偿请求人:姓名(单位名称)_____

法定代表人:姓名_____性别 男/女 职务_____

赔偿义务机关名称:_____

法定代理人:姓名_____职务_____申请赔偿的事实经过:

**(简明扼要)**

赔偿请求的具体内容:**(据实填写)**

_____

_____

申请赔偿的理由和根据:**(理由充分,依据准确)**

_____

_____

赔偿请求人签名/盖章_____

年　月　日

(三)税务行政赔偿申请书举例

**基本资料:**

2009年5月25日,某县国税局聘用的代征员张惠和孙志强,在县商品交易会上代征税款时,与销售领带的李春朝发生冲突。李春朝自称是北京市的私营企业老板,是北京某区固定纳税企业。代征员要求查看其外出经营证明时,李春朝却拿不出任何外出经营证明材料。代征员张惠和孙志强要求李春朝就地缴纳税款,李春朝不肯缴纳。张惠和孙志强在没有办理任何手续的情况下,强行扣押了李春朝的两箱领带。三天后,李春朝卖完其他领带后,到税务局准备缴纳税款并要回扣押的两箱领带时,张惠告诉李春朝:"前天夜里,存放领带的饭店被盗,两箱领带也被其贼偷走了。"李春朝当即向县国税局领导进行了反应,并要求税务局赔偿其损失。

请根据上述情况,写一份税务行政赔偿申请书。

**解析:**

税务行政赔偿申请书填写示例如下:

## 行政赔偿申请书

赔偿请求人:姓名(单位名称) _____北京领带王有限公司_____

法定代表人:姓名 __李春朝__ 性别 __男__ 职务 __经理__

赔偿义务机关名称:_____××县国家税务局×××区分局_____

法定代理人:姓名_____职务_____申请赔偿的事实经过:

2009年5月25日,参加贵县举办的商品交易会,取得了会场的交易许可证。在交易会上,贵局的代征员张惠和孙志强以本公司没有带营业证明材料为由,强行搬走了我公司的两箱领带,并未开具任何收据。交易会结束后本人携带证明材料前往贵局准备缴纳税款并要回扣押的两箱领带时,张惠告知两箱领带被盗走了。

赔偿请求的具体内容:(据实填写)

本人请求贵局按照《税收征管法》、《征管法实施细则》和《国家赔偿法》相关规定,给予本人及所在公司行政赔偿,给付两箱领带的赔偿金额为20 000元。

申请赔偿的理由和根据:(理由充分,依据准确)

根据《税收征管法》第二十九条和《征管法实施细则》第四十四条的规定,除税务机关、税务人员以及经税务机关依照法律、行政法规委托的单位和人员外,任何单位和个人不得进行税款征收活动。你局的代征员张惠和孙志强非法定税务征收人员,税收代征员的征税行为代表的是你税务机关而不是其个人。依据《中华人民共和国国家赔偿法》第二条和第四条的规定,国家机关和国家机关工作人员违法对财产采取查封、扣押、冻结等行政强制措施侵犯公民、法人和其他组织财产权的,受害人有取得赔偿的权利。张惠和孙志强在强行扣押本公司的两箱领带并未开具相应收据,其扣押行为是违反法定程序的,本公司有权提起赔偿。《国家赔偿法》第七条第四款规定:"受行政机关委托的组织或个人在行使受托的行政权力时,侵犯公民、法人和其他组织的合法权益造成损害的,委托的行政机关为赔偿义务机关"因此本人请求贵局依据相关法律法规,对张惠和孙志强的上述违法行为,对本人及公司造成的损失按赔偿请求给以赔偿。

赔偿请求人签名北京领带王有限公司/盖章

2009年5月30日

### 三、减免税申请

**(一)减免税概述**

**(1)减免税界定** 减免税是指依据税收法律、法规以及国家有关税收规定给予纳税人减税、免税。减税是指从应纳税款中减征部分税款;免税是指免征某一税种、某一项目的税款。

**(2)减免税类型** 减免税分为报批类减免税和备案类减免税。报批类减免税是指应由税务机关审批的减免税项目;备案类减免税是指取消审批手续的减免税项目和不需税务机关审批的减免税项目。

**(3)减免税项目申请审批** 纳税人享受报批类减免税,应提交相应资料,提出申请,经具有审批权限的税务机关审批确认后执行。未按规定申请或虽申请但未经有权税务机关审批确认的,纳税人不得享受减免税。

纳税人享受备案类减免税,应提请备案,经税务机关登记备案后,自登记备案之日起执行。纳税人未按规定备案的,一律不得减免税。

纳税人可以向主管税务机关申请减免税,也可以直接向有权审批的税务机关申请。由纳税人所在地主管税务机关受理应当由上级税务机关审批的减免税申请。

**(4)减免税项目的核算** 纳税人同时从事减免项目与非减免项目的,应分别核算,独立计算减免项目的计税依据以及减免税额度。不能分别核算的,不能享受减免税;核算不清的,由税务机关按合理方法核定。

**(二)减免税申请、审批的期限**

税务机关应随时受理纳税人的减免税申请,减免税受理的截止日期为年度终了后2个月内。

主管税务机关应当自受理申请之日起10个工作日内直接上报有权审批的上级税务机关。

县、区级税务机关负责审批的减免税,必须在20个工作日作出审批决定;地市级税务机关负责审批的,必须在30个工作日内作出审批决定;省级税务机关负责审批的,必须在60个工作日内作出审批决定。在规定期限内不能作出决定的,经本级税务机关负责人批准,可以延长10个工作日,并将延长期限的理由告知纳税人。

减免税申请符合法定条件、标准的,有权税务机关应当在规定的期限内作出准予减免税的书面决定。依法不予减免税的,应当说明理由,并告知纳税人享有依法申请行政复议或者提起行政诉讼的权利。

税务机关作出的减免税审批决定,应当自作出决定之日起 10 个工作日内向纳税人送达减免税审批书面决定。

(三)减免税申请应报送的材料

纳税人申请报批类减免税的,应当在政策规定的减免税期限内,向主管税务机关提出书面申请,填写《纳税人减免税申请审批表》(见表 8-3),并报送以下资料,《减免税申请报告》,列明减免税理由、依据、范围、期限、数量、金额等;《财务会计报表》、《纳税申报表》;有关部门出具的证明材料;税务机关要求提供的其他资料。

纳税人报送的材料应真实、准确、齐全。税务机关不得要求纳税人提交与其申请的减免税项目无关的技术资料和其他材料。

表 8-3 纳税人减免税申请审批表

金额单位:元(列至角分)

| 纳税人识别号 | | 生产经营地址 | | | | 邮政编码 | | |
|---|---|---|---|---|---|---|---|---|
| 纳税人名称 | | | | 办税人员 | | 联系电话 | | |
| 注册登记类型 | | 开业日期 | | 生产经营期限 | | 年 月 日至 | | 年 月 日 |
| 经营范围 | | | | | | | | |
| 已享受减免税优惠情况 | | | | | | | | |
| 文书凭证序号 | 税种 | 适用税率 | 减免种类 | 减免原因 | 减免退方式 | 所属时期起 | 所属时期止 | 税额 | 余额 |
| 1 | | | | | | | | | |
| 2 | | | | | | | | | |

| 企业欠税情况 | | | | |
|---|---|---|---|---|
| 税 种 | 所属时期起 | 所属时期止 | 税额(幅度) | 欠税原因 |
| 1 | | | | |
| 2 | | | | |

| 减免税申请情况 | | | |
|---|---|---|---|
| 申请减免税种 | | 第一次获利时间 | |
| 企业申请减免税理由: | | | |

(签章)

负责人: 办税人: 时间: 年 月 日

| 减免原因 | 减免种类<br>适用税率 | 适用税率 | 减免退方式 | 幅度/额度/税率 | 所属时期起 | 所属时期止 |
|---|---|---|---|---|---|---|
| 1 | | | | | | |
| 2 | | | | | | |
| 3 | | | | | | |

续表8-3

| 批准减免税情况 | | | | | | | |
|---|---|---|---|---|---|---|---|
| 税 种 | 减免原因 | 减免种类 | 适用税率 | 减免退方式 | 幅度/额度/税率 | 所属时期起 | 所属时期止 |
| 1 | | | | | | | |
| 2 | | | | | | | |
| 3 | | | | | | | |

| 主管税务机关： <br><br>（签章）<br>经办人：<br>负责人： 年 月 日 | 县（区）国税局： <br><br>（签章）<br>经办人：<br>负责人： 年 月 日 |
|---|---|
| 地（市）国税局： <br><br>（签章）<br>经办人：<br>负责人： 年 月 日 | 省国税局： <br><br>（签章）<br>经办人：<br>负责人： 年 月 日 |

填写说明：

1.纳税人减免税申请表使用范围和填写依据

(1)本表适用于享受减税和免税税收优惠政策的纳税人进行减免税时填写。

(2)在填写此表时应参照一下资料：税务登记表；依据申请减免内容提供的证明文件、材料；其他有关资料。

2.各项目填写具体说明：

(1)"企业基本情况"栏填写说明：

本栏目中的纳税人识别号、企业名称、生产经营地址、办税人员、联系电话、邮政编码、登记注册类型、开业日期、生产经营期限、经营范围等项目按《税务登记表》的内容填写。

(2)"已享受减免税优惠情况"栏填写说明：

①填写在此之前(指本次申请审批减免税之前)已经享受过减免税优惠政策的情况。

②文书凭证序号：填写在此之前已经享受过减免税优惠政策的批准文号。

③适用税率：填写该纳税人所使用的法定的税率或征收率。如增值税小规模纳税人的增值税适用税率为3%，生产型外商投资企业所得税的适用税率为24%、地方所得税的适用税率为3%，旧货销售的增值税适用税率为4%等。

④减免原因：依照税法规定的纳税人可以享受的减免税项目和企业的实际情况填写。

减免税方式有按幅度减免；按额度减免；税率减免三种。

对"减免退方式"一栏，应依据税收法律、法规和政策的规定填写。对政策规定了适用税率，但又同时规定对减免税项目在一定期限内全部免征或部分免征部分征收的，则属于"按幅度减免"；对政策规定减按一定比例的税率征收税款的,则属于"按税率减免";对政策规定按亏损额、损失数额等减免税的,则属于"按额度减免"方式。直接进行税率减免和一次性审批多种方式的税率减免则属于税率减免。

对于生产型外商投资企业所得税3%地方税率免征和24%中央税率的两免三减可以通过四条申请来一次性实现。

**(四)减免税申请审批表的填写申请报告的编制举例**

北京亚欧进出口贸易有限公司基本资料:
企业名称:北京亚欧进出口贸易有限公司
纳税人识别号:330311420410256
生产地址:北京市东城区花园路26号
企业登记注册类型:有限责任公司
联系电话:010—68685889
邮政编码:100042
经营范围:经营商品进出口业务
生产经营期限:2006年1月1日至2030年12月31日
申请减免税种:企业所得税
申请减免理由:所在行业由于受到人民币升值影响,出口产品成本增加,利润空间大大压缩,短期企业资金周转困难,另外本年度企业仓库受到暴雨袭击,使仓库中的十几万件产品基本报废,损失很大。

请根据上述情况填制减免税申请审批表和减免税申请书。
解析:
①根据上述资料填写该企业减免税申请审批表见表8-4。

**表8-4 企业所得税减免税申请审批表**

金额单位:元(列至角分)

| 纳税人识别号 | 330311420410256 | 生产经营地址 | 北京市东城区花园路26号 | | 邮政编码 | 100042 |
|---|---|---|---|---|---|---|
| 纳税人名称 | 北京亚欧进出口贸易有限公司 | 办税人员 | | | 联系电话 | 010—68685889 |
| 注册登记类型 | 有限责任公司 | 开业日期 | | 生产经营期限 | 2006年1月1日至2030年12月31日 | |
| 经营范围 | 经营商品进出口业务 | | | | | |
| 已享受减免税优惠情况 | | | | | | |
| 文书凭证序号 | 税种 | 适用税率 | 减免种类 | 减免原因 | 减免退方式 | 所属时期起 | 所属时期止 | 税额 | 余额 |
| 1 | | | | | | | | | |
| 2 | | | | | | | | | |
| 企业欠税情况 | | | | | | | | | |

续表 8-4

|   | 税　种 | 所属时期起 | 所属时期止 | 税额（幅度） | 欠税原因 |
|---|---|---|---|---|---|
| 1 |   |   |   |   |   |
| 2 |   |   |   |   |   |

| 减免税申请情况 ||||
|---|---|---|---|
| 申请减免税种 | 企业所得税 | 第一次获利时间 |   |

已享受减免税优惠情况

企业申请减免税理由：
　　所在行业由于受到人民币升值影响，出口产品成本增加，利润空间大大压缩，短期企业资金周转困难，另外本年度企业仓库受到暴雨袭击，使仓库中的十几万件产品基本报废，损失很大。

（签章）
负责人：　　　办税人：　　　时间：　　年　月　日

|   | 减免原因 | 减免种类适用税率 | 适用税率 | 减免退方式 | 幅度/额度/税率 | 所属时期起 | 所属时期止 |
|---|---|---|---|---|---|---|---|
| 1 | 遭遇暴雨袭击，经营成本增高，短期资金周转困难 |   |   | 免交 | 60万 | 2009年1月1日 | 2009年12月31日 |
| 2 |   |   |   |   |   |   |   |
| 3 |   |   |   |   |   |   |   |

批准减免税情况

|   | 税　种 | 减免原因 | 减免种类 | 适用税率 | 减免退方式 | 幅度/额度/税率 | 所属时期起 | 所属时期止 |
|---|---|---|---|---|---|---|---|---|
| 1 |   |   |   |   |   |   |   |   |
| 2 |   |   |   |   |   |   |   |   |
| 3 |   |   |   |   |   |   |   |   |

| 主管税务机关： | 县（区）国税局： |
|---|---|
| （签章）<br>经办人：<br>负责人：　　　年　月　日 | （签章）<br>经办人：<br>负责人：　　　年　月　日 |

| 地（市）国税局： | 省国税局： |
|---|---|
| （签章）<br>经办人：<br>负责人：　　　年　月　日 | （签章）<br>经办人：<br>负责人：　　　年　月　日 |

②编写减免税申请书如下：

**减免税申请书（示例）**
关于申请减免企业所得税的请示

北京市国家税务局：

　　北京亚欧进出口贸易有限公司主要经营进出口贸易业务，出口产品有电子产品、机电产品、纺织品等；进口产品有电子设备、衣帽等，满足了国内生产企业、生活用品消费，提供了外汇资金支持，有力保证障了国内电子产产品进出口业务的顺利开展。

　　由于国家对外贸易政策有较大调整，原材料价格上涨，人民币升值，退税率下降，增加了公司的经营成本；同时国际市场竞争不断加剧，贸易壁垒增加，公司经营仓库遭到暴雨袭击，经查存放在仓库内的几十万件产品基本报废。目前公司出现经营困难，为此本公司特向贵局申请减免 2009 年企业所得税 60 万元。

　　以上申请，恳请批准为盼。

北京亚欧进出口贸易有限公司<br/>2009.10.12

## 四、延期申报申请

　　纳税人、扣缴义务人按照规定的期限办理纳税申报或者报送代扣代缴、代收代缴税款报告表确有困难，需要延期的，应当在申请延期的申报期限之前内向税务机关提出书面延期申请，经税务机关核准，在核准的期限内办理纳税申报。

　　（一）延期申报申请界定

　　①纳税人、扣缴义务人因不可抗力，不能按期办理纳税申报或者报送代扣代缴、代收代缴税款报告表的，可以延期办理；但是应当在不可抗力情形消除后立即向税务机关报告。不可抗力是指人们无法预见、无法避免、无法克服的自然灾害，如水灾、火灾、风灾、地震等。

　　②因财务处理上的特殊原因，账务未处理完毕，不能计算应纳税额，按照规定的期限办理纳税申报或者报送代扣代缴、代收代缴税款报告表确有困难，需要延期的，应当在规定的期限内向税务机关提出书面延期申请，经税务机关核准，在核准的期限内办理。

　　（二）延期申报申请的核准程序

　　①提出延期申报申请。申请延期申报的纳税人、扣缴义务人应在规定的纳税申报期限内向主管地税机关提交申请资料。纳税人、扣缴义务人因不可抗力，不能按期办理纳税申报或者报送代扣代缴、代收代缴税款报告表的，应当在不可抗力情形消除后立即向税务机关报告，申请延期申报。申请资料包括：书面申请报告、延期申报申请核准表以及主管地税机关要求报送的其他资料。

②税务机关受理。主管税务机关审阅纳税人、扣缴义务人《延期申报申请核准表》,以及所附资料是否齐全。符合条件的予以受理,并按规定程序审核。

③税务机关核准。主管地税机关应当从收到纳税人、扣缴义务人申请资料之日起5个工作日内办结。核准的送发《核准延期申报通知书》,并要求纳税人、扣缴义务人在纳税期内按照上期实际缴纳的税额或者税务机关核定的税额预缴税款;不予核准的,应当及时答复纳税人。

④预缴税款结算。纳税人、扣缴义务人应当在核准的延期内办理税款结算。

(三)延期申报申请表填写和书面申请报告制作举例

**基本资料:**
企业名称:北京服装有限公司
纳税识别号:110000000000123
生产地址:北京市石景山区工业园226号
企业登记注册类型:有限责任公司
联系电话:010—62889558
邮政编码:100046
申请减免税种:增值税
税款的所属期限:2009年5月1日至2009年5月31日
申请延期理由:公司财务室上周发生火灾,有关纳税申报的涉税资料已经在大火中销毁,根据实际情况,本公司2009年5月份的增值税申报无法按期完成。
请填写延期申报审批表,并制作一份简洁的延期申报申请书。

**解析:**
①延期申报申请审批表填写见表8-5。

**表8-5 延期申报申请审批表(示例)**

2009年5月28日　　　　　　　　　　　　　　　　　　　电话:010—62889558

| 纳税人名称 | 北京服装有限公司 | | 纳税人识别号 | 110000000000123 |
|---|---|---|---|---|
| 申请情况 | 申报税种 | 所属日期起 | 所属日期止 | 申请延期止 |
| | 增值税 | 2009年5月1日 | 2009年5月31日 | 2009年9月 |
| | | | | |
| 申请理由 | 公司财务室上周发生火灾,有关纳税申报资料已在大火中销毁,根据实际情况,本公司2009年5月份的增值税申报无法按期完成,申请延期至9月份申报缴纳。 | | | |

续表 8-5

| | 税种 | 核定方式 | 计算过程 | 准予延期日止 | 核定应纳税额 | 限缴日期 |
|---|---|---|---|---|---|---|
| 税务机关核准 | | | | | | |
| | | | | | | |
| | | | | | | |
| | 税务分局(所、科)意见 | | 计划征收科审核意见 | | 县局负责人审核意见 | |
| | 经办人：<br>负责人：<br>（章）<br>年　月　日 | | 经办人：<br>负责人：<br>（章）<br>年　月　日 | | （章）<br>年　月　日 | |

注：本表一式三份，纳税人一份、税务机关两份。

② 延期申报申请书制作。

### 延期申报申请书（示例）
### 关于申请延期申报增值税的请示

北京市国家税务局：

北京服装有限公司主要经营服装的生产加工销售业务。属于劳动密集型企业，是北京市的利税大户。企业经济效益好，社会声誉佳。近年来，解决了北京市很多下岗人员的再就业问题，维护了本地区的社会稳定。

上周本公司的财务室由于电线老化短路发生火灾，导致企业纳税申报的涉税资料基本已经被烧毁，因此无法正常完成增值税的5月份申报工作，望贵局考虑本公司实际困难，给予延期申报。

以上申请，恳请批准为盼！

北京服装有限公司
2009 年 5 月 20 日

## 五、延期缴纳税款申请

延期缴纳税款是指纳税人因有特殊困难，不能按期缴纳税款的，在法律和行政法规规定的期限内向主管税务机关提出延期缴纳税款申请，经省、自治区、直辖市国家税务局、地方税务局批准，可以延期缴纳税款。纳税人、扣缴义务人超过核准延期缴纳（解缴）的期限而未缴纳（解缴）税款的，从税款滞纳之日起，按日加收滞纳税款万分之五的滞纳金。

### (一)延期缴纳税款的条件

延期缴纳税款的条件是指纳税人不能按期缴纳税款的法定原因。主要包括两个方面：

①因不可抗力，导致纳税人发生较大损失，正常生产经营活动受到较大影响的。

②当期货币资金在扣除应付职工工资、社会保险费后，不足以缴纳税款的。"当期货币资金"是指纳税人申请延期缴纳税款之日的资金余额，其中不含国家法律和行政法规明确规定企业不可动用的资金；"应付职工工资"是指当期计提数。

### (二)延期缴纳税款申请的办理程序

①纳税人提出延期纳税申请，并报送相关材料。纳税人需要延期缴纳税款的，应当在缴纳税款期限届满前提出申请，填写《延期缴纳税款申请审批表》，如实反映申请延期的理由，并报送下列材料：申请延期缴纳税款报告；当期货币资金余额情况及所有银行存款账户的对账单；资产负债表；应付职工工资和社会保险费等税务机关要求提供的支出预算。

②主管税务机关受理。主管国税机关收到企业申请的材料后，内部逐级上报到市局、省局审批同意。

③审批决定。税务机关应当自收到申请延期税款报告之日起20日内作出批准或者不予批准的决定。不予批准的，从缴纳税款期限届满之日起加收滞纳金。

纳税人申请延期缴纳税款的最长期限不得超过三个月；同一纳税人同一年度同一个税种的税款只能申请延期缴纳一次。

### (三)延期缴纳税款申请审批表填写和延期缴纳税款申请书的制作

基本资料：

企业名称：北京欣欣日用化妆品有限公司

纳税人识别号：11000000000125

生产地址：北京市朝阳区东方工业园区388号

企业注册登记类型：有限责任公司

联系电话：010—68865586　　法定代表人：　高鹏

邮政编码：100059

经营范围：日用化妆用品的生产与销售

延期缴纳税种：增值税

税款所属期限：2009年9月1日至2009年9月30日

当期货币资金余额2 860 000元，当期应付职工工资支出预算1 560 000元，当期社保费用支出预算1 250 000元，当期应纳增值税额868 000元

申请延期理由：下游企业拖欠货款，导致企业年度资金紧张，无法按期缴纳税款。

请根据上述情况，填写延期缴纳税款申请审批表，并制作一份简洁延期缴纳税款申请书。

解析：

① 填写延期缴纳税款申请表，见表8-6。

表8-6 延期缴纳税款申请审批表

金额单位：元（列至角分）

| 纳税人识别号 | | 11000000000125 | | 纳税人名称 | | 北京欣欣日用化妆品有限公司 | |
|---|---|---|---|---|---|---|---|
| 申请延期缴纳税款情况 | | 税种 | 税款所属时期 | 应纳税额 | | 申请延期缴纳税额 | 申请延期缴纳期限 |
| | | 增值税 | 2009年9月 | 868000 | | 868000 | 2009年10月 |
| | | | | | | | |
| | | | | | | | |
| 当期货币资金余额 | | 人民币（大写）贰佰捌拾陆万元整 ￥2860000 | | | | | |
| 当期应付职工工资支出预算 | | ￥1560000元 | | 当期社会保险费支出预算 | | ￥1250000元 | |
| 申请延期缴纳税款理由 | | 下游企业拖欠货款，导致企业年度资金紧张，无法按期缴纳税款。 | | | | | |
| | | 经办人：李丽 2009年9月25日 | | 法定代表人（负责人）：高鹏 2009年9月25日 | | 纳税人（签章） 2009年9月25日 | |
| 区县(地区)国家税务局、直属税务分局审批意见 | | | | | | | |
| | | 税务所意见 | | | | 征管部门意见 | |
| 税种 | 延期缴纳税额 | | 延期缴纳期限 | 税种 | 延期缴纳税额 | | 延期缴纳期限 |
| | | | | | | | |
| | | | | | | | |
| 经办人： 年 月 日 | | 负责人： 年 月 日 | | 税务机关（签章） 年 月 日 | 经办人： 年 月 日 | | 负责人： 年 月 日 |
| | | 税政部门意见 | | | | 分局意见 | |
| 税种 | 延期缴纳税额 | | 延期缴纳期限 | 税种 | 延期缴纳税额 | | 延期缴纳期限 |
| | | | | | | | |
| | | | | | | | |
| 经办人： 年 月 日 | | 负责人： 年 月 日 | | | 负责人： 年 月 日 | | （签章） 年 月 日 |
| 市局审批意见 | | | | | | | |
| | | 征管部门意见 | | | | 税政部门意见 | |
| 税种 | 延期缴纳税额 | | 延期缴纳期限 | 税种 | 延期缴纳税额 | | 延期缴纳期限 |
| | | | | | | | |
| | | | | | | | |
| 经办人： 年 月 日 | | 负责人： 年 月 日 | | | 负责人： 年 月 日 | | （签章） 年 月 日 |

续表 8-6

| 收入规划核算部门意见 | | | 市局意见 | | |
|---|---|---|---|---|---|
| 税种 | 延期缴纳税额 | 延期缴纳期限 | 税种 | 延期缴纳税额 | 延期缴纳期限 |
|  |  |  |  |  |  |
|  |  |  |  |  |  |
| 负责人: | 年 月 日 | | 负责人: | | 年 月 日 |
| | | | | | 税务机关(签章) |
| 附报材料 | □所有银行存款账户对账单;□资产负债表;<br>□应付职工工资和社会保险费支出预算;<br>□税务机关要求报送的其他资料。 | | | | |

注:一式三份,各级税务机关分别留存一份。

②延期缴纳税款申请书的制作示例。

**延期缴纳税款申请书(示例)**
**关于申请延期缴纳增值税的请示**

北京市国家税务局:

  北京欣欣日用化妆品有限公司是一家生产销售日用化妆品的企业。主要经营日用化妆品的加工、包装和销售业务。近年来企业生产规模不断扩大,发展前景很好。企业经济效益稳步提高,建立以来,重合同、守信用,按时足额纳税,多次被评为A级纳税单位。

  最近几周以来,本公司的下游净销售频繁拖欠本公司的货款,同时由于国家宏观调控政策的影响,本公司的现金流非常吃紧,本月度库存现金缺口较大,因此无法正常按期缴纳9月份增值税税款。望贵局考虑本公司实际困难,给予延期缴纳。特向贵局申请延期缴纳9月份的增值税款。

  以上申请,恳请批准为盼!

北京欣欣日用化妆品有限公司<br>2009 年 9 月 15 日

 回顾、思考、回答:检验一下你弄清下列问题了吗?

1. 如何解决税收征纳双方的争议问题?
2. 你知道什么是税务行政复议、税务行政诉讼、税收行政赔偿吗?三者之间的关系是什么？其主要解决什么问题？

3. 如何办理税务行政复议、税务行政诉讼、税务行政赔偿，其遵循的是怎样的程序？

4. 税务行政赔偿的赔偿方式和赔偿标准如何确定？

5. 如何编写税务行政复议申请书、税务行政赔偿申请书？

6. 如何制作减免税、延期申报、延期纳税的申请报告？如何填写减免税款、延期申报税款、延期缴纳税款申请书？

# 主要参考文献

[1] 国务院.中华人民共和国所得税实施条例[Z].2007.
[2] 国务院.中华人民共和国增值税暂行条例[Z].2008.
[3] 财政部、国家税务总局.中华人民共和国增值税暂行条例实施细则[Z].2008.
[4] 国务院.中华人民共和国消费税暂行条例[Z].2008.
[5] 国务院.中华人民共和国营业税暂行条例[Z].2008.
[6] 全国人民代表大会常务委员会.中华人民共和国车船税法[Z].2011.
[7] 国家税务总局、国务院.中华人民共和国车船税法实施条例(征求意见稿)[Z].2011.
[8] 蒋泽生.纳税会计实务操作[M].北京:中国人民大学出版社,2008.
[9] 王素荣.税务会计与税收筹划[M].北京:机械工业出版社,2008.
[10] 翟继光.企业纳税一点通[M].北京:中国法制出版社,2008.
[11] 陈玉箐.小企业税务实务[M].上海:立信会计出版社,2008.
[12] 陶其高.企业税务会计实务[M].杭州:浙江大学出版社,2007.
[13] 吴彦秋.企业办税岗位知识与技能[M].北京:机械工业出版社,2008.
[14] 刘晓峰.纳税核算与申报[M].北京:高等教育出版社,2010.
[15] 蔡昌.最新企业纳税实务操作指南[M].百度文库,2010.